기독교문서선교회(Christian Literature Center: 약칭 CLC)는 1941년 영국 콜체스터에서 켄 아담스에 의해 시작되었으며 국제 본부는 미국 필라델피아에 있습니다. 국제 CLC는 59개 나라에서 180개의 본부를 두고, 약 650여 명의 선교사들이 이동도서차량 40대를 이용하여 문서 보급에 힘쓰고 있으며 이메일 주문을 통해 130여 국으로 책을 공급하고 있습니다. 한국 CLC는 청교도적 복음주의 신학과 신앙서적을 출판하는 문서선교기관으로서, 한 영혼이라도 구원되길 소망하면서 주님이 오시는 그날까지 최선을 다할 것입니다.

림 인 식 목사
대한예수교 장로회(통합) 제68회 총회장
숭실대학교 제13-15대 이사장 | 노량진교회 원로

나는 일생 목회자로 살았다. 나의 평생 소원은 한 가지, 오로지 목회를 잘하고 싶을 뿐이었다. 나의 기도는 "목회를 잘 감당할 믿음과 능력을 주시옵소서"를 주야로 간구하였다. 북한 공산 치하에서의 목회, 6.25 전쟁 중 군목으로서의 목회, 부산, 대구, 서울에서의 피난과, 재건 시기를 겪으며 성장한 교회에서 확실히 체험한 것은 목회는 결코 사람의 일이 아닌, 전적으로 성령께서 직접 주도해 주시는 하나님의 일이라는 사실이다.

그리고 하나님께서 온갖 은혜를 주시는 것을 그때그때 받아 교우와 함께 나누는 것이 목회였다. 그런데 목회 중 '교회성장'이라는 선물을 받을 때가 가장 기쁜 일이었다. 내 경험으로는 교회가 성장할수록 필요한 것은 '교회성장'에 관한 책이었다. 나는 그 시대 유명한 국내외 인물들의 '목회'나 '교회성장'에 관한 책이 보이면 무조건 구입했다. 많이 읽었다. 그리고 좋은 점을 실천하였다.

이번에 김영종 목사는 『건강한 교회성장학』을 펴냈다. 김영종 목사는 소명 의식과 사명감이 확실한 신실한 목자이다. 동시에 학자로서 탐구열이 남달리 깊고 끈질기다. 금상첨화(錦上添花)라는 말이 있듯이 선교열까지 뜨겁다. 그는 이민 목회와 국내 목회도 하였다. 대학 교수도 오래 하였고, 선교사로 나가 선교도 하였다. 한마디로 학문과 지식과 실제 체험을 골고루 갖춘 보기드문 귀한 하나님의 종이다.

'경험은 지혜를 가르친다'라는 격언이 있다. 그의 저서는 많은 학문 지식이 섞인 경험담이다. 두고두고 목회를 하면서 참고할 수 있는 목회 현장의 참고서이고 지침서이다. 한국의 모든 목회자들과 앞으로 목회를 지망하는 이들과 목회 협력자인 당회원들에게 기쁜 마음으로 이 책을 권한다.

'목회에 관한 책을 많이 읽는 이가 목회를 잘한다!'
'목회를 잘하는 이가 목회에 관한 책을 많이 읽는다!'
둘 다 맞는 말이다.

건강한 교회성장학
이론과 실제

The Science of Healthy Church Growth: Theory and Practice
Written by Youngjong Kim
All rights reserved.
Korean Edition Copyright ⓒ 2019 by Christian Literature Center, Seoul, Korea

건강한 교회성장학: 이론과 실제

2019년 8월 31일 초판 발행

지은이	김영종
편집	구부회
디자인	한우식
펴낸곳	(사)기독교문서선교회
등록	제16-25호(1980.1.18.)
주소	서울특별시 서초구 방배로 68
전화	02-586-8761~3(본사) 031-942-8761(영업부)
팩스	02-523-0131(본사) 031-942-8763(영업부)
이메일	clckor@gmail.com
홈페이지	www.clcbook.com
송금계좌	기업은행 073-000308-04-020 (사)기독교문서선교회

ISBN 978-89-341-2035-3(932030)

이 도서의 국립중앙도서관 출판예정도서목록(CIP)은 서지정보유통지원시스템 홈페이지 (http://seoji.nl.go.kr)와 국가자료공동목록시스템(http://www.nl.go.kr/kolisnet)에서 이용하실 수 있습니다. (CIP제어번호: CIP2019035090)

이 책의 저작권은 저자와 (사)기독교문서선교회가 소유합니다. 신저작권법에 의하여 한국 내에서 보호받는 저작물이므로 무단 전재와 무단 복제를 금합니다.

건강한 교회성장학

김영종 지음

CLC

목차

추천사 | 림 인 식 목사   1
저자 서문   8

제1장 건강한 교회성장학의 이론적 배경   13
(Theoretical Background of the Science of Healthy Church Growth)

제2장 건강한 교회성장학의 변수 이론   71
(Variable Theory of the Science of Healthy Church Growth)

제3장 건강한 교회성장학의 역사적인 전개와 발전 과정   95
(Historical Development of the Science of Healthy Church Growth)

제4장 교회성장의 장애 요인 분석   116
(Analysis of the Obstacles to Church Growth)

제5장 건강한 교회성장의 유형 이론   143
(Typology of Healthy Church Growth)

제6장 건강한 교회성장 우선 순위 이론   161
(Priority Theory for Healthy Church Growth)

제7장 이민 교회의 건강한 성장   196
(The Healthy Growth of Immigrant Churches)

제8장 건강한 교회성장을 위한 교회 행정의 역할   210
(The Role of Church Administration for Healthy Church Growth)

제9장 건강한 교회성장과 세계 선교   242
(Healthy Church Growth and World Mission)

제10장 초대형 교회의 건강한 성장의 요인 분석 이론   268
(Factor Analysis of Healthy Growth of Megachurch)

부록   298
참고문헌   311
색인   319
자기소개   323

저자 서문

하나님은 살아 계신다. 그리고 지금도 역사하신다. 교회는 예수님의 몸이고 머리이다(롬 12:5; 고전 12:27; 엡 1:22, 23; 골 1:18).
예수께서 수제자 베드로에게 물으셨다.

이르시되 너희는 나를 누구라 하느냐(마 16:15).

그러자 베드로가 이렇게 대답했다.

주는 그리스도시요 살아 계신 하나님의 아들이시니이다(마 16:16).

그러자 예수께서 베드로에게 말씀하셨다.

바요나 시몬아 네가 복이 있도다 이를 네게 알게 한 이는 혈육이 아니요 하늘에 계신 내 아버지시니라(마 16:17).

그러면서 예수께서는 베드로를 보고 이렇게 선언하셨다.

너는 베드로라 내가 이 반석 위에 내 교회를 세우리니 음부의 권세가 이기지 못하리라(마 16: 18).

우리나라는 1885년에 공식적으로 언더우드와 아펜젤러 선교사를 통하여 복음이 전해진 후, 세계에서 유례가 없을 만큼 단기간 교회가 급성장한 대표적인 국가로 알려져 있다. 우리나라의 개신교 인구는 2018년 현재 약 967만 5,761명에 이른다는 정부의 공식적인 통계가 있다. 안타깝게도 2000년도에 들어와서 교회가 침체되거나 감소되고 있다는 보도가 여기저기서 나오고 있다.

이 책은 이런 한국교회의 침체된 교회 현실에 대해 매우 안타깝게 생각하고 "건강한 교회로 성장"하게 하는 비결이 무엇인가를 연구한 학술서이다. 단순히 건강한 교회성장에 대한 이론이 아니라, 이론과 실제의 접목을 시도한 연구서이다.

지금까지 여러 훌륭한 목회자나 신학자들이 교회성장에 대해 많이 논의해 왔으나, '건강한 교회성장학'이란 체계적인 학술적 연구서는 그다지 많지 않은 것 같다.

왜냐하면, 교회성장에 대해 많은 목회자가 경험적인 측면에서 쉽게 공유하고 있으나, 체계적인 학술적 처방을 제시하기는 쉽지 않기 때문이 아닐까?

이와 관련하여, 이 책은 다음과 같은 몇 가지 특징을 가지고 있다.

첫째, 이 책은 실천신학인 선교신학과 사회과학(특히, 인류학, 행정학, 그리고 사회학)을 통합하여 그 학술적 의미와 가치를 접목하여 연구한 저서이다. 따라서, 이 책은 '교회성장학'(The Science of Church Growth)을 종합 학문 정립을 위한 탐색적 연구(Exploratory Study)로 시도 하고 있다.

둘째, 이 책은 미국의 선교학자이며 교회성장 이론의 창시자인 도날드 맥가브란(D. McGavran)이 지적한 교회성장 과정의 접근에 있어서 사회과학을 접목하여 건강한 교회성장학의 체계화를 시도하였다. 그런 의미에서 이 책은 단순한 이론보다도 학술적인 연구서라고 하고 싶다.

셋째, 이 책은 건강한 교회성장의 이론적 배경, 성장 변수, 성장 과정, 성장 장애 분석, 성장 유형, 성장 우선 순위 이론, 이민 교회의 성장, 교회 행정과 성장, 세계 선교와 성장, 그리고 초대형 교회의 성장 등에 대해 체계 있게 분석 정리하여 교회성장을 원하는 교회 지도자들이 흥미 있게 접근할 수 있도록 시도하고 있다.

넷째, 이 책은 한국교회 성장의 실태와 초대형 교회의 사례를 통계적인 자료를 중심으로 미국의 초대형 교회와 비교하고 있다.

다섯째, 이 책은 건강한 교회성장이 '하나님의 뜻'(God's will)이며, 또한 '하나님의 명령'(God's Commandment)이고, '성도의 사명'(God's Peoples' Commission)이라고 주장한다.

따라서, 이 책은 교회성장에 관심이 있는 모든 분, 신학대학교의 교수들, 신학생, 목회자, 평신도 지도자, 일반 신도 등에게 좋은 참고 자료가 될 것으로 기대한다. 그리고 이 책이 침체된 한국교회 현실에 새로운 성장의 불길을 시작하는 불쏘시개가 되기를 기도한다.

저자가 이 책을 쓰기 시작한 지는 무려 5년 이상의 세월이 흘렀다.

그 말은 저자가 우둔한 탓도 있지만, 한편으로 이 분야에 "선행 연구가 별로 없다"라는 시사점도 포함된다고 할 수 있지 않을까?

이 책이 나오기까지 많은 분의 고마움을 잊을 수 없다.

먼저, 저자에게 학문적인 멘토(mentor)가 되어 준 미국 풀러신학교의 훌륭한 학자들께 고마움을 표한다. 디모데 박 박사(Dr. Timothy Park), 에디 깁스 박사(Dr. Eddi Gibbs), 피터 임 박사(Dr. Peter Im), 베치 그랜빌 박사(Dr. Betsy Glanville), 찰스 반 엥겐 박사(Dr. Charles Van Engen), 그리고 단 쇼 박사(Dr. Dan Shaw) 등이다.

나아가, 지금까지 저자가 교회성장학을 강의할 수 있도록 초청한 기독교 학교의 초청 학자들께 감사한다. 숭실대학교 기독교학대학원 교수들, 백석대학교 기독교전문대학원 교수들, 성서침례대학원대학교 교수들, 그리고 수십 년간 동역자인 샬롬나비의 상임대표이며 현대 신학자이고 전 숭실대학교 초대 기독교대학원장 김영한 박사, 한국교회 성장의 대표적인 사례 중 하나인 과천교회 김찬종 원로목사와 주현신 위임목사, 그리고 당 회원들의 협조에도 감사한다.

그리고 저자의 신학생 시절 교회성장과 선교학을 흥미 있게 강의해 주신 지도교수 서정운 전 장로회신학대학교 총장과 이광순 전 주안대학원대학교 총장(현재는 미국 허드슨테일러신학대학교 신학대학원 총장), 그리고 장로회신학대학교 신학대학원 선교학과 교수인 김영동 박사에게도 감사드린다.

특별히, 부족한 졸저의 원고를 읽으신 후, 격려해 주시며 '권장하는 말씀'까지 기꺼이 써 주신 제68회 예장(통합) 총회장이시며 오랫동안 숭실대학교 이사장을 역임하신 노량진교회 림인식 원로 목사의 리더십에 큰 격려와 힘을 얻었음을 고백한다.

무엇보다도 수십 년간 문서 선교를 통해 하나님께 영광을 돌리면서 어려운 여건하에서도 본서를 출판하도록 허락한 기독교문서선교회(CLC) 대표 박영호 목사와 장춘권 총무목사, 그리고 구부회 편집목사에게 진심으로 감사드린다.

끝으로, 일평생 반려자로 내조하여 온 아내(김숙자 은퇴선교사)에게 뜨거운 고마움을 전한다. 사랑하는 아내의 내조가 없었다면 나의 삶의 여정이 불가능했을 것이라 생각한다. 그런 의미에서 평생 반려자인 아내에게 늘 큰 빚을 지고 있다.

제 1장

교회성장학의 이론적 배경
(Theoretical Background of the Science of Healthy Church Growth)

1. 건강한 교회성장학의 개념

건강은 우리 인간의 삶에서 가장 중요한 요건이다. 돈도 삶의 과정에서 필요하고, 직업도, 그리고 가족도 꼭 있어야 한다. 그러나 그 모든 것은 건강보다 상위 개념으로 취급될 수 없다. 동양에서는 오복이라고 할 때 '강녕'이라는 말로 건강을 대신하여 말한다.

① 수(水, 장수)
② 부(富, 부귀)
③ 강녕(康寧, 건강)
④ 유호덕(攸好德, 사람들에게 존경받는 것)
⑤ 고종명(考終命, 자기의 수명을 사고 없이 다하는 것)

그러면 건강이란 무엇인가?

건강이라고 할 때, 흔히 육체적인 질병이 없는 상태를 말하는 경우가 많이 있다. 그러나 이것은 올바른 답은 아니다. 그 이유는 진정한 건강은 육체적 건강뿐만 아니라 정신적, 영적, 그리고 사회적 건강 등을 모두 총칭하는 개념이기 때문이다.

따라서, 세계보건기구(WHO)에서는 일찍부터 건강의 개념을 좀 더 포괄적으로 정의하고 있다. 즉, 단순히 질병이 없거나 허약하지 아니하고 '완전한 신체적, 정신적, 사회적 안녕 상태'(Health is a state of complete physical, mental, and social well-being and not merely the absence of disease and infirmity)[1]를 말한다.

바꾸어 말하면 육체적 건강(physical health), 정신적 건강(mental health), 그리고 사회적 건강(social health) 등을 모두 포함하여 논의해야 한다. 매우 의미 있는 정의라고 할 수 있다. 그러나 여기에 영적 건강(spiritual health)[2]을 포함하는 것이 더 정확한 개념 정의라고 할 수 있다.

그러면 건강한 교회란 어떤 의미인가?

교회는 본질에서 하나님의 선택된 무리, 즉 성도와 에클레시아(*ecclesia*)를 총칭[3]한다. 교회도 건강해야 한다. 교회가 갈등이 있고 다툼이 있으면

---

[1] http://www.pitt.edu/~super1/globalhealth/What%20is%20Health.htm(Accessed on Aug. 11, 2017).

[2] 여기에서 영적 건강(spiritual health)으로 하나님과의 관계와 사람과의 관계성의 정상화에 대한 조명이다.

[3] 교회라는 헬라어 '에클레시아'(ἐκκλησία)는 (ἐκ, ἐξ-로부터)와 '칼레오'(부르다. call)에서 유래되었다. 따라서, 이 단어는 '불러낸 자들'(-의 전체)이라는 의미, 즉, 엑클레시아(ἐκκλησία, ekklesia), 회(assembly), 모임, 집회(meeting), 회중 또는 모임(congregation), 교회(church)라는 의미이다(마 16:18). 이병철, "Bible Rex"9.0 (서울: Peniel Bible Re-

교회의 건강에 문제가 있는 증거이다. 그리고 영적이든 세속적이든 교인들이 불만이 많고 사랑이 없으면 건강하지 못한 증거이다. 건강한 교회는 바로 하나님과의 수직적인 관계에서나 사람 간의 수평적인 관계에서 화평한 관계 정립이 이루어지는 교회를 말한다.

교회성장은 교회가 건강하면 자연적으로 자라게 되는 원리를 말한다. 그리고 엄격하게 말하면 교회성장은 하나님께서 요구하시는 하나님의 뜻(God's will)이므로 열심히 전도할 때 하나님은 성장을 주신다. 근래에 많은 경우 사람들은 교회성장 자체가 문제가 있는 것처럼 교회성장을 비판하는 경우를 자주 본다.

그러나 성장 자체를 양적 성장에만 한정적으로 사용하지 않는 한 진정한 성장과 건강한 성장은 하나님이 원하시는 것이고 하나님의 뜻(God's will)이다. 왜냐하면, 건강한 교회는 당연히 영적으로 성장하기 때문이다.

이 경우 교회는 발전(development)이라는 용어를 대신 사용해도 된다. 건강한 성장이란 바람직한 방향의 성장이다. 바꾸어 말하면 양적, 질적, 영적, 구조적(structural), 그리고 내적(internal) 성장 등이 상호 조화와 균형을 이룬 성장이라고 말할 수 있다.

교회성장이란 무엇인가?

사실 성장(growth)이라는 용어는 발전 이론적(development theory)인 측면에서 볼 때 적절한 표현이 아니다. 왜냐하면, 성장은 주로 계량적(quantitative)인 측면에서의 변화를 의미하기 때문이다. 교회의 변화(change)는 양적인 측면뿐만 아니라 질적(qualitative)인 면에서도 정(+)의 방향으로의 변화

search Institute).

를 포함하는 것이 바람직하다. 따라서, 성장보다는 발전(development)이란 용어가 더욱 적절한 표현이라고 할 수 있다.

교회성장과 발전의 문제를 논의하기에 앞서 성장과 발전 혹은 변동의 개념을 먼저 정의해 보는 것이 좋을 것 같다. 먼저, 변동의 개념을 논의하면 변동(change)을 『신사회학개론』에서 이렇게 정의한다.

> 사회 구조의 변화를 의미하거나 기존 집합체의 사회 제도 구조와 기능에 영향을 주고 역사 진로를 수정하게 하는 시간 계열 내에서 관찰될 수 있는 변화의 전체를 의미한다.[4]

따라서, 사회 변동(social change)은 다음과 같은 특징을 가진다.[5]

① 사회 변동은 개별적인 것이 아니라, 집합적 현상(collective phenomena)이다.
② 사회 변동은 구조적 변동(structural change)이다. 구조 변동은 시간 계열(time series) 내에서 식별할 수 있다. 즉, 시간의 변동에 따라서 조직의 내적인 변동 상태를 인지할 수 있다.
③ 사회 변동은 사회의 역사 진로(historical direction)에 영향을 준다. 즉, 역사의 방향을 변동에 따라서 이해할 수 있다.

---

[4] 김영종, 『신사회학개론』 (서울: 형설출판사, 2008), 155-166.
[5] 김영종, 『신사회학개론』, 155-156.

④ 사회 변동은 긍정적인 정(正)의 방향으로 변화할 수 있고, 반면에 부정적인 방향, 즉 부(負)의 방향도 될 수 있다.

사회 변동에 비교하여 발전(development)은 미래 지향적 가치 개념이며 반드시 정(+)의 방향을 의미하고 인간과 환경에서 가시적인 주요 변화를 가져올 수 있다. 따라서, 발전은 "존재(Being)와 진행(Doing)"에 관련된다.[6]

발전의 개념을 좀 더 구체적으로 설명하면 "발산(divergence)과 수렴(convergence)," "변동(change)과 방향(direction)," "과정(process or means)과 목표"(ends)," "보편성(universality)과 특수성(specificity)," "양적(quantitative)인 것과 질적(qualitative)인 것"을 포함하고 정치적, 경제적, 사회적 혹은 문화적인 것을 포함하는 포괄적 개념이다.[7]

예를 들면, 아이젠 슈타트(S.N. Eisenstadt)는 발전의 개념을 보다 구조적 분화(structural differentiation)에 중점을 두고 사회 경제적 정치적 동원성(mobility)을 강조한다.[8]

다니엘 러너(Daniel Lerner)는 사회 변동을 다음과 같이 파악하고 있다.

> 미시적 시각에서 발전을 개인 인격의 변화에서부터 거시적 면에서는 경제적 물량적 성장과 함께 정치적 참여(political participation)나 사회적 이동성(social mobility)에 이르기까지의 포괄적인 개념이다.[9]

---

[6] 김영종, 『신발전 행정론』 (서울: 법문사, 1989), 24-34.
[7] 김영종, 『교회 행정학』, 157-174.
[8] S.N. Eisenstadt, "Studies in Modernization and Sociological Theory," *in History and Theory*, Vol, 1974, 13 : 25-52.
[9] Daniel Lerne, *Modernization: Social Aspect* (New York: Macmilian and Free Press, 1968),

그뿐만 아니라 브라이언 러브맨(Brian Loveman)은 발전을 "문화적 환경을 이루기 위한 인간 사회의 계속된 능력"[10]을 강조하며, 반면에 존 D. 몽고메리(John D. Montgomery)는 "물량적 경제적 측면에서 발전의 개념을 정의"[11]하고 있다.

다음에 성장(growth)의 의미는 계량적인 발전의 측면을 논의할 때 많이 사용한다.[12] 예를 들면, 경제 성장(economic growth)이라고 할 때 가시적인 면을 말한다.

그러나 정치 성장이란 용어는 부적절하다. 정치 발전은 불가시적이고 가치 지향적(valueoriented)인 개념이기 때문이다. 이와 같은 맥락에서 인간의 가치, 태도, 의식, 양식 등의 변화를 문화 발전이라고 하지만, 문화 성장이란 말은 사용하지 않는다.

교회성장의 기초를 이룬 학자는 도날드 맥가브란(D. A. McGavran)이다. 그는 1897년 인도의 다모(Damo)에서 3대에 걸친 선교사의 아들로서 출생하였다. 1954년까지 그의 가족은 279년간 인도에서 선교사로 봉사하였다.

맥가브란은 1920년에 버틀러대학교(Butler University)에서 문학 학사(B.A.) 학위, 1922년에 예일대학교(Yale University)에서 신학 학사(B.D.)학위, 1923년에 인디애나폴리스선교대학(Indianapolis College of Missions)에서 석사(M.A.) 학위, 그리고 1936년에 콜롬비아대학교(Columbia University)에서 박사

386-395; 김영종, 『신발전 행정론』, 48.
[10] Brian Love man, "The Comparative Administration Group," *Public Administration Review*, Vol. 36 (November/December, 1976), 616.
[11] John D. Montgomery, "Sources of Administrative Reform: Problems of Power," *Purpose and Politics* (CAG Occasional Papers, Bloomington: CAG, 1967), 1.
[12] 김영종, 『신발전 행정론』, 1-100.

(Ph.D.)학위를 취득했다.¹³

그가 직접으로 교회성장에 영향을 받은 것은 와스콤 피켓(Waskom Pickett)이었다. 그가 늘 하는 말은 "나는 피켓의 불에서 나의 촛불을 붙였다" (I lit my candle at Pickett's fire").¹⁴

흥미 있는 것은, 맥가브란과 피켓 둘 다 존 모트 목사(Ministry of John Mott)에게서 영향을 받았다. 맥가브란은 1919년 성탄절 때 데 모엥(Des Moines)에서 열린 세계복음화대회에 참석 후 하나님의 부름을 받아 선교사로서 출발한 그 결단이 교회성장 운동의 뿌리가 되었다(That decision lies at the root of the church growth movement)¹⁵

한편, 피켓은 인도에서 목사로서, 편집인으로서, 기독교 상담자로서, 감리교회의 감독으로서 봉사했는데, 그는 존 모트 목사가 자신에게 영향을 준 것을 다음과 같이 기록한다.

> 나는 인도에서의 나의 선교와 교회 일들이 그 결과에 대하여 옳든 혹은 아니든 모트 목사가 준 충고를 받아들이기로 했다.¹⁶

그 후, 피켓은 인도에서 『기독교 대중운동』(Christian Mass Movement in India)¹⁷이란 책을 발간하게 되었는데, 맥가브란은 그 책을 탐독하고, 왜 그

---

[13] Elmer Towns, et al. *Evaluating the Church Growth Movement* (Grand Rapids: Zondervan, 2004), 13.
[14] Elmer Towns, et al. *Evaluating the Church Growth Movement*, 10.
[15] Elmer Towns, et al. *Evaluating the Church Growth Movement*, 10.
[16] Elmer Towns, et al. *Evaluating the Church Growth Movement*, 11.
[17] Pickett, Jarrell Waskom, *Christian Mass Movements in India: a study with Recommendations*

가 선교하던 인도 중부지방은 이러한 운동이 일어나지 아니했는가를 질문한다.

맥가브란이 사역을 시작한 지 수십 년간이 지났으나, 그는 80명의 선교사로서 다섯 개 병원과 중고등학교 등의 감독자로서 단지 30여 개의 적은 교회가 창립된 것뿐 이렇다 할 교회성장을 보지 못하였다.

특히, 그는 대중 운동이 개인보다 수천 명이 집단으로 일어나는 전도 운동을 보고 의문을 제기하였다.

"왜 맥가브란이 속한 교단은 1년에 고작 1% 속도로 성장하고 다른 교회들은 더 높은 속도로 성장하는가?"

맥가브란은 『교회성장과 집단 중생』(Church Growth and Group Conversion)이라는 책을 출간하였다.[18] 이러한 연구를 통하여 맥가브란은 발견하기를 10년 동안에 136개 지역에 11%의 성장이 있었지만, 다른 11개 지역은 200%까지 성장하였다는 것을 발견하였다.[19]

1955년에 맥가브란은 『하나님의 교량』(The Bridges of God)[20]이라는 책을 통하여 교회성장 운동의 기초를 다졌고, 1959년에는 『어떻게 교회는 성장하는가』(How Churches Grow)[21]에서 교회성장에 대한 더 많은 정보를 얻게 되었다.

(New York: The Abingdon Press, 1933), 1-55.

[18] Waskom Pickett, *Church Growth and Group Conversion* (Lucknow: Lucknow Publishing House, 1962), 1-116.

[19] ElElmer Towns, et al. *Evaluating the Church Growth Movement*, 35.

[20] Donald A. McGavran, *The Bridges of God* (New York: Friendship, 1955), 1-158.

[21] Donald A. McGavran, *How Churches Grow* (London: World Dominion, 1959), 1-331.

오늘날 '교회성장'(church growth)이란 용어를 많이 사용한다. 이것은 교회의 양적인 성장, 예컨대 일정한 기간에 교인의 수가 증대하거나 시설과 헌금이 증가하는 경우만을 의미하는 것 같지만, 사실은 교회의 질적·구조적인 변화도 포함해야 한다.

정리하면 교회성장은 신학적 혹은 사회과학적인 면에서 교회의 양적, 질적인 변화를 포함한 개념이며, 그것은 하나님의 간섭(The Intervention of God)이고 성령님의 역사(The Work of the Holy Spirit)이다. 그리고 무엇보다 '하나님의 뜻'(God's will)이다.

다시 말하면 교회성장은 교회 질적인 변화와 함께 양적인 증가를 포괄하는 교회의 발전 상태를 말한다고 할 수 있다.

> 또 내가 네게 이르노니 너는 베드로라 내가 이 반석 위에 내 교회를 세우리니 음부의 권세가 이기지 못하리라(마 16:18).

하나님께서 "이 반석 위에 내 교회를 세우리라"고 말씀하신 것을 기억하면 된다. 따라서, 교회의 성장과 발전은 네 가지 의미를 함축한다고 할 수 있다.[22]

첫째, 교회의 성장은 교회의 기초(the foundation of the God)가 튼튼해지는 것을 의미한다(마 16:18; 고전 3:11; 엡 2:20; 벧전 2:6-8).

---

[22] Elmer Towns et. al. *Evaluating the Church Growth Movement* (Grand Rapids MI: Zondervan, 2004), 88-89.

둘째, 교회의 성장은 교회의 창설자(the builder of the church)가 예수 그리스도 자신이라는 것을 의미한다.

셋째, 교회의 성장은 교회의 터전에서는 음부의 권세가 이기지 못한다(the gates of Hades will not overcome it)는 것을 의미한다.

넷째, 교회의 성장은 교회의 지속성(the endurance of the church)이 계속된다는 것을 의미한다.

2. 건강한 교회성장의 원인

1) 건강한 교회성장의 주요 특징

먼저, 교회성장과 발전에 미치는 변수에 대하여 딘 R. 하지(Dean R. Hodge)와 데이비드 R. 루젠(David A. Roozen)의 연구 결과를 소개하면 다음과 같다.[23]

(1) 남녀 성별의 구별이다

한국교회에서도 대략 남녀 성도의 비율이 교회에 따라서 다르기는 하지만, 여자 성도의 비율이 높은 편인데 미국교회에서도 여자들의 출석이 훨씬 많고 헌신적이다.[24]

---

[23] Dean R. Hodge & David A. Roozen. *Understanding Church Growth and Decline*:1950-1978 (NY: The Pilgrim Press, 1979), 42-53.
[24] 한국 개신교의 남자 성도는 431만 7,696명인데 반해 여자 성도는 535만 8,065명으로

(2) 미국의 경우 연령에 따라 다르다

18-30세 사이의 교회 출석은 매우 저조하지만, 30세 이후는 계속 증가한다. 그러나 우리나라의 경우 2018년 현재 정부에서 발행한 종교 연감에 의하면 개신교 총인구는 967만 5,761명이다.

그중에 10대의 개신교 신자는 214만 2,147명으로 단연 최고의 높은 수준이다. 다음이 40대로서 165만 0,677명에 달한다. 다음은 50대로서 152만 5,161명이며 다음이 30대 신자인데 136만 2,116명에 이른다. 그 다음은 20대로서 105만 1,593명이다. 그 다음은 60대, 70대, 그리고 80대가 차례로 차지하고 있다. 예컨대, 개신교는 불교에 비교하여 젊은 청년층이 많은 비율을 차지하고 있음을 알 수 있다. 예를 들면, 불교의 경우 10대의 신자 수는 73만 6,504명에 불과하다.[25]

(3) 교파의 배경에 따라 다르다

미국의 경우 다음 10개 교단이 성장의 크기로 보아서 우세하다.[26] 예를 들면, 지난 25년간(1950-1975) 교회성장률은 각 교단의 이름 뒤에 나타나 있다. 가장 성장이 많은 교단은 미국 남침례교회로서 79.9% 성장하였다. 그러나 성장이 가장 약한 교단은 미국 그리스도연합교회로서 무려 -7.4%의 감소세를 보인다.

① 로마 가톨릭교회(The Roman Catholic, RC)(65.5% 성장)

서 여자 성도가 더 많다. 문화관광부, "한국의 종교 현황" (서울: 문공부:2017), 94.
[25] 여기에서 나오는 세대별 통계는 저자가 위의 원자료를 가지고 다시 계산하여 추출한 결과이다.
[26] 문화관광부, "한국의 종교 현황," 146.

② 미국 남침례교회(The Southern Baptist Convention, SBC)(79.9% 성장)

③ 미국 연합감리교회(The United Methodist Church, UMC)(2.6% 성장)

④ 미국 연합장로교회(The United Presbyterian Church in the United States of America, UPC)(14.5% 성장)

⑤ 오순절교회(The Episcopal Church, EC)(24.5% 성장)

⑥ 미국 루터란교회(The Lutheran Church in America, LCA)(19.9% 성장)

⑦ 루터란교회 미주리노회(The Lutheran Church-Missouri Synod, LCMS)(59.9% 성장)

⑧ 미국 루터교회(The American Luthera Church, ALC)(43.2% 성장)

⑨ 미국 그리스도연합교회(The United Church of Christ, UCC)(-7.4% 성장, 즉 7.4% 감소)

⑩ 캐나다연합교회(The United Church of Canada, UCN)(15.9% 성장)

여기에서 가장 괄목할 만한 성장을 유지한 것은 미국 남침례교회이고 가장 현저한 감소 추세를 보이는 것은 미국 그리스도연합교회이다.

그러나 이 통계는 좀 더 최근(2012년) 이후에 현저한 차이를 보인다.[27]

① 가톨릭교회(The Roman Catholic Church)는 6850만 3,456명에 0.57%가 전년도(2011)에 성장

② 하나님의성회(Assemblies of God)는 291만 4,669명에 0.52%가 전년도

---

[27] http://www.mychurchgrowth.com/church%20growth/agr.php(Accessed on Dec 20, 2017).

(2011)에 성장

③ 하나님의교회(Church of God)는 107만 6,254명에 0.38%가 전년도 (2011)에 성장

우리가 주목할 것은 대부분의 미국의 기독교 교단들이 감소 추세라는 것이다. 예를 들면, 그리스도연합교회는 108만 199명, 즉 2.83% 가 감소했고, 성공회(The Episcopal Church)는 200만 6,343명(2.48%)이 감소했다. 그리고 장로교회(Presbyterian Church, USA)는 277만 730명, 즉 2.61%가 감소되었다.

한편, 복음주의루터교회(Evangelical Lutheran Church, ELC)는 277만 730명 (2.61%)이 감소하였으며 미국 침례교회(The American Baptist Churches, USA)는 131만 505명이 감소하여 1.55%의 비율에 해당한다. 그리고 루터교회 미주리노회는 231만 2,111명이 감소하였는데 이는 1.08%에 해당한다. 그리고 연합감리교회는 777만 4,931명(1.01%)이 감소했다. 마지막으로, 미국 최대의 교단인 미국 남침례교회도 0.42% 감소하였는데 이는 1616만 88명에 해당한다.

그런데 우리가 여기서 주목할 것은 우리나라에서 정통 기독교라고 인정을 받지 못하는 유사 기독교의 교단은 급속한 성장을 보인다는 것이다. 예를 들면, 여호와의증인(Jehovah's Witnesses)은 116만 2,686명(4.37%)이 성장하였고, 몰몬교(Mormons)는 605만 8,907명(1.42%)이 성장했다는 것이다. 이것은 전통적인 기독교인들의 복음 전파에 대한 열심을 다시 한번 촉구

하는 경고라고 할 수 있다.[28]

(4) 성장은 지역 변수에 따라서 영향을 받는다

예를 들면, 농촌보다는 신흥 도시가 더 성장에 유리하고 전통적으로 타 종교의 영향을 많이 받는 곳은 교회의 성장이 어렵다고 본다.

(5) 교회성장은 세례(침례)받는 것과 깊은 관계가 있다

즉, 흥미 있는 것은 미국 남침례교회는 침례 받은 수가 증대되고 있다는 사실이다. 예를 들면, 49%의 남침례교회의 침례자가 12-29세 사이의 연령층이었다는 것은 놀라운 통계가 아닐 수 없다.[29]

(6) 교회학교의 등록 경향이 교회성장과 깊은 관계가 있는 변수가 된다

교회학교 학생의 등록 증가는 바로 교회 부흥과 성장의 척도와도 관계가 있다. 물론, 교회성장에 있어서 주로 장년 교인 수의 증대가 초점이 될 수 있다. 그러나 원칙적으로 교회 부흥은 반드시 장년을 측정 단위로만 볼 수 없다. 하나님께서 볼 때, 장년의 경우나 어린이의 경우나 할 것 없이 모두 귀한 것이다.

> 사람이 만일 온 천하를 얻고도 제 목숨을 잃으면 무엇이 유익하리요 사람이 무엇을 주고 제 목숨과 바꾸겠느냐(마 16:26).

---

[28] 문화관광부, "한국의 종교 현황," 146.
[29] 1975년의 경우이다.

사실상 현재 교회성장의 미래상을 예측할 때는 오히려 어린이 교회학교나 청년의 경우가 더욱 소망스럽다고 하겠다.

(7) 교회 지도자의 지도력은 또 하나의 교회성장과 발전의 변수로 등장한다

교회 지도자는 평신도 지도자도 물론이겠지만, 특히 목회자의 지도자적 영향력은 매우 크다고 하겠다.

좀 더 구체적으로 예를 들면, 지도자의 리더십, 설교의 내용과 방법, 인간 관계, 영적인 능력, 기도의 능력, 지식과 열심, 소명감과 확신, 포용력, 신뢰도, 그리고 인격 등의 매우 중요한 변수가 될 수 있다. 부흥하는 교회와 성장하고 발전하는 교회는 반드시 훌륭한 목회자가 있다. 즉, 지도력 있고 유능한 사역자가 교회를 이끌어 나가는 교회는 성장하고 발전하게 된다는 뜻이다.

2) 교회성장 발전의 원리

무엇보다도 교회성장의 핵심적인 원리는 다음과 같이 지적할 수 있다.

첫째, 예수님은 그의 잃어버린 자녀들을 다시 찾기를 원한다는 것이다. 예수님은 그의 제자들에게 위대한 사명(the Great Commission)을 주셨고, 기독인들은 예수님을 구주로 선포하여 남자와 여자들을 교회의 책임 있는 제자로 삼아야 한다.

둘째, 복음과 교회성장의 원인과 장애를 연구하고 예수님은 추수기에 수확하기 원하며 잃어버린 양들을 찾기를 원하므로 성장이나 쇠퇴를 찾아내는 것이 성실한 목회에 중요하다는 것이다.

셋째, 발견된 사실에 기초하여 특별한 계획을 개발하는 원리이다.[30] 교회 성장은 사회학적이거나 행정학적인 사회과학의 원리가 물론 필요하다.

예를 들면, 다음과 같은 원리를 지적할 수 있다.

① 지도자의 탁월한 리더십과 행정 관리 능력
② 행정 관리의 목적의 극대화 달성
③ 지리적인 조건과 교통
④ 인구 팽창의 중심지와 좋은 사회 환경
⑤ 지역 사회에 대한 교회의 기여 및 좋은 이미지 그리고 봉사 활동 교회
⑥ 성도들의 구조적인 원인과 자발성
⑦ 정치, 사회, 문화적인 여건과 환경
⑧ 철저한 제자훈련과 신앙 훈련
⑨ 국가 사회의 기독교 복음 지향적 분위기
⑩ 계획된 성장 발전 전략의 수립과 정책 실행 등

---

[30] Elmer Towns et. al. *Evaluating the Church Growth Movement*, 15-16.

교회성장의 원리는 힘이나 능으로 하지 않고 오직 하나님의 영, 즉 '성령'(슥 4:6)으로 할 수 있다는 것이다. 성령이 성장과 부흥을 이루도록 역사하신다. 건강한 교회성장은 구체적으로 다음과 같은 중요한 요인이 강조될 때 이루어진다.

첫째, 하나님의 말씀이 잘 가르쳐지고 전해지고 전파되어야 한다.

하나님의 말씀은 목회자의 능력 있는 하나님의 말씀 증거, 즉 설교가 매우 중요한 비중을 차지하고 있다는 것을 누구도 부인하지 못할 것이다.

그러나 말씀은 결코 목회자에게 달린 것만은 아니다. 예컨대, 제자훈련, 성경 읽기 운동, 구역 조직, 교회학교와 장년 교회학교를 통하여 하나님의 말씀을 강조하고 말씀 중심의 교회가 성장 부흥하게 된다.[31]

둘째, 하나님의 종에게 성령의 역사가 임할 때 교회가 성장하게 된다.

다시 말하면 하나님의 종들에게 성령 충만하여 복음을 증거 할 때 능력이 임하여 교회가 성장하게 된다. 예를 들면, 사울이 바울로 변하여 복음 전도자가 되게 하는 것이다(행 9:1-19).

성경을 읽던 에티오피아인 환관에게 빌립을 보내어 진리의 말씀을 지도하게 한 것이나(행 8:26-39), 바리새인 사울이 주의 말씀을 전하기 위하여 아나니아가 필요한 것이나(행 9:10-17), 하나님을 두려워하던 고넬료를 베드로에게 보내어 그리스도 안에서 구원의 충만한 은혜를 맛보도록 하였다(행 10:22-48).

---

[31] 이연길, 『말씀 목회 패러다임』 (서울: 쿰란출판사, 2001), 1-335. 말씀 목회 패러다임으로서 교회가 성장하고 부흥된 대표적인 교회는 미국의 댈러스에 위치한 빛내리교회(이연길 목사)를 들 수 있다. 자세한 것은 다음을 참고할 것.

여기에서 목회자뿐만 아니라, 전 교인이 하나님의 사랑과 은혜 안에서 성령의 충만함을 받아야 한다.

셋째, 교회의 부흥과 성장을 결코 인간에 의하여 이루어진다기보다는 하나님의 교회로서 성령이 교회에 충만해야 한다는 원리이다.

3) 하나님의 말씀 원리

기독교는 말씀의 종교이다. 말씀이 곧 육신으로 나타나 성육신(Incarnation)하신 분이 예수 그리스도이시다. 성령이 그와 함께 역사하셔서 말씀이 능력 있게 퍼지게 된다. 말씀이 살아있는 교회는 성장할 수 있는 교회이고 실제로 성장하게 된다.

성경에서는 말씀에 대하여 여러 가지를 표현하고 있다.

① 돌을 부수는 망치(렘 23:29)
② 영의 칼(엡 6:17; 히 4:12)
③ 불(사 4:4)
④ 좋은 씨앗(마 13:3; 사 55:11)

말씀이 있어야 사람들을 거듭나게 하고 하나님의 자녀가 되게 한다 (벧전 1:23; 약 1:18). 말씀은 의사소통(communication)으로 이루어지는 것이 일반적이다. 의사소통의 성격은 의미 교환(meaning exchange)이다.

개인과 집단의 욕구 충족의 기능이며, 사회 집단 내에서의 일상적 활동에서 자기의 지위와 역할의 매개체적 기능을 하고, 사회 구성원을 연결하며, 그리고 사회적 유산을 전수하는 기능을 가진다.[32]

의사소통은 다섯 단계가 있는데 소위 '5W' 원칙이라 한다. 즉, 다음과 같다.

① Who(정보원)
② What(정보, 명령, 보고)
③ in Which channel or How(매개체)
④ to Whom(도달점)
⑤ With what effect(반응 효과)[33]

그리고 영적인 의사소통은 성령과의 교통, 기도, 하나님과의 대화이다. 의사소통하는 데 있어서 여러 가지 장애 요인이 있다.
예를 들면, 다음과 같은 것들이다.

① 언어의 장애 요인(factors on barrier of language)
② 준거 기준(frame of reference)
③ 지위상의 차이(status distance)
④ 개인 차이(individual distance)

---

[32] Kenneth O. Gangel, *Communication and Conflict Management* (Eugene: Wipf and Stock Publishers, 2002), 1-70.
[33] 김영종, 『교회 행정학』 (서울: 숭실대출판부, 2007), 170.

⑤ 기계 소음(mechanical noise)
⑥ 지리적 거리(geographical distance)
⑦ 타 업무의 압박(pressure of other work)
⑧ 의식적 제한(deliberate restrictions)[34]

특히, 의사소통에 있어서 상호 간의 사전 이해와 인간적인 관계가 중요하며 이러한 관계(Rapport)를 통하여 원만한 의사소통이 이루어진다고 하겠다. 이러한 맥락에서 관계되는 초점이다.

① 상호 이해(mutual understanding)
② 상호 관심사(common tastes)
③ 상호 협조(mutual assistance)
④ 상호 존경(mutual admiration)
⑤ 상호 접근과 친근(mutual accessibility)
⑥ 상호 신뢰(mutual confidence)

크리스천의 의사소통에 있어서 효과적인 방법을 소개하기로 한다.

첫째, 의사소통은 개념적으로는 지적(conceptually intellectual)이고, 또한 의미 깊은 언어로 되어야 한다.

---

[34] 김영종, 『교회 행정학』, 171.

둘째, 의사소통은 공식적으로 호소력이 있어야 한다. 복음의 말씀은 영원히 변하지 않는 하나님의 말씀이다. 이 원칙은 바울이 이미 고린도전서 9:19, 23과 사도행전 17:22-34에서 지적하고 있다.

셋째, 의사소통은 심리적으로 적응 돼야 한다. 심리적으로 개인 따라 차이는 있을 수 있으나 의사소통은 이러한 것을 극복하는 데 노력해야 한다.

넷째, 의사소통은 문화적으로 상호 간 꼭 필요해야 한다. 다음의 문화적 적응은 정신적 관련성, 심리적 반응, 사회적 관련성, 문화적 조정과 적응의 관계를 나타내는 것이다.[35]

한마디로, 의사소통을 통한 복음 전파와 교회성장은 매우 깊은 관계가 있다고 하겠다. 특히, 목회자는 복음 전파의 신학적 의미와 권위 있는 하나님의 말씀에 더욱 충실해야 하겠다.

4) 교회성장의 원리로서 하나님의 종

교회는 하나님의 종들을 통하여 부흥시키고 성장시킨다.
교회가 부흥하려면 뜨거운 소명을 받은 하나님의 종들이 많이 나와야 한다. 직업도, 생명도, 목숨도, 시간도, 재산도 주님을 위하여 쓸 수 있고,

---

[35] George W. Peters, *A Theology of Church Growth*, 111. 김영종 역, 『교회 행정학』(서울: 숭실대출판부, 2007), 171.

바칠 수 있는 정말 헌신적인 주의 종들이 많이 있어야 교회가 부흥되고 성장되고 발전될 수 있다는 말이다.

우선 목사들이 삯꾼 목자가 되어서는 안 된다. 교역자는 주님을 위하여 택함을 받은 기름 부은 종들이다. 너무 물질이나 보수에 연연하지 말고 성실하게 열심으로 잃어버린 영혼들을 하나님께로 인도하는 사람 낚는 어부가 되어야 한다. 직업적인 종교인이 있는 교회가 결코 부흥될 수 없다. 목사만이 아니다. 평신도 지도자들도 많이 배출되어야 하는데 그들도 순수하고 진정으로 주님을 사랑하고 이웃을 사랑할 수 있는 자들이어야 한다.

예수님께서 열두 제자를 불러 택하실 때 그들은 모두 순종하고 따랐다. 이유도 없고 주저하는 것도 없고 무조건 주님을 따랐다. 주님은 공생애 3년 동안에 정말 그의 말씀으로 행동으로 본을 보여 주시고 가르치셨다. 교회성장에는 철저한 소명 의식과 헌신적인 제자들이 필요한 것이다 (눅 6:12-16; 행 1:8; 4:19-20; 요 15:6).

교회성장은 하나님께서 쓰시고자 하는 종들이 필요한 것이다. 왜냐하면, 우리가 하나님을 택한 것이 아니요 하나님이 우리를 택하사 하나님의 종들로 쓰시기 때문이다 (요 15:6-7).

3. 교회성장의 원리와 하나님의 교회

우리는 많은 경우, 우리 교회, 나의 교회, 장로교회, 감리교회, 침례교회, 성결교회, 지역의 이름을 딴 어느 교회 등등 이름을 붙여서 강조한다. 물론 이것이 잘못된 것은 아니다.

그러나 어떤 특정한 교단 등을 강조하는 것은 교회 부흥을 위하여 과연 무엇이 유익한 것인가?

엄격하게 말하자면 교회는 그리스도의 몸이요, 하나님의 교회라고 하는 것이 가장 바람직하다. 교회는 하나님의 교회이기 때문에 하나님께 영광을 돌리도록 해야 한다. 하나님께 영광을 돌리면 성장한다.

> 그런즉 너희가 먹든지 마시든지 무엇을 하든지 다 하나님의 영광을 위하여 하라(고전 10:31).

그러나 오늘날의 현대 교회는 하나님의 영광을 가로채는 일이 많다. 교회에서 일하는 주의 종들이 자기의 영광을 위하여 일하는 것처럼 무서운 죄는 없다. 그것은 하나님이 기뻐하시지 않는다. 오직 하나님의 교회는 하나님만을 위하여 그에게 존귀와 영광을 돌려야 한다. 따라서, 교회는 다음과 같은 몇 가지 성장과 부흥의 원칙과 방법이 지적될 수 있다.[36]

① 교회는 성령의 임재를 경험적으로 체험하는 것이 좋다(행 2:4).
② 교회는 공통적인 신앙의 고백 때문에 이루어지는 것이 좋다(마 16:16).
③ 교회는 하나님의 기름 부은 지도자들에게 복종함이 유익하다(딤전 3:1).
④ 교회는 주님을 고백하는 공동체로 형성되어야 한다(마 16:16).
⑤ 교회는 제자훈련의 과정을 통하여 성도들을 훈련해야 한다(마 28:20).

---

[36] 로버트, K. 허드너트, 이광순 역.『성장제일주의 비판』(서울: 한국장로교출판사, 1995), 114.

⑥ 교회는 예수 그리스도가 중심이 된 복음이 선포되어야 한다(막 16:15).

⑦ 교회는 계속 기도해야 한다(행 2:42; 살전 5:17). 예수님은 기도의 모범을 보여 주셨다.

⑧ 예수님은 그의 생애 가운데 큰 일을 앞에 두고, 큰 일을 하는 도중에, 그리고 큰 일 다음에 참으로 간절히 기도하셨다.

⑨ 교회는 기적의 영역에서 살아야 한다(요 11:25).

⑩ 교회는 고난을 받고, 기쁨도 같이 나누어야 한다(행 16:31).

⑪ 교회는 끊임없이 갱신되어야 하고 궁극적으로 하나님께 영광을 돌려야 한다(고전 10:31).

이상과 같이 성경에 따른 입장에서 교회가 성장 발전하는 몇 가지 원리를 살펴보았다. 요약하면 교회성장의 원리는 성경적 원리에 입각함을 원칙으로 하고 부수적으로 사회과학적인 제반 여건과 조건이 같이 동반할 때 가속도적으로 성장, 발전할 수 있을 것이다.[37]

4. 성장하는 교회의 특징

교회가 성장하고 발전하면 어떤 특징이 나타날까?
이것은 매우 흥미 있는 과제임이 틀림없다. 먼저, 우리는 초대교회의 특

---

[37] 명성훈, 『교회성장 마인드』(서울: 교회성장연구소, 2001), 1-392.

징을 성경적 근거에서 찾아볼 수 있다. 예를 들면, 다음과 같은 것들이다.[38]

첫째, "초대교회의 성장은 새로운 질서였다."
말하자면 교회는 하나님의 제자훈련을 강력하게 추진하게 되었고, 그러한 훈련이 성장의 원동력이 된 것이다.

둘째, "교회는 방법론적인 면에서 변화해 왔다."
예컨대, 교인들은 매일 성전에 모여서 말씀을 들었고, 나아가서는 복음이 전파되게 되었고, 또한 소집단으로 가정에서 친교와 복음 사역을 감당하였다. 즉, 교회와 가정이 온전히 예수 그리스도의 은혜에 충만하게 되었다(행 2:46; 5:42; 20:20; 히 2:3-4).

셋째, "성도들이 새로운 교제를 하였다."
제자란 단어가 복음서에서 238번이나 나오며 누가는 사도행전에서 30번 이상이나 인용하고 있다. 예수 그리스도의 발자취를 따라가는 놀라운 역사가 일어났다.

넷째, "하나님이 주신 새 계명을 하나님의 뜻 안에서 새로운 활동을 하게 되었다."
요한복음 21:15-17에서는 예수님께서 "서로 사랑하라"는 새 계명을 주신 것이 나타난다. 모세의 율법을 지키는 것으로 교회는 성장하지 않는다.

---

[38] 김영종, 『교회 행정학』, 176.

서로 사랑하라는 새 계명을 지키는 데 있다. 형제를 사랑하고 이웃을 사랑해야 한다. 교회는 지역 사회에 좋은 신앙적 간증과 본을 보여 주어야 성장한다. 그런 의미에서 구제도 필요하다. 교회 내의 어려운 자를 찾아 적절한 구제를 함도 사랑의 실천 운동의 하나이다.

그러나 가장 중요한 새로운 계명의 실천은 아직도 복음을 들어보지 못한 잃어버린 영혼들에 하나님의 생명 말씀을 증거하여 그들을 주님께로 인도하는 일이 무엇보다도 이웃을 가장 사랑하는 길이다.

바로 그것을 위하여 교회는 존재한다. 교회는 사랑의 본을 보여야 한다. 선교의 사명을 감당해야 한다. 하나님의 지상 명령이기 때문이다. 교회성장과 발전은 바로 이러한 데서 일어난다.

그렇다면 교회가 성장하면 어떤 현상이 일어날까?

간략하게 내적 특징과 외적 특징을 요약하여 본다.

첫째, 내적 특징이다.

① 성장하는 교회는 "교회의 질적인 성장"이 일어난다.
즉, 영적으로 거듭나고 구원받는 중생의 체험을 하게 되고, 성령의 강한 역사가 일어나며, 하나님의 은혜에 감사하고 말씀을 의지하고, 말씀을 배우고, 말씀을 실천하게 된다.

② 성장하는 교회는 "교회의 복음적인 운동이 일어나고 양적으로도 성장"한다.

출석 교인이 증가하는 것은 물론이고 새로운 교인이 매 주일 등록하는 현상이 일어난다. 잃어버렸던 영혼들이 교회에 몰려들고 증가한다. 실망했던 신자들이 다시금 재헌신하게 된다. 분명히 양적으로 성장하는 현상을 우리는 교회성장 발전의 중요한 특징이라 하는 것을 부인할 수 없다.

③ 성장하는 교회는 "교회의 헌금"이 예상 외로 많이 나온다.

예산을 세울 때 매우 조심스럽게 달성되는지에 대해 의문이 들기도 하지만, 성장하는 교회는 헌금이 초과 달성된다. 왜냐하면, 헌금은 은혜받은 성도들이 감격과 기쁨과 감사에서 나오는 신앙적인 표현이기 때문이다. 교회의 성도들이 서로 돕고 사랑하게 된다. 그로 인해 어려움이 있는 성도들을 찾아보고 구제하고 기도하게 된다. 이것은 성도들이 은혜받은 증거이기 때문이다.

④ 성장하는 교회는 "기도의 활성화"가 일어난다.

기도 집회에 교인이 증가하게 된다. 기도에 열심을 품게 되고 힘을 얻게 된다. 어떤 교회는 새벽 기도로 말미암아 부흥 성장한 교회도 있고 어떤 교회는 밤샘 기도 집회에 성도들이 몰려들고 있다. 삼일 기도 집회도 주일과 별 큰 차이가 없이 많은 성도가 모여서 기도하게 된다. 가정에서 기도하고 직장에서 기도하게 된다. 기도의 붐이 일어난다. 성령의 역사가 일어나기 때문이다.

⑤ 성장하는 교회는 "목사의 설교"가 힘이 있다.

목사가 설교 내용이 복음적이고 하나님의 은혜가 넘치는 깊고 감명 깊은 설교를 하게 된다. 성도들이 설교를 듣고 은혜를 받고 또 듣고 싶어 한다. 설교가 하나님의 말씀에 근거하고 복음적이다.

예화를 들어도 복음적이어야 한다. 설교가 차지하는 비중은 매우 중요한 데 아마 부흥 성장의 70~80% 이상의 비중을 차지하거나 그 이상을 차지한다고 할 것이다. 온전히 깊은 은혜가 넘치는 설교를 하기 위하여 목회자는 기도하면서 열심히 준비해야 한다.

⑥ 성장하는 교회는 "각 기관의 책임자"가 협조가 잘되고, 또한 열심히 맡은 일들에 충성하게 된다. 특히, 각 기관은 자발적으로 선교회 전도의 계획을 세우고 프로그램을 개발하여 교회 내외의 활동으로 크게 이바지한다.

⑦ 성장하는 교회는 "구역 예배의 활성화"가 이루어진다.

특히, 구역 조직을 통하여 작은 교회로서의 사명을 완수하게 된다. 구역장은 책임감 있게 일하게 되며 구역 확장이 계속 이루어진다.

⑧ 성장하는 교회는 교회학교도 성장하게 된다.

어린이 주일학교, 중고등부, 청년부, 그리고 장년부에 이르기까지 원칙적으로 매우 활성화되고 증가하게 된다.

⑨ 성장하는 교회는 교육 프로그램과 선교 프로그램을 세워 잘 실천하고 하나님께 영광을 돌리게 된다.

⑩ 성장하는 교회는 교육 프로그램인 "성경 공부와 제자훈련"을 철저히 하면 성경 읽기 운동이 확산된다. 선교 열이 뜨거워져 선교하지 않으면 안 되겠다는 뜨거운 성령의 감동과 역사가 충만케 된다.

⑪ 성장하는 교회는 불평과 불만보다 감사와 사랑, 하나님의 은혜와 축복을 통해 전 교인들이 "영적 승리의 생활"을 하는 교회이다. 개인의

일보다 예수 제일주의와 신앙 제일주의로 살아가는 교회이다.[39]

둘째, 외적 특징이다.

① 성장하는 교회는 혼란하고 세속화된 세상에 "빛과 소금의 역할을 잘 감당하기 위하여 무엇보다도 선교의 열이 뜨거워 선교사를 파송하거나 지원하고 선교에 더욱 많은 관심과 노력을 하는 특징"을 가진다. 선교는 그리스도의 지상 명령이다. 자기 교회와 우리 교회 혹은 나의 교회성장에만 골몰하는 근시적인 신앙을 떠나서 세계를 향하여 뜨거운 선교의 열심을 전하는 교회이다.

부흥하는 교회는 다른 교회보다 더 많은 기도와 더 많은 선교사를 파송하며 더 많은 물질적 지원을 선교에 지원하는 교회이다. 국내에서는 농어촌교회, 개척한 교회, 약한 교회를 도와주고 국외로는 오대양 육대주에 잃어버린 영혼을 구원으로 인도하는 데 열심있는 교회이다.

② 성장하는 교회는 "영적인 면에만 아니라, 사랑의 실천을 보여 주는 교회"이다. 지역 사회에서 어려운 자들을 찾아서 구제하기도 하고, 또한 다른 지역에서도 사랑의 손길을 펴, 교회가 과연 무엇을 하는 곳인가를 보여 주고 실천하는 교회이다.

이러한 교회는 늘 도와주고 싶은 교회이므로 하나님께서 더 큰 복을 주시게 됨은 물론이다. 부흥, 성장하는 교회는 세상에 있는 "문제를

---

[39] 김영종, 『교회 행정학』, 176-178.

가지고 와서 해결 받는 교회"이다.

수고하고 무거운 짐 진 자들아 다 내게로 오라 내가 너희를 쉬게 하리라 (마 11 : 28).

③ 성장하는 교회는 우리 주 예수 그리스도의 말씀을 전파하여 고달프고 시달린 현대인들에게 영적인 평안과 안식을 제공하는 교회이다. 따라서, 이러한 교회는 복음을 대외적으로 알리게 된다. 지역 사회인 누구나가 이러한 "교회에 가면 평안과 안식을 얻게 되고 삶의 소망과 꿈을 가질 수 있는 따뜻한 교회이다."[40]

5. 교회성장의 이론적 전략

성장 전략에는 일시적인 흥미와 세상적인 유인 효과를 가지고서 사람들을 모을 수는 있으나 반드시 실패하고 만다. 하나님의 말씀에 근거한 복음적인 방법으로 말씀을 가르치고, 배우고, 전하고, 설교하며, 위로하고, 말씀 위에서 친교 할 때 자연적으로 교회는 부흥, 발전된다. 따라서, 복음적인 교회는 반드시 성장할 수밖에 없다.

예컨대, 공중 앞에서 대중적인 복음의 증거, 소집단의 복음 증거, 가정 단위를 통한 복음 증거, 지역 사회(마을 목회)를 통한 복음 증거, 개인적인 복

---

[40] 김영종, 『교회 행정학』, 178-179.

음 증거, 그리고 비공식적인 복음 증거 등 다양한 방법으로 분류될 수 있다.

교회성장과 발전은 인간적인 관련성을 가지고 좋은 인간 관계 위에서 복음이 증거될 때 이루어진다.

교회 내부에서도 교인들끼리 심지어는 교역자와 평신도끼리 분쟁이 있어서 세상의 법정까지 가는 실례가 종종 있다. 부끄러운 일이고 회개해야 할 일이다. 교역자는 내 교회가 최고이고 다른 교회는 최저라고 교인들에게 가르치는 어리석음을 범하지 말아야 한다.

교회는 근본적으로 예수 그리스도 안에서 한 형제요 자매이며, 주님 재림하실 때 공중에서 영접할 반열에 들어갈 성도가 아닌가?

교회가 인간적인 관련성과 인간 관계를 강조할 때 다음과 같은 전략이 수립될 수 있다.[41] 예컨대, 의사소통 중시, 교인들이 사회 내에서 역할과 기능을 어떻게 하는가 하는 문제가 삶의 방법을 결정하며, 문화의 형태와 구조가 사람들이 가정에서나 사회에서 가지는 조직의 유형을 결정하는 것 등이다.

따라서, 교회성장은 사람들을 섬기고 봉사하며 좋은 인간 관계를 가지고서 이루어진다. 그러므로 사람들이 교회 팽창 도구가 되어서는 안 된다는 것이다. 즉, 인간이 바로 의식 구조와 사회와 구조에 모두 관계되며 의사소통과 삶의 방법과 조직의 내용에 관계되고 문화적 영향을 받게 된다.

교회성장은 하나님 중심으로 교회가 이루어져야 한다. 그러나 그것은 바로 사람들을 통하여 역사하는 것이다. 성장은 사람들이 도구로 되지 말고 봉사하고 헌신할 때, 기쁨과 만족과 행복을 가지며 영혼의 깊은 곳에서

---

[41] George W. Peters, *A Theology of Church Growth* (Grand Rapids MI: The Zondervan Corporation, 1981), 229.

감격의 복을 공유하는 교인들이 모여서 하나님께 영광을 돌릴 때 가속도적으로 성장이 이루어지는 것이다.

따라서, 이것은 문화적 전략이요, 인간 관계론적 전략이라고 할 수 있다. 교회성장과 발전 전략은 양적 성장과 질적 성장의 균형적인 성장 모형을 기획하여 더욱 미래 지향적인 교회 발전 정책 결정을 하여 추진해야 할 것이다.

앞의 개념 정의에서도 논의한 바와 같이 일반적으로 교회들은 양적 성장과 가시적인 현상만 보고 성장이라고 믿고 있으며, 역시 그러한 목표 달성을 추구하는 경향이 있음은 사실이다. 교회가 부흥을 한다든가 성장을 한다든가, 혹은 발전한다는 의미는 엄격하게 말하면 양적 성장과 질적 성장의 균형적으로 발전한다는 의미이다.

이것은 국가 발전 전략을 수립할 때 '불균형 발전모형'(unbalanced development model)이 경제 발전과 계량적 성장 추구를 지나치게 추구하는 반면, 정치 발전이나 사회 발전 또는 문화 발전은 등한시하여 발전의 불균형을 유발하고 급기야 심각한 정치 사회적 혼란과 갈등 등을 일으키는 문제와 유사하다고 하겠다. 교회 발전도 마찬가지이다.

여기에서 양적 성장은 생물학적 성장(biological growth, 예컨대 자녀 출생으로 교인 수가 증가하는 현상)으로 다음과 같다.

① 이동성 성장(transfer growth): 다른 지역에서 새 가정의 이사로 교회의 교인 수가 증가하는 현상
② 중생 성장(conversion growth): 새로운 사람이 예수 믿고 중생하여 새 교인으로 등록하는 현상

③ 팽창 성장(expansion growth): 새 교회를 개척하는 현상

④ 교량적 성장(bridge growth): 다른 문화권에 선교사를 파송하는 현상

그러나 질적 성장의 내용은 교인의 영적 훈련과 교육, 교회의 구조적인 문제, 교인의 성경적 지식과 확신, 기도의 열심, 전도 열, 조직의 힘, 영적인 수준과 깊이, 선교의 열심, 사랑, 주는 일과 구제, 구별된 삶의 정도, 사회적 봉사, 예배의 출석과 참여도, 평신도의 직분 감당 능력, 중생의 경험 등이 모두 포함된다. 이로 인해 진실로 그리스도의 형상을 닮아가며 예수 그리스도의 발자취를 따라가는 정말 헌신적인 삶의 모습을 보이게 된다.

질적 성장이 있을 때 교회의 모습은 이렇다.

① 그리스도를 아는 지식에 가깝게 나간다(벧후 3:18).

② 서로 사랑하게 된다(벧후 1:3).

③ 성도의 교제가 있다(엡 2:21).

④ 소망을 가진다(히 3:16).

⑤ 열심을 품는다(롬 12:11; 히 6:1).

⑥ 인내한다(고전 1 : 8).

⑦ 성도의 열매를 맺는다(갈 :10; 출 6:22; 마 13:13).

교회가 비대해진다든가 커진다고 하는 것을 달갑게 여기지 않는 비판자들은 대개 양적 성장에 너무 치우치기 때문이다.[42]

---

[42] 로버트, K. 허드너트, 『성장제일주의 비판』, 1-190. 허드너트는 성장제일주의를 비판하

왜 하나님의 교회가 성장하는 것이 비판이나 비난의 대상이 된다는 말인가?

결코, 그것은 바람직하지 않은 비판이다. 다만, 지나치게 양적 성장을 추구하기 때문에 생기는 여러 가지 부산물을 시정하자는 것이다. 질적 성장과 양적 성장의 균형적 발전이야말로 우리가 바라는 이상적인 교회의 바른 모형이다.

교회성장 발전을 위해서는 지도자의 확고한 신념과 성장 의지가 필요하다. 즉, 목회자의 목회철학이 있어야 한다. 다시 말하자면, 교회 담임목사나 목회자의 성장철학과 지도자적 자질이 앞서야 하고 하나님께 부름을 받은 자로서 뜨거운 열정과 성령의 강력한 역사가 일어나야 한다.

그러기 위해서는 목회자는 철저한 헌신자로 소명이 앞서야 하고 기도와 열심이 함께 하며 인격적 훈련은 물론 영적인 상태가 뜨거워야 한다. 영혼에 대한 불타는 사랑과 애정이 있어야 한다. 인간 관계가 원만하고 끊임없는 노력이 있어야 하고 공부하는 목회자가 되어야 한다. 말씀의 증거는 놀라운 은혜가 충만하도록 설교에 심혈을 기울여야 한다.

조직 발전(organization development)에 있어서 지도자 자신이 변화되지 않으면 조직의 발전을 기대할 수 없는 것이 행정학의 원리이다. 지도자 차신(leader himself or leader herself)이 변화되면 전 교인의 영적 상태가 모두 변화된다.

면서 그 대안으로서 몇 가지 제안을 한다. 예컨대, "교회는 은혜 없이 아무 일도 할 수 없다," 교회는 은혜로 모든 일을 할 수 있다," "먼저, 하나님을 만나라," "자신을 낮추어라," "복음을 전파하라," "기도하라," "영감을 구하라," "겸손 하라," "고난을 기뻐하라," "제자가 되라" 등이다.

좀 더 구체적으로 성공적인 교회 발전에 있어서 지도자에게 필요한 태도는 다음과 같다.

① 정열적인 동시에 진취적인 지도력의 필요
② 성공 성장을 위한 불타는 의욕과 목표 성취
③ 적극적이고 발전적인 태도와 가치관
④ 영감과 성령이 충만한 설교
⑤ 계획적이고 조직적인 행정 능력과 관리적인 태도
⑥ 지역 사회와 비기독교인에 관한 관심과 협조
⑦ 영혼에 대한 불타는 애정과 복음 전파의 소명
⑧ 인격적 신뢰심과 관용심
⑨ 부드러우면서도 강인한 지도력(외유내강)
⑩ 끊임없는 연구와 공부하며 배우는 태도[43]

이와 같이, 교회 지도자로서 위의 요소들을 갖추면 교회성장은 틀림없이 찾아온다. 한마디로, 의사소통의 사용을 통한 복음 전파와 교회성장은 매우 깊은 관계가 있다고 하겠다. 특히, 목회자는 복음 전파의 신학적 의미와 권위 있는 하나님의 말씀에 더욱 충실해야 하겠다.

---

[43] 김영종, 『교회 행정학』, 185.

6. 교회성장학의 연구 목적과 방법

1) 교회성장학의 연구는 어떤 목적이 있는가?

교회성장학의 연구는 어떤 목적이 있는지 간략하게 요약한다.

첫째, 교회의 본질을 이해하고 교회의 성장을 통하여 하나님께 영광을 돌리고자 하는 것이다.
둘째, 교회와 성도의 관계를 이해하고 교회의 존재 이유를 더 깊이 있게 이해하는 데 있다.
셋째, 교회의 신학적인 의미를 깊이 있게 이해하고 교회 발전을 통하여 하나님께 영광을 돌려드리는 데 있다.

2) 건강한 교회성장학의 연구의 방법(Methodology)

교회성장학의 연구 방법은 다음과 같은 것을 논의할 수 있다.

(1) 관측적(Observation) 방법이다

이 방법은 교회성장을 가시적인 경험과 자료들을 통하여 실제로 어떻게 변화하는지에 대한 현상을 관측(Observation)하여 얻은 경험적인 방법과 연구라고 할 수 있다. 그는 전 세계를 여행하면서 성장하는 교회를 실제로 가서 관찰하고 기록을 검토하고, 다른 교회와 비교하면서 교회성장을 연

구하였다. 맥가브란(Donald McGavran)이 대표자이다.[44]

(2) 사례 연구(Case Study) 방법이다

대표자는 엘머 타운(Elmer Town)이다.[45] 이 연구 방법은 성장하는 교회의 사례를 중심으로 그 요인(factor)을 분석하고 비교해 보는 성장 연구이다. 개별 사례가 일반화(Generalization)하는 데 한계가 있다는 것이 문제점으로 지적된다.

(3) 통계적(Statistical) 방법이다

이 방법은 교회성장을 계량적(Quantitative)인 통계 방법에 따라 조사하고 분석하여 처리하며 그 결과를 적용하여 성장의 여러 변수를 실제로 반영하는 방법론이다. 주로 사회 조사 방법(Social Survey)이 사용될 수 있다. 대표적인 인물인 프레일 위클리(Flail Yeakley)를 들 수 있다.[46]

그는 교회성장에 대한 속도를 고, 중, 저로 통계를 내어 비교하고 이론과 실제와 그리고 인지(perception)관계에 대한 연구를 하였다.

(4) 역사적(Historical) 방법이다

조지 헌터(George Hunter)가 대표자이다.[47]

---

[44] Elmer Towns et. al. *Evaluating the Church Growth Movement*, 42.
[45] Elmer Towns et. al. *Evaluating the Church Growth Movement*, 42.
[46] Elmer Towns et. al. *Evaluating the Church Growth Movement*, 42.
[47] Elmer Towns et. al. *Evaluating the Church Growth Movement*, 42.

이 방법은 교회성장을 일정한 기간의 교회 역사를 심도 있게 분석하여 교회성장기나 쇠퇴기 등을 여러 원인별로 통시적(diachronical)인 입장에서 분석하여 새로운 도약을 위해 성장 전략을 제시하는 방법이다. 헌터는 아일랜드(Irish)교회의 성장을 위해 가치 있는 역사적 연구를 하였으며 미국의 '교회성장학회'에 발표하기도 하였다.

(5) 교리적(Dogmatic) 방법이다

이 연구는 일정한 교회의 소속이나 교단의 교리가 교회성장에 어떤 관계를 맺고 영향을 주는가를 심층적으로 연구하는 방법론이다. 찰스 반 엥겐(Charles Van Engen)이 대표자다.[48]

엥겐은 풀러신학교(Fuller Theological Seminary)의 교수였고, 특히 초대교회 교부(early church fathers)의 관점에서 교회성장의 목적을 상기시켜 주었다.

(6) 사회학적(Sociological) 방법이다

개리 매킨토시(Gary Macintosh)와 톰 레이너(Thom Rainer)가 대표 인물이다.[49] 매킨토시는 탈봇신학교(Talbot Theological Seminary) 교수이며, 레이너(Thom Rainer)는 빌리그레이엄선교원 학장(Dean of the Billy Graham School of Missions)인데 이 사회학적 방법론은 현대 사회에서 다양한 세대(generations)에 복음을 전하기 위해 활용되는 방법이다.

---

[48] Elmer Towns et. al. *Evaluating the Church Growth Movement*, 42.
[49] Elmer Towns et. al. *Evaluating the Church Growth Movement*, 42.

이 방법은 교회성장을 사회학적인 관계성에서 원인과 치료를 찾아보는 것이다. 예를 들면, 교인들 간의 갈등이 심하고 지역 사회와 관계성이 불안전할 때 성장이 잘 안 되는 경우를 찾아본다. 그 관계성을 분석하고 개선 방안을 모색한다.

(7) 통합적인(Integrated) 방법이다

신학과 사회과학을 모두 동원하여 통합적이고 종합적인 학제간의 연구가 될 것이다.[50] 필자는 이 방법론을 지지하고 활용하기를 원한다.

7. 교회성장에 관한 주요 학자들의 견해

교회성장에 대한 접근들은 다음과 같다.[51]

1) 교회성장의 원칙

헤롤드 피켓(Harold Fickett)은 그의 "당신의 교회를 위한 소망"(Hope for Your Church, 1972)에서 열 가지 교회성장 원칙을 아래와 같이 제시한다.[52]

---

[50] 저자는 이 방법을 제시한다. 즉, 위에서 언급한 다양한 방법론을 상호 보완하여 활용하고 교회성장의 목표를 심층적으로 분석, 비교, 그리고 종합하는 보완적인 방법이라 할 수 있다.
[51] 오성택, 『교회성장은 하나님의 뜻입니다: 교회성장을 위한 경영전략』 (서울: 쿰란출판사, 1997), 22-34.
[52] Harold L. Ficket, *Hope for Your Church Glendale* (Glendale, CA: G/L Publications, 1972),

① 하나님은 우리가 그리스도 중심(Christ - Centered)으로 성장을 원할 때 복을 주신다.

② 교회성장은 성경 중심(Biblically Based)으로 할 때 복을 주신다. 왜냐하면, 성경이 우리의 교과서이기 때문이다.

③ 교회는 그리스도를 개인의 구주로 모시는 전도(Evangelistic) 중심으로 할 때 성장의 복을 주신다.

④ 하나님은 잃어버린 자들을 교회의 멤버(A Regenerated Membership)로 가입하도록 할 때 복을 주신다.

⑤ 교회성장은 목사만 아니라, 평신도 지도자(Lay Reader)로서 리더십에도 신뢰를 할 수 있도록(Confidence in the Leadership) 할 때 복을 주신다.

⑥ 하나님은 교회 재정을 성경적으로 사용할 때(Scripturally Financed) 성장의 복을 주신다.

⑦ 교회성장은 적절하게 관리자와 함께(Adequately Staffed)할 때, 즉 아무리 작은 교회도 혼자 결정(Handling)하지 않을 때 복을 주신다.

⑧ 하나님은 교회성장에 대해 믿음(Faith)을 가질 때 복을 주신다(Motivated by Faith).

⑨ 교회성장은 다양한 봉사자(Diversified in Service)를 통하여 이루어진다(고전 9:19-22).

⑩ 교회성장은 여러 강조점을 균형(Balanced on Emphases) 있게 실시할 때 이루어진다.[53]

1-157.

[53] Harold L. Ficket, *Hope for Your Church Glendale*, 1-157.

2) 맥가브란의 하나님에 대한 충성심

맥가브란은 『교회성장의 이해』(Understanding Church Growth, 1970)에서 "교회성장은 하나님에 대한 충성심(성실성)"이라고 정의한다.[54]

① 그리스도인들이 잃은 자를 찾는 일에 충성심을 보이는 그곳에는 반드시 교회성장이 따른다(눅 19:10).
② 잃은 자를 단순히 발견하는 것뿐만 아니라, 그 양들을 우리 안에서 완전하도록 가르치고 따르도록 할 때 교회는 성장한다.
③ 교인들이 그 사회에서 진실하게 살 뿐만 아니라 세상의 빛 된 생활을 통하여 믿음의 본을 크게 세 가지로 구분된다.

첫째, 생물학적 성장이다. 즉, 교인들이 아이들을 낳아서 그 아이들이 예수를 믿고 성장하면 자연스럽게 증가한다. 믿는 가정에서 아이들이 태어나서 세례(침례)를 받고 성장함으로써 그리스도인이 된다.

둘째, 이주에 의한 성장이다. 이주에는 두 가지가 있다. 하나는 농어촌에서 도회지로 오는 경우이다. 또 하나는 미개발 지역에서 개발 지역으로 옮겨가는 경우이다.

셋째, 전도해서 회개하고 예수를 믿는 경우이다.

---

[54] McGavran, Donald A, *Understanding Church Growth* (Grand Rapids, MI: Eerdmans, 1970), 3-31.

이것이 가장 바람직한 교회성장의 모습이라고 할 수 있다.

3) 와그너의 교회성장 요인

피터 와그너(C. Peter Wagner)[55]는 그의 『교회성장 원리』(*Your Church Can grow*, 1976) 에서 교회성장 요인을 다음과 같이 소개한다.[56]

① 적극적 사고와 유능한 지도력을 가진 교역자가 있을 것
② 성령의 특별한 은사와 사명감을 인식한 평신도가 있을 것

더 나아가서, 와그너는 다음과 같은 점을 강조한다.

교인들이 생각하는 성장의 기회가 주어지고 그러한 환경을 조성하며, 이를 충족시켜 주는 모든 요건이 이루어질 때 교회성장은 이루어질 수 있다. 예배나 모임 또는 각 기관 사이에 유기적인 관계를 맺고 서로서로 협력하며 협동하여 공동 전선을 펴고 나설 때 교회는 성장한다.
교회의 교인들이 거의 동질성 또는 동등한 사회 의식에서 협력 체제가 이루어질 때 교회는 성장한다. 교회가 효과적인 전도 방법을 사용함으로써 이를 적극적으로 활용할 때 교회는 성장한다. 어떠한 행사와 계획보다도

---

[55] Peter C. Wagner, *Your church can grow Glendale* (Glendale, CA: Regal Books, 1976), 1-170.
[56] https://blog.naver.com/jjkkhh2232/50003410425(Accessed on Jan. 20, 2018).

교회성장을 우선적으로 삼는 교회는 성장한다.[57]

8. 교회성장 과정에서 사용하는 방법들 사례

한국교회가 성장하는 데 현재도 끊임없이 사용되고 있는 방법들은 다음과 같다.

1) 개인 전도(Personal Evangelism)

오직 성령이 너희에게 임하시면 너희가 권능을 받고 예루살렘과 온 유대와 사마리아와 땅끝까지 이르러 내 증인이 되리라 하시니라(행 1:8).

전도는 이 땅에 기독교가 존재하는 한, 반드시 수행해야 하는 주님의 지상 명령이다. 한국교회가 복음 전파로써 개인 전도를 열심히 해 온 것은 사실이다(막 1:35-39).

2) 부흥회와 노방 전도(Revival Meeting and Street Evangelism)

교회성장에 있어서 구체적인 방법은 부흥회이다. 1907년 평양 장대현

---

[57] Peter C. Wagner, *Your church can grow Glendale*, 1-170.

교회의 부흥회[58]를 시작으로 하여 수많은 부흥 집회는 오늘의 한국교회 성장을 가져왔다고 말할 수 있다.

교회의 성장에 있어서 노방 전도도 좋은 방법이었다. 한국의 주요 교통요지에는 어김없이 복음에 불타는 전도인의 노방 전도가 있는 것을 자주 본다.

필자는 1960연대 초에 이성봉 목사의 부흥회에 참석하여 큰 은혜를 받았고 부산공설운동장에서 조용기 목사의 부흥 집회에서도 마찬가지로 큰 은혜를 받았다. 무엇보다도 1973년 여의도 광장에서 개최한 빌리 그레이엄 부흥사 초청 전도 집회에서 성령님의 강력한 역사와 은혜를 체험하였다.

3) 총동원 주일(Friendship Sunday Movement)

교회 부흥을 생각하는 많은 성직자에 의해서 고안된 교회성장의 한 유형이다. 이것은 어떤 교회에서 일정한 기간 치밀한 계획에 의해서 온 교인들이 전력을 다하여 전도하고 그 목표한 날에 새로 전도한 새신자들을 초청하여 말씀과 사랑과 교제의 선물로 그들에게 주님을 믿도록 권고하는 전도 행사이다.

그중에 가장 성공적으로 교회성장을 이루는 효과적인 운동은 '총동원 주일 운동'(Friendship Sunday Movement)이다. 이 운동의 본질은 전도를 보다 체계적으로, 집중적으로, 그리고 조직적으로 함으로서 교회성장을 이루

---

[58] 1907년 1월 6일 평양 장대현교회에서 대 사경회를 시작으로 2월에는 숭실전문학교을 비롯한 평양 각급 학교가 5월에는 평양 장로회신학교가 사경회를 열었다. 부흥의 열기는 중국까지 퍼져나가 "중국교회 목사들이 평양까지 참석하고 돌아가서 부흥 운동을 주도" 하기도 하였다.
정정일, 『신학과교회성장』(서울: 생명의 양식, 2007), 60.

고저 하는 전략이다.[59]

전도 대회를 한국 교회사적으로 대형 집회로 한 것은 1973년에 개최한 '빌리 그레이엄 전도 대회'였다. '5천만을 그리스도에게'라는 슬로건을 내걸고 열린 이 집회는 1973년 5월 30부터 5일간 여의도 광장에서 열렸는데 연인원 325만 명이 참여한 역사상 가장 큰 전도 대회였다.

이 대회 후, "김준곤 목사가 빌 브라이트 목사를 초청 '엑스플로 74'를 열었고, 1980년에 '세계 복음화 대회'가 열렸다. 이후, 한국 기독교는 가파른 성장을 하였고 대형 교회도 등장하게 되었다."[60]

4) 제자화 훈련 (Discipling)

주님의 제자화는 예수 그리스도께서 부활 후 승천하시기 전에 남기신 말씀에 근거한다.

> 예수께서 나아와 말씀하여 이르시되 하늘과 땅의 모든 권세를 내게 주셨으니 그러므로 너희는 가서 모든 민족을 제자로 삼아 아버지와 아들과 땅

---

[59] 이 전도 방법을 통하여 교회성장을 이룬 대표적인 교회는 'GPC'(김찬종 원로목사, 주현신 위임목사)이다. 1979년에 1백여 명으로부터 2007년에 재적 2만 명에 이르는 교회 성장을 이룬 것은 이 전도 방법이 크게 효과를 본 것으로 보인다. 자세한 것은 과천교회 관련 자료를 참조할 것.
Young JongKim, *MegachurchGrowth in Korea* (Pasadena, CA: Fuller Theological Seminary, 2011), 1 – 213.

[60] 「기독교연합신문」, (2018.2.11), 6. 빌리 그레이엄 전도 집회는 김장환 목사가 한경직 목사, 김활란 여사 등 신앙의 선배들에게 처음으로 제안하여 이루어진 것으로 알려져 있다.

의 모든 권세를 내게 주셨으니 그러므로 너희는 가서 모든 민족을 제자로 삼아 아버지와 아들과 성령의 이름으로 세례를 베풀고 내가 너희에게 분부한 모든 것을 가르쳐 지키게 하라 볼지어다 내가 세상 끝날까지 너희와 항상 함께 있으리라 하시니라(마 28:18-20).

예수님은 모든 민족을 제자로 삼으라고 명령하시면서 제자화 훈련을 강조하셨다. 이것은 초대교회 이후 가장 바람직한 일로서 '제자'(disciple)란 헬라어 '마세테스'(μάθητης)라는 말은 예수의 신봉자, 또는 예수를 그리스도로 고백하는 사람들을 가르치는 말로 가장 널리 사용되었다. 제자화의 훈련은 "소수 정례회의 전략으로서 소수를 가지고 다수를 동력화시키려는 작전이다."[61] 세상을 향해 교회를 떠나는 많은 교인을 재무장하기 위해서 훈련하는 것이 제자화 훈련이다. 이 훈련은 매주 일정한 시간과 장소에서 성경에 근거하여 영적인 교육 훈련을 함으로써 신앙의 확신과 사명감을 가지게 하고 봉사하게 함으로써 교회가 성장하도록 돕는다.[62]

5) 성경 공부(Bible Study)

기독교의 근본은 그리스도에게 있으며, 이 그리스도를 통한 구원을 확신하게 하는 것이 성경이다. 따라서, 성경을 배우는 것이 그리스도인에게

---

[61] 옥한흠, 『제자훈련의 터다지기』 (서울: 국제제자훈련원, 2005), 6.
[62] 이 제자훈련으로 교회가 크게 부흥 성장한 사례로서 옥한흠 목사가 사역한 '사랑의교회'를 들 수 있으며 그는 "제자훈련은 잠자는 평신도들에게 정체성과 사명을 일깨우고 실현케 하는 가장 성경적이고 효과적인 방법이다"라고 주장한다. 옥한흠, 『제자훈련의 터다지기』, 1-55.

는 당연한 일이지만 실상은 그렇지 못하다.

그러기에 교회가 교회다운 교회로 성장하려는 방법이다. 교회의 핵심인 성경을 모르기 때문에 믿음의 확신과 은혜와 봉사와 본분을 지키지 못하는 교인들에게 성경 과목을 가르치는 운동이 1970년대 이후 한국교회에 붐을 이루었다. 그리고 구역장들의 공과 공부는 "가서 제자를 삼으라"는 말씀에 충성하여 지식의 말씀을 제공하였다.[63]

구역을 활성화하는 전략은 전도 요원을 통한 활성화와 성경 공부를 통한 활성화이다. 수적인 성장이 구역 관리와 철저한 훈련이라면 질적인 성장은 성경 공부라고 할 수 있다. 최근에 성경 공부, 즉 하나님의 말씀 교육이 건강한 교회의 성장을 위하여 얼마나 중요한가를 다음과 같은 이단에 빠져 있는 어떤 대학생의 편지에서 심각한 것을 발견하였다.

2016년 어느 날, 한 대학생이 저자에게 이 메일을 보냈다. 그것은 '신천지'에 깊이 빠져 있는 어느 대학생이었다.[64] 구체적으로 그는 기존의 교회가 성경 말씀을 제대로 가르쳐주지 아니함으로 인하여 이단에 갔으며 여기에서 성경 전문가가 될 정도로 공부하였고 그 교리가 올바르든, 아니든, 만족할 정도로 지금은 매우 "전문적인 수준"에 이르렀다는 실토이다. 물

---

[63] 「한국기독공보」, (2018.3.24), 5. 대한성서공회에 의하면 전 세계 7,097개 언어 중 성경 전체를 번역한 언어는 674개 최소한 단편이라도 번역한 언어는 3,324개(2017년 말 현재)에 이르나 세계 약 81% 사람들이 각자 사용하는 언어로 성경이 존재하나 약 2억 900만 명이 사용하는 3,773개의 언어는 성서번역이 안 되고 있다고 보도하고 있다.

[64] 신천지는 위장교회가 전국적으로 150여 개가 넘으며 교세는 10만 명 이상으로 알려져 있다. 채형욱, 『이단경계 주일을 위한 목회자료집』(서울: 한국장로교출판사, 2014), 100-104. 최근에 신천지는 2019 1월 총회에서 교세를 신도, 20만 2천여 명이라고 주장하였다. 「기독교연합신문」, (2019.2.3). "이 단체는 영생불사 교주 이만희를 신봉하는 이단 교파 신천지예수교 증거장막성전(신천지)"이다. 자세한 것은 다음의 자료를 참고할 것. 김영한, 『영적분별』(서울: 킹덤북스, 2014), 218.

론 그가 주장하는 것은 성경을 잘못 가리키는 이단들의 계략에 빠져 있다.

그러나 중요한 것은 기존의 교회들이 영적 갈증을 채워줄 만한 말씀 중심, 성경 중심 프로그램과 설교가 필요하다는 것을 지적하는 것이다. 그리고 사회에서 잘못된 시선으로 보는 것은 부당하다는 내용이다.

다음의 글의 내용을 참고하면 된다. 실명을 생략하고 신천지 이단에서 한 청년이 필자의 이 메일 주소로 편지를 보냈다. 내용인즉 사회의 잘못된 시선으로 억울해서 메일을 보낸다는 것이고 지금 성경 공부는 기존 교회에서 채워주지 못하는 영적 갈증을 채워주고 있으며 행복하다는 내용이다. 기존 교회에서 성경 공부를 철저히 해야 하는 것을 경고하고 있다.[65]

제 목	안녕하십니까, 사회의 잘못된 시선으로 억울하여 메일을 보냅니다
보낸 날짜	2016-12-18, 22:35:25

수신: 교수님

안녕하십니까?

먼저, 대한민국의 고등 교육 발전을 위하여 힘쓰고 계시는 지혜롭고 총명하신 교수님께 감사의 말씀을 드립니다. 저는 '신천지예수교증거장막성전'[66]에서 신앙 생활을 하고 있습니다. 사실을 밝히기 위하여 이렇게 메일

---

[65] 이 메일을 보낸 대학생의 실명은 개인정보보호를 위해 익명으로 처리한다.
[66] 공식적인 명칭은 '신천지예수교 증거장막성전'으로, 이만희 씨를 중심으로(교주) 1984년 3월 14일 세워진 유사 종교 단체이다. 정통 기독교에서는 이단으로 분류하였다. 왜

을 보내게 되었습니다.

신천지에서 신앙 생활을 한다고 하여 사회와 가정에 해를 끼치는 것이 아니 더 좋은 모습을 보이기 위하여 가정에 더욱 충실하고 사회 생활에서도 모범이 되기 위하여 노력하고 있습니다.

저 또한 많은 사람과 같이 기성 교단에서 신앙하였습니다. 그러나 그곳에는 말씀이 없었고 마음의 공허함만이 남았습니다. 강제로 온 것이 아닙니다.

오랜 기간 기도와 갈구함으로 인하여 말씀을 만났고 신천지를 만났습니다. 이곳에서 말씀을 공부하며 하나님과 예수님께서 약속하신 내용이 이루어져 나타난 실체가 있는 것을 확인하였습니다.

기성 교단에서 오래 다녀보아도 남는 건 허무함입니다. 저는 신천지에 와서 성경 말씀에 통달하였습니다. 이곳은 어린아이부터 장년회에 이르기까지 모두 성경 말씀에 통달하였습니다. 공허함을 달래주는 것은 말씀뿐이 없다는 것을 깨달았습니다.

교회를 가면 마음이 편안해 진다구요?

아니요. 오히려 왜 다니는지 생각해 보게 되었고, 의무감처럼 그저 왔다 갔다 그것이 전부였습니다. 잘못되고 사회악이 아니라는 것을 알아주셨으

냐하면, 이만희 씨를 '보혜사,' '이긴 자,' '구원자'로 지칭하며 비성경적 이기 때문이다. 신천지는 전국적으로 그 규모를 약 10만여 명으로 추정하고 있으며, 그중 충주에만 약 4천여 명 정도가 자리를 잡고 있다. 신천지는 삼위일체 하나님을 부정하고, 지상 천국론(지상 천국 한국), 마지막 예루살렘이 신천지라고 주장하며, 마지막 때 구원은 신천지만을 통해서 이루어지고, 종말에 천국은 지상 천국으로서 경기도 과천에서 144,000명이 구원받을 것임을 교리로 가르친다(http://blog.daum.net/jkabbada/21(Accessed on March 2, 2016).

면 좋겠습니다. 이곳은 그 어느 곳보다 봉사도 많이 하였고 대한민국을 세계에 알리기 위하여 노력하였습니다. 지금이라도 어떤 것이 무엇이 잘못되었는지 확인하여 주시기를 간절히 바랍니다.

답신: 김OO 군 좀 회신이 늦었습니다.

난 김 군을 잘 모르나 이 메일 주소를 어떻게 알았지요?

어찌 되었던 고맙고 하나님은 김OO 군을 사랑합니다. 우리는 모두가 죄인이고(롬 3:10; 롬 3:23; 사 1:18). 죄의 값은 죽음입니다(롬 6:23). 그러나 하나님은 김OO 군을 사랑하사 그의 아들 예수 그리스도를 보내시어(요 3:16) 우리에 대한 그의 사랑을 확증하였습니다(롬 5:8).

얼마만큼 사랑하는가?

나 대신 십자가를 대신 지시고 죽음을 대신할 만큼 사랑하십니다. 지금까지의 잘못과 죄를 회개하고(요일 1:8-9; 눅 13:3) 이제 누구든지 예수 그리스도를 믿으면(롬 1:17) 그의 자녀가 되는 권세(요 1:12)를 주셨습니다. 이것은 절대적으로 100% 예수님의 은혜(엡 2:8)이며 감당할 수 없는 은혜입니다.

특별한 은혜요(unmerited favor), 아무 감당할 가치도 공로도 없이 무조건적인 은혜(unconditional grace)입니다. 이 세상에 그 누구도 예수님의 사랑을 대신할 수 없습니다. 심지어 부모도 친구도 왕도 교주도 부자도 권력자도 할 수 없습니다.

우리는 이를 아가페(agape), 즉 하나님의 사랑이라고 부릅니다. 귀하의 사회에 대한 잘못된 시선 인지는 아래 인터넷 주소에서 찾아보고 참고하십시오. 어서 예수 십자가로 나아가 모든 짐을 내려놓으셔요. 그러면 평안을 얻을 것입니다(마 11:28). 성경은 말씀하셨습니다.

내가 곧 길이요 진리요 생명이니 나로 말미암지 않고는 아버지께로 올 자가 없느니라(요 14:6).

이 사례는 기존 교회에서 철저하게 성경 공부를 통하여 젊은이들의 영성 훈련을 함이 절실하다는 것을 실증적으로 보여 주는 경우이다.

6) 기도원 훈련(Training at Prayer Mt.)

새신자나 혹은 특별한 기도의 제목을 가지고 기도원에서 금식하면서 혹은 집중적으로 혹은 개인이나 집단으로 기도와 영적 교제를 통하여 하나님과 만남을 시도한다. 이러한 하나님과의 신령적 관계를 확립함으로써 새신자가 하나님과의 관계를 확립하는 과정을 만드는 기도원 교육은 교회 성장의 한 방법이다.

필자는 신학생 때 학교에서 기도원 영성 훈련의 체험한 것을 지금도 기억한다. 매우 은혜스러운 기도원 영성 훈련이었다.

7) 영성 훈련(Spiritual Training)

1990년대 들어오면서 영성(spirituality)이라는 말이 많이 사용되었다. 인간은 본래 하나님이 주신 '생령'(창 2:7)을 받은 영적 존재인데도 불구하고 스스로 가지고 있는 거룩함을 상실하였다. 하나님이 주신 영성을 망각한 인간을 깨우는 운동, 이것을 영성 훈련이라고 한다.

오성춘 목사는 영성 훈련을 다음과 같이 정의한다.[67]

① 기독교 영성은 그리스도의 삶의 구현이다.
② 기독교 영성은 성령의 능력으로 사는 삶이다.
③ 기독교 영성은 주 예수님과의 인격적 교제의 삶이다.
④ 기독교 영성은 하나님의 선물이다.

그러면 영성 훈련은 무엇에 의해서 일깨워지는가?

그것은 말씀이다. 인간이 근본적으로 가지고 있는 이러한 영적 성품이 '죄'라는 세력에 의해서 가려진 것을 하나님의 말씀으로 깨닫게 하는 방법을 일컬어 영성 훈련이라고 한다.

8) 대심방(Home Visits by Pastors)

이것은 1년 동안 소원했던 교인과의 대화를 시도하고 그 가정의 신앙생활을 점검하는 가장 유익한 방법이다.

첫째, 특별히 해야 할 일은 그 가정의 세밀한 부분까지 파악하여 자료를 모아야 한다.

둘째, 그 가정을 위한 충분한 말씀과 위로를 한다.

---

[67] 오성춘, 『영성 훈련의 실제』(서울: 성지출판사, 1997), 46-65.

셋째, 연약한 자는 신앙을 함양케 하고, 낙심하는 자는 힘을 얻게 하며, 문제 있는 자는 그 문제 해결을 위해 기도해 주고, 잃은 자는 다시 찾을 수 있게 하는 기회를 제공한다.

9) 소그룹(Small Group), 혹은 구역 예배(Cell Worship Service)

우리나라에서 실시하는 구역 예배는 사실 영국의 웨슬리(John Wesley)로 인해 1738년 감리교를 창설되면서 흩어져 있는 교인들에게 말씀과 신앙을 권고하고 말씀을 가르쳐 믿음을 공고히 하기 위해서 사용한 방법이다.

우리나라에서는 일찍부터 이 방법을 택하여 실시함으로써 큰 효과를 얻었다. 구역 예배를 통한 교회성장은 그 구역 운용의 묘에 달려있다.

한국 대부분의 큰 교회는 이 구역 예배를 통하여 새로 믿는 교인들의 신앙과 훈련에 철저히 함으로써 성장한 교회가 되었다. 예컨대, 여기에서 가장 중요한 핵심은 구역장의 역할과 리더십 훈련이다.

제자훈련은 소그룹 원리에서 출발한 교회성장의 원리이다. 소그룹 원리는 성경적인 원리이고 예수님이 직접 제자들을 훈련한 모델이다. 즉, "예수님의 제자 모델은 소그룹 목회의 근거"[68]가 예수님은 제자들을 네 사람씩 3그룹으로 나누셨다(마 10:1-4; 막 3:16-18; 눅 6:12-14; 행 1:12-13).

제1그룹은 베드로, 안드레, 야고보(세베대의 아들), 요한, 제2그룹은 빌립, 바돌로매, 도마, 마태, 제3그룹은 야고보(알패오의 아들), 다대오, 시몬, 그리고 가룟 유다이었다.

---

[68] 이성희, 『미래 목회 대예언』(서울: 규장문화사, 1998), 119-120.

10) 세례식(침례식, Baptism), 또는 성찬식(Holy Communion, Lord's Supper)

초대교회 때의 세례(침례)는 믿음을 보고 시행하였다. 근간에 한국의 예배 모범에 보면 입교한 지 6개월이면 학습을 주고, 학습 이후 6개월이 지나면 세례(침례)를 줄 수 있다고 했다.[69]

그러나 실제로 성례식은 하나님과의 약속이며 하나님 백성의 증표이다. 사도행전 1:5에서 예수님은 말씀하셨다.

> 요한은 물로 세례를 베풀었으나 너희는 몇 날이 못되어 성령으로 세례를 받으리라 하셨느니라(행 1:5).

한국교회는 연간 계절마다 세례식을 시행함으로써 많은 교인이 자리를 굳히게 되었고, 따라서 교회성장에 공헌했다.

그러나 새신자가 '계절마다' 보다도 '매월마다' 등록자가 생기면 더욱 복된 일이 아니겠는가?

> 예수께서 대답하시되 진실로 진실로 네게 이르노니 사람이 물과 성령으로 나지 아니하면 하나님 나라에 들어갈 수 없느니라(요 3:5).

---

[69] 예장총회, 『표준예식서』 (서울: 한국장로교출판사, 2001), 86.

중요한 것은 물세례보다도 성령세례(침례) 이다. 진정한 중생은 성령의 힘으로 구원받는 영적인 체험과 예수님의 은혜로 믿음으로 구원받는 것이다(롬 3:23; 롬 6:23; 요 1:12; 요 3:16; 엡 2:8).[70]

11) 새벽 기도회 및 철야 기도회(Dawn Prayer Meeting and Late Night Prayer Meeting)

한국교회의 부흥과 성장의 배경에는 기도의 위력이 존재한다. 1907년의 평양 장대현교회 부흥의 불길도 새벽 기도부터 그 뿌리를 찾을 수 있다. 외국 어느 나라도 거의 찾아보기 힘든 매주 금요일 심야 혹은 철야 기도회는 대단한 의미가 있다.

특히, 초대형 교회에서의 철야 기도회는 뜨거운 힘을 발휘한다. 필자도 여러 번 전 세계에서 가장 큰 초대형 교회인 여의도순복음교회의 철야 집회에 참석해 본 적이 있다. 정규 시간 한 시간 전부터 구름같이 몰려오는 성도들로 가득 차 깊은 영적 감동을 체험하였다. 반면, 형식적인 모임으로 끝나버리는 기도 모임도 있을 수 있다.

또한, 이것이 기도 모임인지, 혹은 설교 경청 시간인지 구별할 필요가 있다. 즉, 기도는 다양한 시간에 다양한 방법으로 할 수 있기 때문이다.

---

[70] 정장복,『예배학 사전』(서울: 예배와설교아카데미, 2000), 496-500.

12) 성경 통독 대회 (Reading Through the Bible Meeting)

교회성장은 교인들의 성경에 대한 뜨거운 사랑에서 출발한다. 하나님 말씀을 가까이하고 매일의 삶에 적용하고 승리하는 길은 그 말씀을 읽고 행동하는 것이 최고의 방법이다. 혼자서 읽는 것도 중요하나 숯불이 함께 있으면 화력이 세어지는 것처럼 함께 여러 교우가 집중적으로 함께 읽는 기회는 매우 중요한 의미가 있다.

필자는 신학생 때, 영어 예배 목사로 봉사할 때, 그리고 선교사로 봉사할 때 등 단기 성경 읽기 대회에 참석하여 4-5일 만에 신구약성경을 통독한 경험들을 기억한다. 잠자는 시간과 식사 시간을 제외하면 오직 성경 읽기에 집중한 기억이 난다. 얼마나 감동적인 경험이었는지 모른다.

13) 전 교인 성경 쓰기 운동 (Bible Handwriting Movement)

예를 들면, 전 교인이 성경 전체를 일정한 기간에 한 장씩 쓰는 것은 참여에 의미가 있고 성경에 가까이 나아간다는 데에도 의미가 있다. 분명히 건강한 교회성장에 도움이 되는 전략이라고 할 수 있다.[71]

요컨대, 위에서 언급한 모든 신앙적인 활동은 목회자와 교인이 성장을 사모하고, 따라서 강한 하나님의 성령이 역사하실 때 건강한 교회성장이 이루어진다고 할 수 있다.

---

[71] 예를 들면, GPC(김찬종 원로목사, 주현신 위임목사)의 경우 교회 창립 70주년인 2020년을 1년 앞두고 6개월 만에 전 교인이 한 장씩 써서 봉헌하는 성경 쓰기 운동을 전개하는 것은 의미 있다고 할 수 있다. 자세한 내용은 GPC 홈페이지를 참고할 것.

9. 결론

지금까지 우리는 교회성장과 발전을 논의하였다. 교회성장과 발전은 하나님의 뜻이요, 명령이다. 하나님은 교회가 부흥되기를 바라고 성장하기를 원하고 계신다. 그런데 왜 교회는 그렇게 성장과 부흥이 안 되는지 에 관한 문제는 바로 교회의 지도자와 교인들에게 문제가 있기 때문이다.

마치 하나님께서 은혜를 주시기를 원하지만, 사람들의 탐욕과 교만과 이기심에 빠져서 은혜받기를 거절하는 것과 마찬가지이다. 주님의 재림 날이 가까이 오고 있다. 고린도후서 6:2에서 말씀하시는 것과 이 지금은 은혜의 시대이다. 하나님은 한 사람이라도 더 돌아오기를 기다리고 있다.

교회성장의 신학적 기초는 바로 복음 전파의 내용(message), 주의 종들의 자세, 그리고 성장을 가로막는 교회의 질적 양적 구조(quantitative and qualitative structure)의 문제가 하나님께로 열려서 성령의 강력한 역사로 인하여 교회가 세워지는 데 있다.

주님의 의지와 뜻은 약속하신 대로 반석 위에 교회를 세우시는 데 있다. 우리는 하나님 중심과 복음적 기초, 그리고 덧붙여서 사회과학적 원리가 잘 운영된다면 교회성장과 발전은 틀림없을 것을 확신한다.

이종윤 목사는 교회성장의 결과적 현상으로 다음과 같이 지적한다.

① 고난과 핍박에도 감사와 기쁨으로 찬양한다(행 2:43; 4:31-35; 골 1:24).
② 바른 신학을 가진 교회가 된다(행 3:14).
③ 성도들의 은사를 활용하는 교회가 된다(고전 12:34).
④ 견고한 마음과 사랑과 소망을 두고 기다리는 교회가 된다(행 11:23;

19:20)

⑤ 위선이 저주를 받는 순결한 교회가 된다(행 5:1-11).[72]

그리고 궁극적으로 교회는 좀 더 "넓게 성장해야 하고(예: 파종과 경작 등), 또한 깊이 있게 성장해야 하며 (예, 경험 개념 등), 또한 높이 있게 성장(예: 생활 양식과 삶 속에 침투)"[73]해야 한다. 교회성장은 앞서 논의한 바와 같이 결코 양적 성장만으로는 부족하다. 질적 성장과 균형을 이루어야 한다.

---

[72] 이 내용은 충현교회의 '교회성장 연구원'에서 행한 이종윤 목사의 강의 내용 중 일부이다.
[73] 정장복, 『예배학 사전』, 496-500.

제2장

건강한 교회성장학의 변수 이론
(Variable Theory of the Science of Healthy Church Growth)

1. 변수 이론의 개념

변수 이론은 원래 통계학에서 주로 사용하는 용어이나 교회성장학(Church Growth Science)에서도 차용하여 사용할 수 있다. 즉, 교회성장을 종속 변수(dependent variable)로 하여 영향을 받는 변수이고 교회성장에 영향을 주는 독립 변수(independent variable)로 설명할 수 있다.

여기에서 변수(variable)란 무엇인가?

변수는 '경험적 연구에서 사회적 특징이나 사회적 요소(나이, 성, 소득, 교육, 직업 등)를 나타낼 때 사용되는 기술적 용어'이다. '변수 인과성, 설명, 이론의 분석, 통계적 추론' 등에서도 기본적인 것이다.

변수는 객관적인 특성에 대한 측정, 행위의 빈도, 가치, 믿음, 태도에 대한 주관적 진술"로부터 구성되고, 그리고 "조사 도구에서 한 개 이상의 항목으로부터의 추론"에 의해 구성된다.[1]

변수란 크기가 변할 수 있는, 즉 '상이한 값을 취할 수 있는 수'를 말한다.[2] 변수는 독립 변수(independent variable)와 종속 변수(dependent variable), 내생 변수[3](endogenous variable), 외생 변수[4](exogenous variable) 등으로 분류된다.

먼저, 독립 변수와 종속 변수의 관계를 보자.

예컨대, 두 변수 x, y 사이에 y가 x의 함수로 되는 관계, 즉 $y = f(x)$가 성립할 때 x를 독립 변수, y를 종속 변수라고 한다. 여기에서 f는 함수 기호이다. 다시 말하면 y는 x의 변화에 따라 달라진다. 어떤 변수가 독립 변수, 또는 종속 변수로 되느냐는 것은 이론 구성이 어떤 문제를 대상으로 하여 그곳에서 어떠한 함수 관계를 설정하느냐에 따라 달라진다.[5]

2. 건강한 교회성장의 독립 변수 이론

교회성장은 단일한 변수가 아니라, 여러 변수가 복합적으로 영향을 준다.

---

[1] http://terms.naver.com/entry.nhn?docId=1520570&cid=42121&categoryId=42121(Accessed on Feb. 3, 2015).
[2] Earl R. Babbie, *The Practice of Social Research* (Belmont: Wodsworth Publishing Co, 1979), 38-40.
[3] 내부적인 원인으로 발생하는 변수를 말한다.
[4] 외부적인 원인에 의하여 발생하는 변수를 말한다.
[5] http://terms.naver.com/entry.nhn?docId=779011&cid=42085&categoryId=42085(Accessed on Feb.2, 2015).

이 때에 그 관계 등식은 다음과 같이 표현할 수 있다.

교회성장(church growth) = F(함수).

독립 변수에 따라 CG = f(S, W, E, P, L, C, CE, IV, EV, NV, LGV)로 표현할 수 있다.

① 설교 변수(Sermon)
② 예배 변수(Worship)
③ 전도 변수 (Evangelism)
④ 기도 변수 (Prayer)
⑤ 리더십 변수(Leadership)
⑥ 지역 사회 변수(Community)
⑦ 교회 교육 변수(Church Education)
⑧ 대내적 변수(Internal Variable)
⑨ 대외적 변수(External Variable)
⑩ 국가적 변수(National Variable)
⑪ 지방 정부적 변수(Local Government Variable)

교회성장은 다양한 독립 변수가 종합적으로 연결되고 그 각자의 독립 변수가 그 역할과 기능을 하고 극대화가 될 때 종속 변수, 즉 영향을 받는 교회성장이 이루어진다. 어느 한 가지만 영향을 주는 것이 아니다. 그런데도 그 독립 변수의 비중은 성장하는 교회의 사례마다, 혹은 특성마다, 내부적 구조마다, 혹은 외적 환경마다 달라진다.

그러면 여기에서 각 주요 독립 변수를 살펴보자.

피터 와그너(Peter C.Wagner)에 의하면 교회성장에 있어서 일곱 가지의 활성적인 변수(vital independent variables)와 아홉 개의 부정적인 성장 변수(negative variables)가 있다고 주장한다.[6]

구체적으로 긍정적인 변수는 다음과 같다.[7]

① 목회자: 긍정적인 사고를 하며 역동적인 지도력으로 교회 전체가 살아 움직여 성장하도록 촉매제 역할을 할 것
② 교인: 자신의 영적 은사를 발견하여 교회성장을 위해 은사를 개발하고 사용하도록 잘 훈련된 평신도가 가능한 한 많이 있을 것
③ 교회 규모: 교인들의 필요를 만족시킬 만한 시설과 규모를 적절하게 갖춘 예배당을 갖춘 교회일 것
④ 예배: 대예배(celebration), 소예배(congregation), 셀모임(cell) 간의 역동적인 상호 관계가 균형을 이루어 예배를 통하여 은혜가 넘치는 교회일 것
⑤ 교인 구성: 동질 집단 내에서 형성된 교인 구성을 할 수 있을 것
⑥ 전도 방법: 제자화 중심적인 효과적인 전도 방법을 사용하여 교회 부흥을 위하여 활용할 것

---

[6] Young Jong Kim, "Megachurch Growth in Korea: With Special Reference to GPC" (Pasadena, CA: Fuller Theological Seminary, 2011), 54-66; Peter Im, *Syllabus* (Pasadena, CA: Fuller Theological Seminary, 2007), 21.

[7] C. Peter Wagner, *Your Church Can Grow* (Ventura: Regal, 1984), 1-250.

⑦ 목회철학: 성경적인 우선 순위가 확실하고, 또한 전도 중심의 목회철학을 가진 목회자가 있을 것[8]

다른 한편, 교회성장을 저해하는 변수는 교회 병리학(Church Pathologies)적 접근에서 다음과 같다.[9]

예컨대, '거주지분포변화후유증,' '유령마을후유증,' '인맹병,' '협력과다증,' '친교과다증,' '시설협조증,' '영적발달장애,' '일곱교회증후증,' '성령결핍증' 등이다.

많은 지체들(롬 12:4)을 가진 그리스도의 몸(엡 1:22-29)은 병들 수 있다. 지체에는 머리(엡 4:15), 관절(엡 4:16), 손, 발, 귀, 눈이 있다(고전 12:15-17). 이러한 여러 지체 중에서 하나라도 문제가 발생하여 제 기능을 하지 못하면 다른 지체들 에게도 영향을 주며 끝에서는 온몸 전체가 제대로 제 기능을 발휘하지 못하고 건강을 유지할 수 없다.

이상과 같은 긍정적 변수와 부정적 변수가 상반되는 것을 보면서 목회자는 건강한 교회성장을 위하여 적절하게 믿음과 인내를 가지고 교회성장을 위하여 그 변수를 잘 활용하는 것이 필요할 것이다.

다음은 구체적으로 교회성장 변수들을 논의하여 보자.

---

[8] C. Peter Wagner, *Your Church Can Grow*, 1-250.
[9] C. Peter Wagner, *Your church can be healthy* (Nashville, KY: Abingdon, 1979), 29-121.

1) 설교 변수 이론(sermon variable)

설교 변수는 교회성장에 큰 비중을 차지한다. 교회는 하나님의 말씀을 선포하는 종의 설교를 통하여 교인들이 힘을 얻고 영적으로 성장한다. 믿음이 성장하면 교회도 부흥한다. 설교자의 메시지가 복음적인가 여부는 매우 중요한 성장 요인이 될 수 있다. 설교자는 하나님의 말씀을 잘 요리하여 교인들이 영의 양식을 먹도록 하는 것이 목회자의 사명이고 역할이다.

교회성장에 있어서 설교가 주는 의미는 매우 중요하다. 그 이유는 교인은 하나님의 말씀인 성경을 잘 풀이하여 요리한 영의 양식을 먹고 힘을 얻어서 하나님께 더 충성하고 봉사할 힘을 얻기 때문이다. 그런 의미에서 설교의 의미와 실체를 바르게 이해할 필요가 있다.

설교가 무엇인가?

정장복의 『성경과 설교』에서는 이렇게 정의한다.

> 설교란, 그 자체가 그리스도를 통한 하나님의 구원 역사와 그 역사를 이루신 성서의 대 진리를 선포하는데 그 존재 가치가 있다.[10]

설교 사역은 설교자가 '성언운반일념'(聖言運搬一念)[11]의 책임으로 하나님의 깊은 뜻을 말씀으로 창조적인 준비에 의하여 전할 때 교인들은 감동을 하고 은혜를 받아 교회성장에 크게 기여한다. 그런데 오늘날 많은 경우

---

[10] 정장복, "성서적 설교의 기본요건," 성경과 설교 (서울: 한국성서학연구소, 1993), 75-86.
[11] 정장복, "성서적 설교의 기본요건," 75-86.

에 설교를 표절하는 사역자가 많은 것을 본다.

이 경우를 정장복 교수는 몇 가지 제안을 한다. 너무 많은 설교 부담이 근본적인 원인이라는 것이다. 그리고 내용의 인용을 할 수 있으나 "우리의 삶에 교통하시는 성령님을 통해 떠오르는 것을 메모하는 습관의 필요"를 강조한다.[12]

> 여호와께서 내게 이르시되 선지자들이 내 이름으로 거짓 예언을 하도다 나는 그들을 보내지 아니하였고 그들에게 명하거나 이르지 아니하였거늘 그들이 거짓 계시와 복술과 허탄한 것과 자기 마음의 속임으로 너희에게 예언하도다(렘 14:14).

2) 전도 변수 이론

교회의 사명은 전도에 있다. 전도의 사명은 사도행전 1:8, 마태복음 28:20-25, 고린도전서 1:21 등에 연관되어 있다. 전도를 많이 하는 교회는 부흥하고 성장한다. 성장하지 않는 교회는 전도하지 않는 교회이다. 부르너(Bruner)는 의미 있는 충고의 말을 한다.

> 전도하지 않는 교회는 죽은 교회이고 살아 움직이는 교회는 전도하는 교회이다. 불은 붙어 있을 때 불이듯이 교회는 전도할 때 교회이다.[13]

---

12 정장복, "표절을 벗어나 바른 설교로," 「한국기독공보」, (2015.8.29), 21.
13 정장복, "표절을 벗어나 바른 설교로," 23.

이런 의미에서 예장(통합)의 경우 2015년에 지난 3년간 4만 3,399명이 감소하다가 2015년에는 교회 수가 전 년 대비 139개 교회(1.62%)가 증가하고 예산도 전 년 대비 236억 6,489만 8,000원으로 증가하게 된 것은 전도의 결과로 볼 수 있다.[14] 왜 전도해야 하는가?

① 하나님의 소원이고 뜻이기 때문이다(마 1:21; 눅 14:23).
② 예수 그리스도께서 오신 목적이기 때문이다(눅 19:10).
③ 교회의 사명이며 존재 이유이기 때문이다(행 1:8; 눅 9:6).
④ 우리 성도들에게 주신 사명이며 특권이기 때문이다(마 10:5-7; 막 1:38-39; 눅 14:23).

3) 예배 변수 이론

교회의 본질은 하나님의 선택된 백성들이 모여서 창조주와 구원자이신 하나님께 예배를 드리는 데 있다. 가장 하나님께 기쁨을 드리는 교회, 하나님께 상달 되는 예배를 드리는 교회는 건강한 교회이며 성장할 수밖에 없다.

예배를 의미하는 영어의 'service'라는 단어가 킹제임스성경(KJV)에서 구약성경은 115회, 신약성경은 75회 총 180회가 나올 만큼 중요하게 여겨진다.[15]

---

[14] 정장복, "표절을 벗어나 바른 설교로," 23.
[15] 정장복, 『예배학개론』 (서울: 예배와설교아카데미, 1999), 17.

따라서, 이렇게 중요한 예배가 교인들의 영적인 욕구를 만족하게 해주고 하나님의 마음에 합당할 때 교회는 성장할 수 있다.

4) 기도 변수 이론

기도는 교회성장의 원천이다. 교회성장은 '기도의 힘'(Power of Prayer)에 의하여 결정된다.[16] 기도의 순기능과 그 파급력은 말로 표현하기 쉽지 않다. 기도는 하나님과의 대화이다. 대화는 의사소통이다. 의사소통은 존재의 의미이고 발전의 기본이다.

기도는 영적인 호흡이다. 호흡이 없으면 죽는다. 주님의 자녀들은 아버지 하나님께 드리는 기도를 통해 영적 생명을 유지할 수 있다. 기도는 신앙의 증거이다. 믿음이 있는 자는 기도를 하게 되고 기도로써 믿음이 강해진다. 교회는 세상에서 분리되어 하나님께서 선택된 성도들의 무리로서 끊임없이 기도로 무장하여 어떤 도전도 승리해야 한다. 전도도 기도를 통하여 열매를 얻을 수 있다.

오늘날 교회는 기도의 힘이 약해질 때 교회는 침체하고 저성장하고 문제가 발생한다. 그리고 갈등과 혼란이 일어난다. 교회성장에 있어서 기도 변수는 표현할 수 없을 만큼 그 위력이 지대하다.

기도의 아버지라 부르는 조지 뮬러(George Muller)는 일평생 5만 번 이상 생생한 기도의 응답을 체험하였다고 하지 않는가?

---

[16] Dennis Shumway, *Power Prayers for Teachers* (Uhrichsville: Barbour Publishing, 2008) 1-221.

한국교회가 단기간에 세계가 놀랐던 교회성장은 초창기의 한국교회의 '대부흥운동'(1903-1908)의 영향이었고, 그 부흥 운동의 배경에는 주의 종들의 헌신적인 기도의 응답이었다.[17]

이처럼 교회성장은 기도 변수가 지대한 영향을 발휘한다.

5) 리더십 변수 이론

리더십은 일반적으로 추종자(follower)에게 영향을 끼치는 지도력을 말한다.[18] 리더십은 다양한 이론적 체계를 가지고 있고 많은 학자의 연구가 있다. 그러나 일반적으로 리더십을 논의할 때 몇 가지 중요한 내용의 핵심이 있다.

(1) 리더십의 개념이다

과연 리더십이란 무엇인가?

리더십은 상대방에게 영향을 미치는 힘과 자세라고 할 수 있다. 이 경우 영향을 미치는 자는 리더이고 영향을 받아 따르는 자는 추종자라고 할 수 있다.[19]

(2) 리더십에 대한 속성이다

즉, 어떻게 리더가 특성을 보유할 수 있는가?

---

[17] 김중은, 『한국교회대부흥운동』(서울: 장신대출판부, 2007), 1-574.
[18] Gary A. Yukle, *Leadership in Organization* (New York: Prentice Hall Inc, 2001), 1-50.
[19] Gary A. Yukle, *Leadership in Organization*, 1-50.

이는 유전적인가, 환경적인가, 행태적(behavioral)인가 등 리더의 특성을 가지는 요인에 대한 것이다.

(3) 리더십과 조직 구조와의 관계성이다

어떻게 해야 조직 발전(organization development)을 이루는 이상적인 리더십을 개발할 수 있을까?

이런 것이 문제다. 일반적인 리더십과 동질적인 면도 있으나 교회성장의 경우는 교회 지도자 리더십은 교회의 담임목사가 교회를 이끄는 영적 지도력이요, 영향력이다.[20]

영적인 지도력과 일반적인 지도력은 차이가 난다. 하나님께서 주시는 지도력은 특수한 힘이다. 지도력은 지도자가 구비하는 여러 가지 자격 요건이다. 지성과 덕성, 그리고 인성들이 건전해야 하나 그중에서 가장 중요한 것은 영성(spirituality)이 필요하다.

모세가 호렙 산에서 소명 받은 것은 하나님의 특별한 영성(출 3:1-10)이다. 사도 바울의 부름도 (행 9:1-22) 하나님이 영성을 주신 것이다.

교회의 지도자가 계속 성장 추세를 유지하는 것이 무엇보다도 중요한데 교회성장을 유지하는 지도자는 다음과 같은 자세가 필요하다.

① 변화시키는 자로서의 목회자
② 더 큰 믿음을 가진 목회자

---

[20] 김영훈, 『한국교회법연구원 15년사』 (서울: 한국교회법연구원, 2019), 146.
김영훈 장로는 "엄격한 의미에서 교회 지도자는 예수 그리스도 한 분이다"라고 주장한다.

③ 문제를 해결할 준비된 목회자

④ 효과적인 전도를 계획하는 목회자

⑤ 새로 나온 교인들을 융화시키는 목회자

⑥ 새 교인을 양육하는 목회자

⑦ 성장을 위해 설교하는 목회자 [21]

6) 지역 사회 변수 이론

지역 사회(community)는 교회성장에 필요한 외적 환경적 변수이다. 예를 들면, 지역 사회가 복음 친화적 인지, 배타적인지, 혹은 적대적인지 여부는 매우 중요한 영향력을 주는 변수이다. 그리고 지금까지 미신을 믿는 지역 사회 교회의 이미지를 잘못 가지고 있는 지역 사회 구성원들은 교회성장에 결코 도움이 될 수 없다.

예를 들면, 우리나라의 경우 일반적으로 남부 해안지방은 수산업에 종사하는 경우가 많이 있고, 이들은 전통적으로 바다를 배경으로 미신을 많이 지킨다고 알려져 있다.

이러한 토속적인 샤머니즘(shamanism)이 짙게 물들어 있는 지역은 기독교의 복음이 전파되기에 매우 어렵다고 할 수 있다.[22] 지역 사회가 열악한 환경임에도 불구하고 교회는 그 지역 사회를 섬기고 감동을 줄 수 있도록

---

[21] Peter Wagner, 『교회성장을 위한 지도력』(*Leading Your Church to Growth*), 김선도 역 (서울: 생명의말씀사, 1993), 207-231.

[22] 김영한, "한국교회의 성장에 관한 개혁신학적 고찰," 『개혁주의 전통과 교회성장』 (서울: 총회출판국, 1996), 184. 여기에 반론도 있다. 김영한 목사는 전통적 무속 신앙의 풍토는 "기독교 신앙을 받아들이는 선 이해"의 역할을 한다고 주장한다.

할 때 교회는 성장한다. 마을 교회 이론이 바로 이러한 맥락에서 중요한 의미가 있다.

7) 교회 교육 변수 이론

교회 교육 변수는 교회 교육을 잘 수행함으로 교회성장에 도움이 된다. 오래전 부산의 S 교회를 의도적으로 방문한 일이 있다. 당시에 그 교회는 전국에서 가장 큰 교회학교가 있는 교회로서 적어도 1만 명 이상의 교회학교 학생들을 성장시킨 교회로 알려져 있었다.

교회 학생들은 특별한 교재가 없고 성경이 교과서였다. 교회 교육은 교회성장의 활력소이다. 교회 교육은 사회 교육은 능가하는 영향력을 줄 수 있어야 교회는 성장한다. 교회 교육의 자료와 교과서는 물론 성경이 되어야 한다.

8) 내적 변수 이론

교회성장의 내부적인 변수는 그 교회 자체가 가지고 있는 변수이다. 즉, 교회의 구조적인 특성과 관련된 문화적 변수이다. 즉, 교회 구성원들이 가지고 있는 문화적인 요소가 변수이다. 예컨대, 교회에 따라서 어떤 부류의 교인들이 다수를 차지하며 그들이 교회에서 어떤 역할을 하는지, 또는 목자가 어떤 목회철학과 성향을 가졌는지 등이 교회성장과 관련하여 내적 변수가 될 수 있다.

9) 교회의 대외적 변수 이론

교회성장의 외적 변수는 교회를 둘러싸고 있는 외적인 변수이고, 지역 사회나 국가 사회나 혹은 국제적인 변수이다. 최근의 대학생 종교 의식 조사에 의하면 대학 신입생 79%가 "종교를 갖고 싶지 않다"라는 결과의 통계가 있었고, 전체 응답자 8.9%만이 향후 기독교를 선택하고 싶다고 했다.

특히, 교회를 안 가는 이유의 40%가 "재미가 없다"라는 응답으로 전도 활동에 거부감을 느끼고 있으므로 교회성장에 큰 위기를 맞이하게 되었다.

'한국대학생선교회'(CCC) '학원사역연구소'가 지난 3년간 대학 신입생 1,200명을 대상으로 벌인 종교 의식 조사 결과이다. 표본 오차는 (±) 2.8%이다. 구체적으로 "종교를 가지고 싶지 않다"라고 한 답이 2013년에는 71.8%, 2014년에는 78.5%였으나 2015년에는 88.6%로서 해마다 증가하고 있다는 사실에 주목해야 할 것이다.

특히, 교회성장에 걸림돌은 전체 응답자 중 단지 8.9%만이 앞으로 기독교를 선택하겠다는 것이다. 교회 출석의 동기는 기독 대학생의 74.2%가 부모님을 따라서 교회를 나가는 경우로 가장 높은 비중을 차지하였다.

그리고 비종교인 62%는 친구의 전도 때문에 교회를 출석한 것으로 응답하였다. 그 외 60%는 "전도를 받아 본 경험이 있다"라고 답하였다. 여기에서 강조되어야 할 것은 전도의 변수가 얼마나 중요한가를 유의하여 볼 필요가 있을 것 같다. 일반적인 추세가 기독교에 대한 거부감을 가지고

있다는 것은 교회성장에 큰 장애 요인으로 등장할 것이다.[23]

10) 국가 사회적 변수 이론

국가 사회적인 변수는 어떤 한 국가의 정치사회환경 혹은 법적인 변수이다. 우리나라는 종교의 자유가 헌법적으로 보장되어 있으므로(헌법 제 20조)[24] 교회성장의 주요 변수로서 긍정적인 요인으로 작용하지만, 종교의 자유가 실질적으로 보장되어 있지 않은 국가는 교회성장을 기대하기는 요원하다. 예컨대, 북한의 경우 교회성장은커녕 전 세계에서 기독교가 가장 박해를 받는 나라로 알려져 있다.[25] 구체적으로 예를 들면, 다음과 같다.

> 미국의 국제 기독교 선교 단체인 '오픈 도어스'가 '2013 월드 워치 리스트'에서 기독교 신자들을 박해하는 것으로 평가된 50개 국가 가운데 북한이 1위를 기록했다고 밝혔다. 기독교 박해 정도를 점수로 환산할 때 북한은 100점 만점에 87점이라는 가장 높은 점수를 받았다.
> 이에 따라 '북한은 종교 박해가 가장 심한 국가로 11년 연속 1위를 기록하고 있다. 보고서는 "북한은 지구상에서 기독교인들이 가장 살기 힘든 나라"라면서 "얼마 남지 않은 공산국가 가운데 하나인 북한은 어떤 종류의 종교도 극렬하게 반대하고 있다"라고 지적했다.

---

[23] 「한국기독공보」, (2015.11.14), 4.
[24] 헌법 제20조에는 1. 모든 국민은 종교의 자유를 가진다. 2. 국교는 인정되지 아니하며 종교와 정치는 분리된다
[25] http://blog.naver.com/newsmission/40177044902(Accessed on Aug. 10, 2016).

특히, "기독교인들은 체포, 구금, 고문을 당하는 것은 물론 심지어는 공개 처형의 대상이 되고 있다"라면서 "15호 정치범 수용소에는 6,000명에 달하는 기독교인들이 구금돼 있다"라고 비판했다. 아울러 "중국으로 탈출해 기독교로 개종했다가 강제 송환 당한 북한 주민들은 수감, 처형 등의 위험에 빠진다"라면서, "또 탈북자를 돕는 기독교인들은 살해당하기도 한다"라고 주장했다. 보고서는 그러나 "이런 심각한 억압에도 불구하고 약 40만 명으로 추산되는 기독교인들이 '지하 교회 운동'을 전개하고 있다"라고 소개했다.

오픈 도어스는 이어 "새로운 김정은 권력 체제에서 진정한 정치적, 경제적 변화가 있기를 기도하고, 하나님이 탈북자들과 이들을 돕는 이들을 돕도록 기도하자"라고 당부했다. 이날 발표된 '2013 월드 워치 리스트'에서는 사우디아라비아, 아프가니스탄, 이라크 등이 북한에 이어 박해가 심한 국가로 나타났으며, 50개국 중 11개국이 '극심한 억압국(extreme persecution)'으로 분류됐다.

최근에 소위 'IS'(Islamic State of Iraq and the Levant, 이라크 레반트 이슬람 국가)의 테러가 전 세계적으로 자행되어 극도의 긴장과 공포감을 주고 있었다. 최근의 프랑스에서의 테러 후에 전세계기독교국가는 매우 긴장하고 있다. 그 영향으로 인하여 복음 전파가 위축되고 있다.

가령, 미국의 경우 "미 백화점 거리 메리 크리스마스 인사말 사라진다. 그 대신 '즐거운 휴일'(Happy Holidays)이나 '새해 복 많이 받으라는'(Season's Greetings)란 말이 인사의 주류를 장악했다고 한다.[26]

---
[26] 「조선일보」, (2015.11.30), A. 19.

이러한 것이 기독교인이 바라는 것은 아니고 국가 사회적인 분위기가 반영된 결과라 할 수 있다. 이처럼, 교회성장에 미치는 국가 사회적인 변수는 상당히 중요한 비중을 가지고 있다고 할 수 있다.

11) 종속 변수 이론

위에서 논의한 독립 변수들은 우리가 추구하는 교회성장이라는 종속 변수에 미치는 영향이 어떠하냐는 흥미 있는 담론의 주제이다. 교회성장의 궁극적인 목표는 하나님의 영광을 위한 것이다(고전 10:31). 따라서, 건강한 교회성장을 목적으로 할 때 위에서 언급한 여러 독립 변수의 역할을 극대화할 지혜로운 영적인 전략이 필요하다. 그 전략을 종합적으로 검토해야 할 것이다.

3. 건강한 교회성장학의 성립에 대한 논란

최근에는 교회성장에 대한 비판적인 논의가 대두되고 있다. 주된 논의의 배경에는 개인의 신앙에 대한 것을 잘 관리하여 주지 않고 "소비자 이론"과 "물량적인 성장"에 대한 비판을 통해 그 이유를 추적할 수 있다.

첫째, 교회성장을 긍정적 면에서 보면 교회성장이 복음 전파와 하나님의 영광을 위하여 미치는 목적은 지대하다.

예를 들면, 교회성장은 국내는 물론 전 세계에보다 효율적이고 효과적으로 복음 전도를 지원할 수 있다는 입장이다. 그리고 성경적인 명령이고 하나님의 뜻(God' will)이다"라는 입장이다(마 28: 19-2; 막 16:15; 행 1:8).[27]

둘째, 교회성장을 비판적으로 보는 견해는 편견일 수도 있다

대체로 비판론자들이 주장하는 내용의 중심은 '소비자 이론'과 '개교회 성장 제일주의,' 혹은 '힘의 우세론 치중' 등이다. 예컨대, 성장 자체는 순수한 전도의 열매로 인한 것이라기보다는 수평적 이동에 기한 의미에 불과하다는 것이다. 교회의 본질적인 면에서 '남의 양을 빼앗는 결과적 산물'이라는 것이다.

다시 말하면 중생 성장(conversion growth)이 아니라, 이미 기존 교회에 재적하는 교인들을 어떤 이유로든 다른 교회로 부자연스럽게 유인하는 것이라 한다.

따라서, 이러한 수평적 이동은 소비자 이론처럼 교인을 마치 상품이나 소모품처럼 취급하고 영적인 가치를 등한시 여기며 물량적이고 수량적으로 대우하게 된다는 것이다. 이 경우는 특히, 대형 교회(big church)나 초대형 교회(mega church)를 비판하는 시각에서 주장하는 측면이 대부분이다.

따라서, 한 영혼에 대한 질적인 가치와 비중보다는 수량적인 면에서 교회의 성장을 계산하는데 무게를 두게 된다. 그 영혼의 구원에 대한 본질적인

---

[27] C. Peter Wagner, *Your Church can grow Glendale* (Glendale, CA: G/L Publications, 1979), 13.

것보다는 얼마나 많은 명목상의 교인들이 출석하는가에 강조점이 있게 된다.

4. 교회의 예배를 통한 성장 전략

건강하고 성장하는 교회는 다음과 같은 공식에 의하여 가장 훌륭하게 표현될 수 있다. 즉, '대예배(Celebration) + 모임(Congregation) + 세포 조직(Cell) = 교회 예배(worship service)'라는 공식으로 성립된다.

이 수학적인 공식은 무엇을 의미하는 것일까?

'대예배'란 무엇인가?

'대예배'는 축제(festival)라는 의미가 강조되어야 한다. 주일날 대예배는 축제요, 잔치이며, 친교(fellowship)이며 영적인 교제(spiritual fellowship)이다. 즉, '대예배'라는 말은 단순한 예배가 아니고, 대부분의 교회에서 주일 아침에 드리는 예배에 국한한다. 즉, 수많은 사람이 한자리에 모여 하나님을 만나기를 갈망할 때 일반적인 예배와 다른 특별한 예배의 체험을 깊이 있게 체험할 수 있다. 그래서 "대예배"라고 할 수 있다.

예배의 규모가 예배의 질적인 면에 무슨 관계가 있을까?

예를 들면, 운동 경기의 경우 가령 5만 명의 관중이 모여서 하는 경기와 단 500명이 모여서 하는 경기는 큰 차이가 있다. 예를 들면, 사회학자들이 지적하는 바와 같이 그룹(group)에 속해 있을 때의 경우 인간의 정서적인 힘이 인간의 감정에 미친다. 축제적 예배는 하나님의 백성(God's people)은 오랜 세월 동안 대예배에 대한 것을 이미 이해하고 있었다.

성전은 이스라엘 백성이 하나님의 백성이라는 민족적 긍지를 가지게 하는 데 큰 도움을 주었다. 왜냐하면, 성전은 하나님의 백성들이 모여서 하나님을 경배하는 장소였기 때문이다.

예컨대, 유월절(Passover, 출 12:23; 고전 5:7), 오순절(Pentecost, 행 2:1; 고전 16:8), 초막절(feast of tabernacles, 출 23:16; 레 23:34) 등 연중 축제가 지켜졌다. 이러한 대예배 기간에 하나님의 백성들에게 큰 기쁨이 있었고, 그 큰 기쁨은 대예배에서 찾아볼 수 있었다.

기독교의 대예배는 오랜 전통이었다. 1973년에 있었던 빌리 그레이엄(Billy Graham) 전도 대회를 생각해 보라[28].

무려 하루 100만 명 이상의 성도들이 한꺼번에 여의도 광장에 모여서 하나님께 영광을 돌리는 복음 집회를 하였으니 얼마나 감격스러운 대예배이었는가?

불행한 일은, 아직도 많은 교회가 축제와 같은 예배(celebration)가 아니라, 장례식(funerals)과 같은 주일 아침 예배하고 있다. 물론, 이와 같은 활력이 없는 예배가 반드시 진정한 예배가 아니라는 말은 아니다. 이러한 예배 분위기 속에서도 참된 그리스도인은 하나님과 개인적으로 얼마든지 교통할 수 있다.

그러나 이러한 예배 분위기 속에서는 불신의 친구들을 초대할 용기를 가질 수가 있겠는가?

그 이유는 교회가 아무런 흥미를 줄 수 없기 때문이다. 많은 교회가 성장하지 못하고 그대로 머무르고 있는 원인 가운데 하나가 바로 여기에 있다.

---

[28] 필자도 이 전도 집회에 참석하였다. 당시의 언론 보도에 의하면 집회 후에 종이 한 장 쓰레기를 남기지 아니하고 깨끗하게 청소된 집회 후의 모습을 보여 주었고 극찬을 하였다. 참으로 기독교인들의 아름다운 공동체 의식을 보여 주었다.

다음에 '모임'(congregation)과의 차이점은 매우 중대한 의미가 있다. '모임'에서는 서로 누구인지를 모르는 상황은 사라진다. 이때는 교인으로서의 조직체가 아닌 다른 형태의 모임이 필요한 것이다. 큰 교회 안에서 이와 같은 다른 형태의 '모임'이란 교회학교 분반이 가장 보편적이다.

그러나 그 밖에도 다양한 형태의 모임이 있을 수 있다. 예컨대, 규칙적으로 만나게 되는 이웃을 중심으로 기도회 모임, 성경 공부 모임, 찬양 대 모임, 전도대 모임, 그리고 구역 모임 등 다양하다.

교회는 단지 대예배만으로도 일시적으로는 성장할 수 있지만, 이와 같은 일시적인 성장은 실질적인 것이 못되므로 종합된 통계를 시행함이 좋다.

피켓(Harold Fickett) 목사는 '대예배'(celebration)와 '모임'의 균형 원리를 응용한 분이다. 그는 캘리포니아주 벤 누이스(Van Nuys)에 있는 제일 침례교회에서 사역 중 3,700명의 교인을 1만 2,000명으로 성장하게 했고 10년 동안 109%로 증가시켰다.

그는 뉴욕시의 제일 침례교회와 댈러스(Dallas) 제일침례교회의 역사를 비교하여 두 교회 사이의 중대한 차이점에 대하여 논의했다. 전자는 기독교교육 사업을 성공적으로 개발하였다는 점을 발견하였다.

이 두 교회는 예배 집회를 했다는 점에서는 차이가 없었으나, '대예배'와 '모임'을 연결하는 데는 큰 차이가 있었다. 즉, 대예배와 모임을 연결한 댈러스 제일침례교회는 계속으로 성장하는 교회가 될 수 있었다.

예를 들면, 60대 노년을 즐겁게 해 드리기 위한 '모임'이 있었는데 여기에는 무려 800명의 노인층이 가입되어 있고, 또 500 가정으로 구성된 독신 부모를 모신 가정의 모임도 몇 개나 되었다.

그런데 큰 교회에서 '모임'은 분산이 중요하다. 성장하는 교회는 거의 전부가, 그 교회 안의 각종 '모임'과 친교 조직체를 개발하고 있는 것은 적절한 분산을 시킬 때 교회성장에 훨씬 더 박차를 가할 수 있다. 예컨대, '모임'을 증가시키는 것과 보다 더 많은 '자치권'을 부여하는 것을 말한다.

모임의 최적 규모(optimum size)는 어느 정도를 두고 말하는 것일까?

실질적으로는 모임이 될 수 없는 것을 가지고 모임이라고 잘못 생각하는 일을 방지하기 위하여 이 문제는 신중하게 다룰 필요가 있다. 또, '모임의 최적 성장 상한선도 친교라는 근본적인 목적에 근거하여 한정되어야 한다.

즉, 대예배(대집회) + 모임 + 세포 조직 = 교회 예배(Celebration+Congregation+Cell=Worship)이다.

건강한 교회의 성장을 위하여서는 예배의 독립 변수(independent variable)가 매우 큰 영향을 준다.

첫째, 교회의 대예배(celebration)는 축제와 같은 예배이지 장례식과 같은 예배가 되어서는 안 된다는 것이다. 따라서, 예배 순서에 활력소를 불어넣는 방법을 찾아야 한다.

둘째, 교인들이 모임에 얼마나 가입하고 있는가를 확인하고 교회성장을 위한 최대한 많은 유익한 모임을 운영할 필요가 있다.

셋째, 세포 조직(cell group)에서 특별히 할 수 있는 활동은 어떤 것이 있는가를 점검할 필요가 있다. 21세기 전도의 대안은 세포 조직에서 함께 하는 관계전도, 즉 전도 소그룹이다.

전도 소그룹은 다음과 같은 다섯 가지 실행 단계를 고려할 수 있다.

> **1단계**, '불신자를 위해 기도'하는 것이다. 예를 들면, 기도의 짝을 정하고 전도 대상자를 위해 기도한다.
>
> **2단계**, '불신자를 섬기는 일'이다. 전도 대상자를 만나 "관계를 수립"하는 단계이다.
>
> **3단계**, 함께 관계를 세우는 단계이다. 즉, 공동체 안에서 친구를 만들어 주는 단계이다.
>
> **4단계**, '전도 대상자를 공동체로 초청'하는 것으로 예컨대 전도를 위한 바자회나 체육 대회 등에 부담 없이 전도 대상자가 만나는 시간을 가지게 하는 단계이다.
>
> **5단계**, '전도한 결과가 열매를 맺도록 교회로 인도'하는 단계이다.[29]

5. 결론

지금까지 우리는 교회성장에 미치는 변수 이론을 살펴보았다. 어떤 교회가 성장 하는 데는 다양한 변수가 작용한 것으로 추정된다. 어느 변수가 가장 강한 영향력을 발휘하였는지는 실증적인 분석을 하지 아니하고는 단순하게 말할 수 없다.

---

[29] 김동현, 『소그룹전도법』(서울: NCD, 2016), 58-64.

여러 다양한 변수가 복합적인(complex)인 작용을 한 것으로 추정된다. 교회에 따라서는 어느 변수가 가장 힘 있는 독립 변수이었는지는 단정하기 어렵다는 말이다. 가장 이상적인 교회성장 변수는 균형 변수 이론이 바람직하다고 본다.

다시 말하자면, 여러 다양한 변수가 적절하게 균형적으로 성장에 영향을 미칠 때 그 교회는 가장 건강한 교회로 성장할 수 있다고 할 수 있다.

제3장

건강한 교회성장학의 역사적인 전개와 발전 과정
(Historical Development of the Science of Church Growth)

1. 교회성장 운동의 전개

교회성장 이론이란 무엇인가?

다양한 논의가 있을 수 있으나 "전통적으로 개신교 신학과 선교 이론을 예수 그리스도의 교회성장과 확장이라는 선교신학적 주제와 통합시켜 상황화(contextualization)[1]"하는 학문이다.[2] 그러나 교회성장학은 하나님의 명령에 의거, 하나님의 영광을 위하여 성도의 사명을 완성하고자 하는 선교

---

[1] 안승오, 『대선교의 핵심 주제 8가지』 (서울: CLC, 2011), 50. 안승호 교수는 상황화를 정치, 경제, 사회, 문화 등 모든 면에서 현지인에 의한 현지신학으로 이해하고 토착화는 문화적인 면을 강조하고 있다.

[2] Peter Im, "Theology of Church Growth," *Syllabus* (Pasadena, CA: Fuller Theological Seminary, 2007), 7.

신학이며 사회과학적인 방법의 통합적인 학제간 연구라고 할 수 있다.

미국의 경우, 교회성장 운동이 시작된 후 풀러신학교(Fuller Theological Seminary)에서는 1980년에 제25회 교회성장 운동 기념식을 하였다. 이러한 역사적인 운동의 시작은 도날드 맥가브란(Donald McGavran)이 1955년에 쓴 『하나님의 가교』(The Bridges of God)의 출판이 계기가 되었다.

풀러신학교 세계 선교대학원의 창립자며 '교회성장연구소'(1965)의 책임자로서 그 국가의 가장 훌륭한 선교학 교수로서 그는 1970년도에 『교회성장의 이해』(Understanding Church Growth)를 출판하였고, 계속 교회성장 운동의 확고한 기초를 다졌다.

25년 이상이나 교회성장 운동을 다루어 왔고 풀러신학교에서만 35개 이상의 석, 박사학위 논문들이 발표되었다. 이처럼, 몇 가지 가설을 밝히면 교회성장학은 인간의 주도나 목적은 "하나님의 영광(the Glory of God)에 있고 예수 그리스도의 주권성"에 초점이 있다.[3] 그리고 성경의 '규범적 권위'(the normative authority of the scripture)와 '죄, 구원, 형벌에 대한 궁극적인 종말론적인 실체'(the ultimate eschatological reality of sin, salvation, and eternal death)[4]에 관심을 둔다.

그러면 한국교회 성장의 실태는 어떤가?

한마디로, 2016년 말 현재 한국 개신교는 감소하고 있는 형편이다. 주요 교단의 예를 들어보자.

---

[3] Peter Im, *Syllabus*, 7.

[4] Peter Im, *Syllabus*, 7.

대한예수교장로회 총회(통합)는 2016년 12월 31일 기준 전체 교인 수가 273만 900명으로 최종 집계돼 보고됐다. 전년 대비 0.76%, 5만 8,202명이 감소한 것으로 나타났다. 목사는 1만 9,302명으로 590명, 장로 3만 1,237으로 990명, 권사 17만 1,612명으로 9,009명, 재직 수는 전체 88만 5,838명으로 8,091명이 증가했다.

하지만, 서리집사는 70만 7,062명으로 전년 대비 8,091명 감소한 것으로 확인됐다. 청년 대학부는 13만 4,289명으로 2만 7,059명, 중고등부도 12만 4904명으로 1만2,859명이 감소했고, 소년부는 5만 6,147명으로 6,211명이 감소해 각 8% 이상의 감소 폭을 나타냈다.

대한예수교장로회(합동) 총회는 2016년 말 기준 전체 교인 수는 2,764,428명으로 확인됐다. 오히려 전년도 대비 270만 997명보다 33,528명이 증가했다. 예장(통합) 총회와 대비해서는 3만 3,528명이 많다. 전체 159개 노회에 교회는 1만 1,937개이고, 목사는 2만 3,440명, 강도사 837명, 전도사 1만 2,226명으로 확인됐다.

대한예수교장로회(고신) 총회는 전체 교인이 47만 3,500명으로 집계됐다. 지난 66회 총회 대비 1,486명이 증가한 결과이다. 67회 총회는 다음 세대 변화를 예의주시하며 2006년부터 10년간 교회학교(주일학교) 교세 변화를 점검하고, 대책 마련에 나섰다.

그 결과 고신총회 교회학교 유아유치부는 2006년 대비 2015년엔 28% 감소한 것으로 확인됐다. 유치부는 44%, 중고등부 19%, 대학청년부도 11%로 감소한 것으로 확인돼 교회학교 출석률에 빨간불이 들어왔다.

한국기독교장로회 총회는 전체 교인이 24만 109명으로 나타났다. 전년 대비 2만 4,881명이 감소한 것으로 감소 폭이 크다. 세례 교인은 16만 3,615

명으로 최대 7,486명이 줄었다. 교회는 1,624개 교회로 10개가 감소했지만, 목사는 3,077명으로 168명이 증가했고, 장로도 2,935명으로 17명 증가했다.

기독교대한감리회는 2017년 6월 기준 전체 교인이 139만 4,492명(미주지역 포함)으로 확인됐다. 전년 대비 3,426명이 감소한 결과이다. 그러나 교회는 6,721개로 64개 증가했다. 원입인 성인은 3만 2,050명, 아동은 1,983명 감소한 것으로 확인됐다.

예장총회 관계자는 "교단의 교세 통계는 교회의 미래를 진단하고 성장을 도모하는 도구로 활용할 수 있다. 이제는 교회와 목회자들이 통계 결과를 좀 더 진지하게 받아드려야 한다"라고 당부하며, 교세 통계가 교단의 정책을 수립하는 밑그림이 될 것"이라고 전했다.[5]

그러면 교회성장 운동 면에서 선교와 교회성장을 어떻게 볼 것인가? 맥가브란의 선교에 대한 정의는 다음과 같다.

> 성경에 계시 되어진 바와 같이 하나님께서는 모든 남자와 여자를 예수 그리스도와의 살아 있는 관계 속으로 초대하는 것에 가장 높은 우선 순위를 부여하셨기 때문에, 우리는 선교를 "모든 남자와 여자에게 예수 그리스도의 복음을 선포하여, 그들을 제자로 만들어 그리스도의 교회의 책임 있는 구성원이 되게 하는 일에 헌신하는 사역"이며 "하나님께서는 그의 교회가

---

[5] 「한국기독공보」, (2017.10.9).

성장하기를 원하신다."[6]

따라서, "선교의 주요 목적은 하나님의 뜻에 순종하여 잃어버린 남자와 여자를 찾아내어 하나님과 화해시키고 그들을 교회의 책임 있는 구성원이 되게 하는 것이다.[7]

그러면 교회성장 이론의 주요 요소들(Major Components of Church Growth Theory)은 무엇인가?[8]

첫째, 목회자이다.

즉, 목회자는 긍정적인 사고를 하며 역동적인 지도력으로 교회 전체가 살아 움직여 성장하도록 촉매제 역할을 해야 한다.

둘째, 교인이다.

즉, 자신의 영적 은사를 발견하여 교회성장을 위해 은사를 개발하고 사용하도록 잘 훈련된 평신도가 필요하다.

셋째, 교회 규모이다.

즉, 교인들의 필요를 만족시킬 만한 시설과 규모를 갖춘 교회가 필요하다.

넷째, 예배이다.

즉, 대예배(celebration), 소예배 (congregation), 셀모임(cell) 간의 역동적인

---

[6] Donald McGarvran, *Understanding Church Growth* (Grand Rapids MI: Eerdmansp, 1970), 35.

[7] C. Peter Wagner, "Donald McGavran: A Tribute to the Founder," in: C. Peter Wagner, edit. *Church Growth: State of the Art* (Wheaton, IL: Tyndale), 1-98.

[8] Elmer Towns et.al, *Evaluating the Church Growth Movement* (Grand Rapids MI: Zondervan, 2004), 126.

상호 관계가 좋은 균형을 이룬 교회가 필요하다.

다섯째, 교인 구성이다.

동질 집단 내에서 형성된 교인 구성이 전제되어야 한다.

여섯째, 제자화 중심적인 효과적인 전도 방법의 사용이 필요하다.

일곱째, 성경적인 우선 순위가 확실한, 전도 중심의 목회철학이 필요하다.

다음은 "교회성장의 4가지 원리"(Four Axioms of Church Growth)를 논의한다.[9]

첫째, 목회자가 교회성장을 원하고, 성장을 위해 기꺼이 대가를 치를 각오가 되어 있어야 한다.

둘째, 교인들이 교회성장을 원해야 하며 그것을 위해 대가를 치를 각오가 되어 있어야 한다.

셋째, 제자를 만드는 전도 목적에 동의해야만 한다.

넷째, 교회가 치명적인 질병에 시달리지 않아야 한다.[10]

2. 전도를 통한 교회성장

교회가 성장하는 데는 전도가 가장 이상적이다.

---

[9] C. Peter Wagner, *Your Church Can Grow* (Ventura, CA:Regal, 1984), 1-50.
[10] C. Peter Wagner, *Your Church Can Be Healthy* (Nashville, TN: Abingdon, 1979), 24-28.

전도란 무엇인가?

전도에 관한 정의를 가장 명확하게 전하는 것은 1974년의 '스위스로잔 협약'(Lausanne Covenant)이 매우 중요한 기틀이 된다고 본다.[11]

전도란, 예수 그리스도가 우리 죄를 위하여 죽으셨고, 성경에 따라 죽은 후에 부활하셨으며, 죄를 회개하고 믿는 모든 자에게 죄를 용서하시고 성령을 선물을 주신다는 복음을 전하는 것이다.

즉, "전도는 예수 그리스도의 말씀(message)과 가르침(teaching)을 전하는 목적으로 복음(gospel)을 소개하는 행위이다."[12]

신약성경에 따르면 전도는 단지 복음을 전하는 것이다. 맥가브란은 전도를 다음과 같이 말한다.

기독교인들이 죄인들에게 은혜가 되는 하나님의 메시지를 대변하는 일종의 소통(communication)이다. 실제로 복음이 증거가 되는가의 문제는 복음

---

[11] 4. THE NATURE OF EVANGELISM : To evangelize is to spread the good news that Jesus Christ died for our sins and was raised from the dead according to the Scriptures, and that, as the reigning Lord, he now offers the forgiveness of sins and the liberating gifts of the Spirit to all who repent and believe. Our Christian presence in the world is indispensable to evangelism, and so is that kind of dialogue whose purpose is to listen sensitively in order to understand. But evangelism itself is the proclamation of the historical, biblical Christ as Saviour and Lord, with a view to persuading people to come to him personally and so be reconciled to God. In issuing the gospel invitation we have no liberty to conceal the cost of discipleship. Jesus still calls all who would follow him to deny themselves, take up their cross, and identify themselves with his new community. The results of evangelism include obedience to Christ, incorporation into his Church and responsible service in the world(1 Corinthians 15:3, 4; Acts 2:32-39; John 20:21; 1 Corinthians 1:23; 2 Corinthians 4:5; 5:11, 20; Luke 14:25-33; Mark 8:34; Acts 2:40, 47; Mark 10:43-45).
https://en.wikipedia.org/wiki/Lausanne_Covenant(Accessed on May 15, 2018).

[12] http://en.wikipedia.org/wiki/evangelism(Accessed on May 15, 2018).

의 메시지를 충실히 알렸는가에 달려있다.¹³ 전도는 예수 그리스도에 대한 좋은 소식, 즉 복음을 알리고, 선포하고, 전해주는 것이다(고전 15:1-4). 그러므로 전도는 음성이나 문자로 소통된 메시지라고 할 수 있다(눅 1:1-4; 7:22; 롬 10:14-17).¹⁴

3. 건강한 교회의 성장은 하나님의 뜻: 맥가브란과 글라서

"맥가브란은 교회성장학의 아버지"라고 불린다.¹⁵ 맥가브란은 1897년 12월 15일 인도의 다모(Damoh)에서 출생하였고, 3대째 선교사였다. 이러한 선교사의 가정 배경으로 인해 "그의 교회성장 패러다임은 선교지인 인도의 문화적 환경으로부터 결정적인 영향을 받았다."¹⁶

맥가브란은 예일대학교에서 재학 중 존 모트(John Mott) 선교사와 '학생선교운동'(Student Volunteer Movement)의 영향을 받았다. 그 후, 콜롬비아 대학에서 철학박사를 취득하고 목사 안수를 받은 후(1923), 연합선교교단(The United Christian Missionary Society)의 선교사로 파송 받았다.

---

[13] Michael Green, *Evangelism in the Early Church* (Grand Rapids, MI: Eerdmans, 1970), 1-38.

[14] C:\Users\aa\Desktop\What is Evangelism CARM_org.htm. (Accessed on May 10, 2018).

[15] 임윤택, "우리가 물려받아야 할 선교의 Legacy," 설악포럼 발제 논문, 2005.10.1.

[16] " The Indian cultural setting was normative in the formulation of the missiological concepts and the intellectual development of Donald McGavran," Middleton, Vernon James, "The Development of a Missiologist: The Life and Thought of Donald Anderson McGavran, 1897 to 1965" Ph.D. Dissertation, School of World Mission , Fuller Theological Seminary, Pasadena,CA, 1990 에서 재인용.

그는 선교회의 중책(총무와 재무)을 맡고, 1930년대의 인도 선교지 상황을 분석하여 "선교의 열매인 회심자는 적고 현지 교회는 성장하지 않는 현실을 아파했다. 이런 아픔을 안고 선교 총무직을 떠나 17년 동안 교회 개척 사역과 교회성장 연구를 하였다."[17]

맥가브란은 인도 145개 선교 사역을 연구, 유사한 상황에서 성장의 유무의 차이가 있는 교회를 발견하고 그 요인들을 분석한 결과를 『하나님의 선교 전략』(The Bridges of God, 1955)으로 출판하여 충격을 주었다.

그는 마태복음 28장을 중심으로 '교회성장' 패러다임을 발전시켰고, 영혼 구원을 선교의 우선 순위로 삼았으며, 잃어버린 자들의 중생(conversion)을 강조하였다. 그리고 책임 있는 교인(responsible member)이 되게 하는 교회 중심적인 선교 전략을 강조하였다.

맥가브란의 멘토는 로랜드 앨런(Roland Allen)과 J. 와스코 피켓(J. Waskom Pickett)이었다. 앨런은 중국에서 1895-1903년 동안 사역한 영국의 선교사였다. 그는 반드시 신약성경의 원리에 기초한 선교 방법을 주장했다. 그의 책 『바울의 선교 방법론』은 선교 전략서로서 맥가브란에게 큰 영향을 끼쳤다.

그는 선교사들이 현지 교회를, "너무 간섭하거나 식민화해서는 안 된다고 경고"했다. 그는 "현지 교회가 성령님의 지도하심 가운데 홀로 설 수 있다"[18]라고 믿었다. 모두 바울의 선교 방법을 따라야 한다고 했다.

---

[17] 임윤택, "우리가 물려받아야 할 선교의 Legacy," 2.
[18] 임윤택, "우리가 물려받아야 할 선교의 Legacy," 2.

그는 가부장적 태도를 배격하고 토착교회 설립을[19] 위해 노력해야 한다고 주장했다. 주장하는 바와 같이 교회성장 이론은 도날드 맥가브란(Donald A. McGavran)에 의하여 처음으로 시도되었다. 그는 인도에서 선교사로서 봉사하면서 중요한 것을 발견하였다.

즉, 인도의 카스트 제도 하에서 복음을 전하는 경험과 다른 부족 사회들, 예컨대 자기 자신의 사회 주변에 장벽을 세우며, 결과적으로 "사람들은 인종적, 언어적, 또는 신분적 장애를 넘지 않고 기독교인이 되고 싶어 한다"라는 점을 주목하였다.[20]

즉, 맥가브란은 '동질 집단'(Homogeneous Unit Principles)[21]이 매우 탄력이 있는 용어이며, 인종적 용어들처럼 배타적으로 이해해서는 안 된다는 것"이다.

그는 '우리'와 '그들' 사이를 구분하는 인종 집단들 사이의 구분 요소가 되는 '언어적, 인종적, 경제적, 교육적, 그리고 생활 방식의 요소들을 고려하여 복음을 전할 때' 좋은 효과가 있다고 주장한다. 교회가 세계의 복음화를 직면하면서 아마도 주요 문제는 사람들이 자신들의 친족을 배반하여 떠나지

---

[19] 맥가브란(D. McGavran, 1897-1990)이 인도에서 30년간 선교사로 있을 때 효율적인 선교 방법으로 토착화를 사용한 실례가 있다. 즉, 그는 "가부장적 태도를 배격하고 토착교회 설립을 위해 노력을 기울여야 한다"라고 주장했다. 토착화는 18-19세기에 유럽에서 식민지 결과 때문에 아프리카에서 식민지문화를 채택한 것을 묘사하는 데도 사용하기도 했다. 그러므로 그 지방 특유의 고유한 특성 때문에 토착화는 여러 가지 다른 이름으로 표현하는데 예컨대 아프리카화(Africanization), 지방화(Localization), 그리고 지역 여건에 맞춘 범세계화(Glocalization)등으로 사용되는 것과 같다.

[20] McGarvran, *Understanding Church Growth*, 163.

[21] 이 개념은 동질 집단에 속한 사람들은 자신들이 인종적, 언어적, 계급적 장벽을 헐지 않고 기독교인이 되기를 원하므로 동질 집단과 관계를 끊지 않고 그리스도에게 오는 방법이 모색될 때 효과적 선교가 이루어진다는 것이다. 안승오, 『세계선교역사 100장면』 (서울: 평단문화사, 2010), 341-345.

않고 예수님을 진정으로 따를 수 있도록 그리스도를 전파하는 것이다.[22]

그리고 맥가브란은 '저항 수용성의 원리'(Registance-Receptivity Principle)의 중요성을 강조하는데 이것은 모든 국가나 지역은 복음에 대한 상이한 수용도를 하고 있으므로 수용성이 높은 지역에 '먼저, 일꾼들을 보내는 것이 효율적'이라고 주장한다.[23]

에디 깁스(Eddie Gibbs)는 복음과 문화의 관계를 강조하면서 교회성장에 있어서의 문화의 중요성을 논의하고 있다.[24]

복음은 문화를 구속한다. 복음은 문화적 획일성을 강제하지 않는다. 즉, 성경적인 전망에서 볼 때, 문화적 다양성은 단순히 사회적, 역사적, 그리고 환경적 요소들의 상호 작용 결과가 아니다. 그것은 하나님의 창조성의 증거다.

따라서, 복음은 화해를 가져온다. 적대적인 태도, 적대감, 적의, 그리고 우월감을 지적한다. 복음은 상호 지원, 감사, 그리고 풍요하게 함을 격려한다. 따라서, 동질 집단 개념은 지나치게 강조하지 아니함이 좋다.[25]

피켓은 맥가브란을 제자로 삼아 교회성장 운동을 실천하게 하였다. 피켓은 맥가브란이 선교하던 중부 지역의 134개 선교 사역이 10년 동안 12%의 성장에 그친 것을 과학적 방법을 통해 보여 주었다. 그의 연구는 1933년 인도에서의 『기독교 집단 운동』(Christian Mass Movements in India)으로 출간되었다. 맥가브란은 피켓을 통해 집단 운동의 개념을 정리하고, 개

---

[22] McGarvran, *Understanding Church Growth*, 155.
[23] 안승오, 『세계선교역사 100장면』, 342.
[24] Eddie Gibbs, *I believe in Church Growth* (Fuller Theological Seminary, 2000), 84-129.
[25] Eddie Gibbs, *I believe in Church Growth,* 119-126.

인 전도가 아닌 집단 개종을 통해 집단이 그리스도인이 되어가는 과정을 배우면서 피켓을 멘토로 삼았다.

두 사람은 1936년, 『교회성장과 집단 개종』(Church Growth and Group Conversion)이란 연구서를 함께 출판했다. 맥가브란은 임종의 순간까지도 예수님의 지상 명령을 가슴에 품고 살았으며 병중에서도 의식이 돌아오면 외쳤다.

"가서 모든 족속으로 제자를 삼아라!"(마 28:19)

그러므로 마태복음 28장은 맥가브란 선교신학의 중심이었다고 할 수 있다. 맥가브란의 교회성장 패러다임은 선교신학 발전에 지대한 영향을 미쳤다. 그가 시도한 신학적, 사회학적, 그리고 인류학적 패러다임의 선교학적 통합(Missiological Integration)은 선교학과 방법론의 새 지평을 열었다.

이런 영향이 확대되어, 맥가브란 이후의 선교학은 맥가브란의 방법론에서 출발하여 다양한 학문 분야를 포함하는 학제적 방법을 발전시키는 기초가 되었다. 이것이 현대 선교학의 3요소인, 성경 말씀(Word), 세상(World), 그리고 교회(Church)로 발전되었다.

다음은 아더 글라서(Arthur Glasser)에 대하여 잠깐 논의하자.

글라서는 뉴저지(New Jersey)의 기독교 가정에서 출생, 1936년에 코넬대학교에서 공학을 전공하였으나 하나님의 선교사로서의 부름을 체험하고 1942년 페이스신학교(Faith Theological Seminary)를 졸업하게 된다. 2년 후에 그는 해군 군목으로 봉사하고, 그 후 중국의 내륙에 선교사로 봉사하였다.

1949년까지 봉사 후, 콜롬비아성서대학(Columbia Bible College in Columbia)에서도 가르쳤다. 그 후, 1970년에는 풀러신학교에서 제2대 세계 선교대학원장으로 1980년까지 봉사하였다.

글라서는 미국선교학회장(President of the American Society of Missiology)으로서도 봉사하였다. 한마디로 그는 선교사로서 신학자, 교육자, 저술가, 편집자, 설교자로서 60년 이상을 봉사하였다.[26]

임윤택 교수는 글라서를 이렇게 소개한다.

글라서(Arthur Glasser)는 성경 신학적 관점에서 개발된 "하나님 나라"의 개념을 선교학에 적용하였다. 참혹한 전쟁터에서 목회자로서 많은 해병 대원을 주께로 인도하였다. 제2차 세계대전 후, 그는 '중국내지선교'(China Inland Mission) 선교사로 상하이(上海)에서 선교 사역을 시작하였다. 그의 중국에서의 선교 경험은 그의 신학의 지평을 넓혀 주었다.

중국이 공산화되고 1951년 모든 선교사들에게 추방 명령이 내려졌을 때 미국으로 돌아온 글라서는 콜롬비아신학대학(Columbia Bible College)에서 구약학 교수를 하였다.

그 후, 북미 과장(National Director)으로 15년 동안 사역하였고 웨스트민스터신학교(Westminster Theological Seminary)에서 선교학을 가르쳤다. 1970년에 풀러선교대학원(School of Intercultural Studies) 선교신학 교수가 되었다. 맥가브란에 이어 2대 선교대학원장이 되었고 세계 선교학 발전에 크게 기여했다.[27]

---

[26] https://wvnds.wordpress.com/2008/03/10/announcing-the-kingdom-arthur-glasser/ Announcing the Kingdom – Arthur Glasser(Accessed on March 31, 2018).

[27] 임윤택, "우리가 물려받아야 할 선교의 Legacy," 2-3.

글라서는 '하나님 나라'는 그리스도인의 삶, 교회, 선교와 개종에 대한 공통적인 신학적 틀을 제공해 주었다. 글라서의 '하나님 나라' 신학에 의하면 "구약성경 전체는 하나님의 계획과 인간 역사 가운데 행하신 하나님의 선교를 기록한 것이며, 성경은 선교적인 책(Missionary Book)이다."

"선교적인 성경에 계시된 하나님은 선교하는 하나님"(Missionary God)이시다. 하나님께서는 "특별한 백성을 불러 모든 민족을 향한 하나님의 선교에 참여" 하게 하신다(창 12:1-2; 벧전 2:9-10).[28]

글라서는 성경에 나타난 하나님의 나라 선교를 다음 여섯 가지 주제로 정리한다.

① 하나님은 그의 왕권에 주권적이시다.
② 하나님의 주권적 통치는 개인적 헌신을 요구한다.
③ 하나님의 다스림을 받는 자들은 "종"의 공동체를 형성해야 한다.
④ 왕의 구약 공동체는 신약에서 그리스도의 몸이 된다.
⑤ 하나님의 백성들은 선교에 부르심을 받았다.
⑥ 하나님의 주권적 통치는, 그의 백성, 그를 알지 못하는 나라들, 보이지 않는 "영적 권세들"로 부터 혹독한 저항과 반대를 받게 될 것이다.[29]

---

[28] Peter Im, *Syllabus*, 112-115.
[29] Peter Im, *Syllabus*, 113.

4. 한국에서의 교회성장 과정

한국의 개신교 전래는 1885년 4월 5일 부활절에 언더우드와 아펜젤러의 두 선교사가 인천항에 상륙한 것을 기점으로 한다면 2018년 현재로 133년이 되는 셈이다. 그동안 세계 기독교 역사상 유례를 찾아볼 수 없을 정도로 한국 기독교와 교회는 양적으로나 질적으로 급성장하여 온 것이 사실이다.

예를 들면, 정부의 공식적인 통계에 의하면 신도는 약 1천만 명에 이르고, 교회 수 약 7만 개, 그리고 세계 10대 교회에 우리나라의 교회가 7개를 차지하고 있고 세계 제일의 초대형 교회가 한국에 있다.[30]

한국교회는 초창기 순교자의 피를 흘린 대가와 온 교회의 눈물과 땀 흘린 결과로 세계의 유례를 찾아볼 수 없을 정도로 성장하였으며 이것은 분명히 하나님의 놀라운 복과 은총이라 아니할 수 없다.

그러나 한편, 우리를 슬프게 하는 것은 세계에서 가장 부패한 나라 중 하나가 또한 우리나라이다. 예컨대 '국제투명성위원회'(TI)에서 발표한 바에 의하면 2016년 우리나라의 도덕성 지표는 세계 178개국 중에서 52위로서 그 수준은 CPI(Corruption Perception Index, 부패 인지 지수)가 56/100에 불과하다.[31]

한국교회는 개신교 전래(1885) 후, 불과 약 100여 년 만에 세계에서 유례를 보기 힘들 정도의 기적 같은 교회성장을 이루어 전 세계 기독교인들

---

[30] John Voughan, "Korea's Mega churches 1945-1994" in: *Global Church Growth Corunn*a (Indiana: Church Growth Center, 1994), 16.

[31] www.TI.com.

의 부러움을 차지하였지만, 교회성장의 모범국이 부패 공화국(ROTC)[32]이 되었으니 무엇인가 잘못된 것이 있다고 말할 수 있다.

그뿐만 아니라 불행하게도 그동안 경제 성장의 모범국이라고 자랑하였던 우리나라는 부패, 사치, 낭비, 탐욕, 이기심, 그리고 갈등으로 인하여 특히, 1997년 12월에는 '국가지불유예'(moratorium)를 선언하기 일보 전 IMF와 세계 주요 금융 기관, 그리고 세계 주요 국가에서 550억 달러 이상의 긴급 자금을 빌려서 겨우 국가 부도 위기를 모면한 외환과 경제 위기 국가로 전락한 경험도 하였다.

예수님께서는 우리 크리스천들을 향하여 말씀하셨다.

> 너희는 세상의 소금이니 소금이 만일 그 맛을 잃으면 무엇으로 짜게 하리요 후에는 아무 쓸데 없어 다만 밖에 버리워 사람에게 밟힐 뿐이니라 너희는 세상의 빛이라 산 위에 있는 동네가 숨기우지 못할 것이요 사람이 등불을 켜서 말 아래 두지 아니하고 등경 위에 두나니 이러므로 집안 모든 사람에게 비취느니라. 이같이 너희 빛을 사람 앞에 비취게 하여 저희로 너희 착한 행실을 보고 하늘에 계신 너희 아버지께 영광을 돌리게 하라(마 5:13-16).

그동안 약 1천만 명의 기독교인이 사회의 부패방지 방부제로서의 그 기능을 하지 않았기 때문에 이와 같은 결과가 나오지 않았는가?

그리고 한국교회는 어두운 사회에서 소금과 빛의 사명을 다하였는가?

---

[32] 김영종, 『신부패학』(서울: 대경출판사, 2017), 333.

우리는 모두 깊은 반성과 회개해야 할 것이다. 그런데도 진정한 교회성장은 온통 부정과 불의와 부패가 만연된 이 땅에 어둠을 밝히는 등불이요 미래 국가 발전의 꿈이며 우리 주 예수 그리스도의 지상 명령이다.

따라서, 이 연구는 단순한 외형적인 성장이 아니라 내면적인 질적 성장을 포함한 참된 교회성장이 국가 사회의 발전에 크게 기여하리라는 전제하에 있다.

5. 건강한 교회성장학의 학문적 위치

교회성장학(Church Growth Science, 혹은 Science of Church Growth)은 어떤 의미인가?

교회성장 운동(Church Growth Movement)인가?

혹은 교회성장 연구(Church Growth Studies)인가?

교회성장 이론(Church Growth Theory)인가?

첫째, 교회성장학은 선교신학(Missiology) 이면서 사회과학(Social Science) 의미가 있는 학제간 종합 학문(Interdisciplinary Sciences)적 성격을 가진다. 즉, 이 학문은 교회의 본질에 대한 성경에 따른 접근과 선교신학적인 접근을 통하여 교회의 존재 이유와 목적을 분석하고 체계화하는 신학적 학문의 성격을 지닌다.

한편, 교회성장학은 인간의 조직이 모여서 이룬 집단이므로 성장을 이루기 위하여서는 조직 발전(Organization Development)의 이론적인 적용이 필요하고 분석과 체계화, 그리고 종합화가 필요한 학문이므로 사회과학적인 성격도 있다. 그러므로 신학과 사회과학의 학제간 연구(Interdiciplinary Study)가 필요한 학문이라 할 수 있다.

둘째, 교회성장학은 '성장 운동'(Movement)으로서의 성격을 가진다.
즉 일종의 캠페인이나 전도 운동적인 차원에서 접근하는 경우이다. 맥가브란은 인도에서의 선교사 시절에 교회성장을 일종의 전도나 선교운동으로서 자기 동일 종족에게 복음을 더 쉽게 빠르게 많게 전도하는 방법을 강조하였다. 동질성을 가진 종족이 전도가 효과적으로 이루어짐을 발견하였다. 그런 의미에서 '교회성장'은 바로 '운동'(Movement)이라 부를 수 있다.

셋째, 교회성장 이론(Church Growth Theory)은 교회성장의 의미와 근거, 원인, 그리고 방법 등을 분석하고 체계화하고 종합하는 학문이다.
그것은 실제적인 사례나 경험적인 연구가 아닌 주로 이론적인 연구가 될 것이다. 한마디로, 교회성장을 새로운 신학적인 반열에 올리고자 하는 선교신학적 입장에서의 탐색적 노력이라고 할 수 있다. 그러나 단순한 신학적 입장에서만이 아니고, 신학(특히, 선교신학) + 행정학 + 사회학 + 문화인류학 등의 총체적인 학문이다.

6. 교회성장과 한국교회

한국교회가 세계 속에서 급성장한 사실이 세계 교회의 경이의 대상이 된 것은 1960-1970년대에 이르는 기간에 일어난 성령 운동의 폭발적인 모임과 '대부흥운동'에 기인한다고 할 것이다. 그러면서도 한 가지 독특하게 나타난 것은 그것이 성경에 입각한 초대교회 운동을 모방하며, 그런 식으로 성장해 간 과정이다.

이러한 한국교회 성장의 소식을 들은 서구교회나 구미교회들이 경이의 눈초리와 지대한 관심으로 관찰하면서 어떤 이는 친히 찾아와서 현장을 보며, 어떤 이는 이를 분석해 보기도 한 것이다. 이에 자극되어 교회성장에 대해서 먼저 연구를 시도한 사람들이 많았는데 그중에 대표자가 맥가브란 교수이다.

여하튼, 오늘의 한국교회는 기독교의 본산이라 할 수 있는 유럽 어느 나라보다도 실제적인 면에서 교인 수나 교회 수에 있어서, 또는 목회자 수에 있어서 우세하다. 그러므로 오늘의 기독교를 논할 때 한국교회를 외면 할 수가 없고 어떠한 계획이나 운동에는 반드시 한국교회와 연결한다.

이러한 경향은 한국교회의 성장에 대해서 국제 사회와 세계 교회가 인정할 뿐 아니라 한국교회의 참여 없이는 기독교의 어떤 일도 의미가 없다는 인식에서 나온 것이다. 그러면 여기에서 교회의 성장이란 무엇인지에 관한 문제를 다루어 보고자 한다.

나무는 자라야 살아 있는 의미가 있으며, 또 그 심은 주인에게 보답하는 것이다. 또한, 강물은 흘러야 언제나 새롭고 깨끗하며, 생명력이 있어 보인다. 이와 마찬가지로 살아 있다고 하는 모든 것에는 그 삶의 모습인 어떤 활동을 해야 한다. 이처럼, 교회도, 교회로서 많은 교인이 모여 생명의 말씀과 하나님의 뜻을 헤아리며, 신앙이라는 공동체 속에서 모여진 교회는 자라가야 한다.

교회성장은 하나님께서 부르신 하나님의 신실한 백성들의 사명이다. 하나님의 복음은 우리가 그리스도의 사랑과 만나게 한다. 그것은 그의 생명을 대속 제물로 주신 사랑이다. 교회성장은 우리 주님의 십자가와 부활, 그리고 모든 족속을 제자로 삼아 진리를 전파하는 데 연결된다.

예수 그리스도께서는 우리가 잃어버린 자들을 찾기를 기대한다. 마태복음 9:36과 10:15을 보면 이것을 발견할 수 있다.[33] 이 말씀에서 그는 자기 제자들에게 "추수할 일꾼을 보내어 주소서"라고 기도하기를 가르쳤을 뿐만 아니라 그가 스스로 "천국 복음을 전파"하는 데 그들을 보냈다.

교회는 건강해야 하고 성장해야 한다. 주님께서도 잔칫집에 사람을 청했으나 오지 아니함으로 강권하여 이 집을 채우라고 하셨다.

> 네 거리 길에 가서 사람을 만나는 대로 혼인 잔치에 청하여 오라(마 22:9).

그러므로 교회의 성장이란 수적으로, 질적으로, 영적으로, 그리고 구조적으로 풍부해지는 것을 의미한다고 말할 수 있다.

---

[33] 마 9:36: 무리를 보시고 불쌍히 여기시니 이는 그들이 목자 없는 양과 같이 고생하며 기진함이라; 마 10:15: 내가 진실로 너희에게 이르노니 심판 날에 소돔과 고모라 땅이 그 성보다 견디기 쉬우리라.

7. 결론

지금까지 우리는 한국교회의 성장에 대하여 그 역사적인 전개 과정을 간략하게 살펴보았다. 그동안 우리나라는 1960년대는 41.2%의 성장이 있었고 1970년대는 12.5%, 1980년대는 4.4%, 그리고 90년대는 불과 3%의 교회성장이 있었으나 1992년경에는 0.6%에 그쳤다.

그리고 2000년대에 와서는 마이너스 성장에 들어갔다.[34] 흔히들 말하기를 한국교회 성장은 한강의 기적처럼 해방 전까지 불과 50만 명에 불과한 성장이었으나 지금은 불교를 앞지르고 약 천만 명에 이르는 기독교 국가가 되었고, 약 7만 개에 이르는 개신교회가 설립되었다.

그러나 이미 보도된 바와 같이 최근 수년 안에 개신교는 침체를 넘어 오히려 감소되고 있다는 것이 통계적으로 판명되었다. 특히, 내일의 꿈나무인 청년들의 교회 출석은 급속도로 감소하고 있다고 알려져 있다. 이제 기독교 지도자들은 모두가 깨어서 기도할 때인 것 같다.

교회 침체는 하나님의 축복을 감사하지 아니한 우리의 교만한 결과가 아닐까?

다시 교회는 거룩해져야 하고 세상으로 들어가서 하나님의 복음 전파 사명을 다해야 할 책무를 준다고 할 수 있다.

---

[34] http://cafe.daum.net/npca/BeqB/184?q=%B8%AE%C2%F7%B5%E5%B8%B6%C0%CC%BE%EE%BD%BA%BD%C7%C7%E8 (Accessed on Feb. 10, 2018).

제4장

건강한 교회성장의 장애 요인 분석
(Analysis of the Obstacles to Healthy Church Growth)

1. 현대 사회의 구조적 특징

우리는 과거에 상상하지 못할 새로운 변화의 시대와 사회에 살고 있다. 18세기 영국에서 일어난 증기 기관의 발명에 의한 산업혁명 이후 전기 기술로 촉발된 제2차 산업혁명이 있었는가 하면, 반도체와 컴퓨터로 인한 제3차 산업혁명이 일어났다.

그러나 이제는 인터넷과 고성능 센서, 그리고 인공지능이 함께 복합적으로 어울린 제4차 산업혁명이 진행 중이다.[1]

---

[1] 제4차 산업혁명은 세계경제포럼(WEF) 창설자인 클라우스 슈바프가 주장하는 용어이다. 「동아일보」. Klaus Schwab, "The Fourth Industrial Revolution," *Klaus* (London: Penguin Random House, 2017), 1-184.

이 시대에서 사회 구조의 특징은 무엇인가?

제4차 산업혁명을 처음으로 주장한 슈와브(Schwab Klaus, 2017)는 2025년까지 일어날 가능성이 있는 미래 사회의 구조에서 10%의 사람들이 인터넷과 관련된 옷을 입게 되리라는 것에 91.2%의 찬성률을 보였고, 1조 개의 센서(sensor)가 인터넷에 관련되리라는 것은 89.2%의 동의를 얻었다.

미국에서는 첫 로봇 약사가 등장한다는 것에 86.5%가 찬성하였으며, 90%의 인구가 정기적으로 인터넷에 접속하게 된다는 것은 78.8%가 동의하였다. 그리고 90%의 인구가 스마트폰(smart phone)을 사용하리라는 것에는 80.7%가 찬성하였다.[2] 이처럼 제4차 산업 사회 구조는 우리의 삶에 엄청난 변화가 예상된다.

재론의 여지 없이 제4차 산업혁명 시대에는 엄청난 변화의 속도가 빠르고 그 범위도 넓으며, 그리고 파급력은 지대하다. 이 제4차 산업혁명은 산업과 경제, 고용, 사회, 정부, 생산, 서비스, 소비 등에 미치는 영향이 매우 크다. 그러나 기술 변화에 따른 삶의 질(quality of life)은 결코 비관적인 것만은 아니다.

이러한 사회 변화가 21세기에 대한 막연한 환상이 깨져버렸다. 이제 오히려 대부분 한국인에게 21세기란 한국사회가 일찍이 경험하지 못하였던 가치관의 혼란과 그로 인한 사회, 정치, 경제, 문화적 아노미(anomie) 현상을 예감케 하는 위협적인 단어가 되어가고 있다.

---

[2] Klaus Schwab, *Klaus*, 26.

2. 장애 요인 극복과 건전한 교회성장의 방향

교회성장은 교회의 간절한 소망이고 우리 주 예수의 명령이고 하나님의 뜻이며 성령님의 간구이다. 우리는 어떤 교회는 날로 부흥하는 교회가 있으나 어떤 교회는 20, 30년이 되어도 여전히 냉랭하고 전혀 변화가 없는 교회를 본다. 여기에는 분명히 원인과 처방이 필요하다.

그러면 그 원인과 전략은 어떤 것이 있을까?

1) 교회성장은 동태적(dynamic)이며 심층적이고 통합적인 성장 전략이 필요하다

말하자면 교회 조직 전체에 있어서 내적, 구조적인 변화가 일어나야 하고 외형적인 변화가 일어나야 한다. 그리고 교회 지도자의 눈물 어린 기도가 있어야 하고 전 교인의 뜨거운 봉사와 헌신이 있어야 한다. 교회는 동태적이며 움직이는 교회가 되어야 한다.

즉, 사랑이 있고 은혜가 충만하고 친교가 있고 안식과 평안이 있어야 한다. 그리고 교회성장을 위한 복음 전파와 성령의 강한 역사와 폭발력이 다이너마이트처럼 역사해야 한다.

교회는 전 교인이 신앙의 공동체로서 협력할 때 놀라운 역사가 일어난다. 교회는 갈등이 없어야 한다. 교회는 사랑이 넘쳐야 성장한다.

2) 교회가 성장하려면 철저하게 복음 중심적인 교회가 되어야 한다

복음적인 교회란 하나님의 말씀 중심적인 교회가 되어야 한다는 것을 말한다. 교회는 사교 단체도 아니고, 오락 단체도 아니며, 친목 단체나 유흥 단체도 아니다. 그렇다고 정치 단체나 사회 사업 기관도 아니다.

한마디로 교회는 하나님의 말씀에 의하여 중생한 백성[3]들이 모여서 예배와 선교, 구제, 그리고 교육과 훈련을 하는 주님의 백성들이 구별되어 모인 신앙 집단이며 사랑의 공동체라고 할 수 있다.

따라서, 교회성장 전략은 단순히 세상적인 흥미 위주로 하여서는 안 된다. 세상적인 인기 위주로 하면 일시적으로 사람들을 끌어모을 수 있는지는 몰라도 결코 성공할 수 없다. 왜냐하면, 그것은 하나님의 방법이 아니기 때문이다.

교회가 복음 중심적이 되면 구체적으로 다음과 같은 변화가 일어난다.

① 대중 앞에서 대중적인 복음의 증거가 이루어지게 된다.
② 성경 공부반 등의 소집단이 성경 공부를 하게 된다.
③ 가정 단위와 구역을 통한 성경과 말씀 중심이 된다.
④ 개인적인 복음의 전파가 이루어지게 된다.
⑤ 교회의 모든 발전 중심이 복음에 기초한 성장 전략을 모색하게 된다.

---

[3] 여기서 말한 중생(regeneration)한 자들은 거듭난 자들, 구원받은 자들의 성도들을 말한다(요 1:12; 요 3:3, 5; 엡 2:8).

3) 교회성장은 하나님과 영적, 수직적인 관계이다

더 나아가서는 수평적인 차원에서 모든 교역자와 교역자 간 그리고 교역자와 교인, 교인과 교인의 인간적인 관계는 물론이고, 심지어 지역 주민과 좋은 관계와 이미지를 전할 때 가능하다.[4]

예컨대, 초대교회(행 2:47; 5:13)에서는 좋은 인간 관계를 가졌던 것은 주지의 사실이다. 십계명은 제1-4계명에서는 하나님과 인간과의 관계를 제5-10 계명에 이웃과의 관계나 수평적인 관계를 말한다. 교인들 간에 불화하거나 갈등이 있으면 그 교회는 성장할 수 없다.

한국교회는 불행하게도 하나님과 수직적인 관계는 강조하였으나 이웃과의 관계는 소홀하게 취급하여 불행한 일을 우리는 기억한다. 교회성장은 하나님 중심으로 이루어져야 하나 구체적으로는 사람을 통하여 역사하는 것이다.

교회의 성장은 영혼의 깊은 곳에서 하나님께 영광 돌리고자 하는 깊은 감격과 감사가 선행되고, 동시에 우리의 이웃에게 '저 청년은 틀림없는 모범적인 크리스천'이라고 칭찬받을 정도의 수평적인 관계일 때 이루어질 수 있다.

---

[4] 최근에 마을 교회의 운동이 일어나고 있는데 이것은 교회가 그 지역에 속한 마을과 좋은 관계성을 가지고 봉사함이 강조되는 성장 전략이다.

4) 교회성장은 지도자의 확고한 신념과 성장 의지가 필요하고 지도자의 리더십이 요체이다

교회의 성장을 위한 목회자의 헌신과 집념이 선결되며 기도와 헌신, 그리고 뜨거운 열심히 있어야 한다. 강문석 목사는 다음과 같이 교회성장에 대한 10가지 요인을 지적하고 있다.[5]

① 목회자의 지도력

② 성경적인 설교

③ 성경의 은사 활동

④ 훈련된 평신도의 역할

⑤ 효과적인 프로그램의 개발

⑥ 전도의 활성화

⑦ 구역 운영의 조직화

⑧ 교육 계획의 활성화

⑨ 설교를 통한 참여 의식

⑩ 편리한 시설 확충

---

5 강문석, 『교회성장론서술』 (서울: 칼빈서적, 1992), 264-270

3. 교회성장 사례 검토

교회성장을 위한 성공적인 교회 행정의 사례는 어떤 것일까?

가장 주목받고 있는 교회성장의 모범 사례 교회는 어떤 경우인가?

교회성장은 복음 전파를 우선으로 할 때 상승하나 단순히 사회적 봉사만을 우선으로 할 때는 하락한다는 것이다.

예를 들면, 미국의 경우 1967-1977년의 경우 복음 전파를 교회의 우선으로 하였을 경우 교회성장은 선교회 126%, 하나님의 교회 67%, 나사렛 교회 18% 등으로 증가하였으나 사회 봉사를 우선으로 한 경우는 미국 장로교회 -10%, 연합감리교회 -20%, 연합장로교회 -30%, 그리스도교회 -50% 등으로 하락하고 있다.

이러한 것은 교회가 사회 봉사에 관심을 가졌기 때문에 양떼를 잃어버린 것이 아니라 교회의 머리가 되시는 예수 그리스도에 대한 헌신보다도 앞서서 사회에 그 초점을 맞추는 데서 오는 순서, 즉 질서가 무너짐에 따라서, 오는 순서가 무너짐에 따라 그 방향과 표적이 빗나가는 데서 오는 결과가 바로 이러한 통계를 의미한다고 한다.

1) 올란도 코스타스(Orlando Costas)의 교회의 통합적 성장을 위한 규모를 살펴보자

① 뿌리는 예수 그리스도 안에서 하나님의 사랑에 (the Love of God in Jesus Christ) 뿌리를 두고 성령 안에서 영적인 토양을 가져야 한다.

② 나무의 줄기는 교회 조직의 발전(organizational Development)을 말하며, 예컨대 목회적 돌봄, 기본적인 그룹, 봉사 정신(stewardship), 구조적 조직(structural organizations), 행정 조직(administrative structures) 등이 잘 운영되는 것이다.

③ 나무의 진액(Sap)은 개념적 팽창(conceptual Expansion)을 말한다.

④ 그늘(shade)은 모든 종류의 봉사적인 목회에서 성육신 성장(incarnational growth)을 말한다.

⑤ 토양(soil)은 상황(context)을 말한다.

⑥ 가지들(branches)은 구성 멤버들 간의 관계성을 의미하는 유기적인 확장성장(organic expansion)을 말한다.

⑦ 나뭇잎들(Leaves)은 예배 의식의 발전(liturgical Development)을 말하는데, 예를 들면 예배, 말씀 선포, 설교, 성례전 등을 말한다.

⑧ 성령의 열매(the Fruit of Spirit)는 나무가 건강하여 새로운 나무와 새로운 성장을 위하여 새 나무가 시작하는 경우를 말한다.

⑨ 팽창 성장(expansion growth)을 하는 성숙한 교회(mature churches)는 새 교회들을 개척하게 되면서 성장한다.[6]

---

[6] 최동규, 『올란도 코스타스의 통전적 교회성장론 연구』, 선교신학, Vol.23, 2011, 236-260. Olando Costas, *The Integrity of Mission* (New York: Harper & Row, 1979), 38-60 재인용. Olando Costas 는 교회성장을 넓이의 성장(growing in breadth), 깊이의 성장(growing in depth), 높이의 성장(growing in height)으로 구별하며 여기에서 나무의 사례를 통한 유기적 성장은 깊이의 성장에 포함된다.
Peter Im, *Syllabus*, 79-80. 정승현, "성문 밖에서 고난받으신 예수 그리스도," 한국기독교 신학 논총, 92집, 2014, 237-259. 코스타스(Costas)는 교회가 종합적인 성장이 이상적이라고 주장하며 교회는 "수적으로 넓게(breadth), 경험적으로 깊게(depth), 그리고 가시적으로는 고귀하게(height) 포괄적으로 성장하는 것" 이 이상적이라고 주장한다

결론적으로 예수 그리스도는 교회의 머리(head)이며 참 포도나무(true vine)이다(요 15:1). 교회성장은 예수 그리스도 안에서 영적으로 건강할 때 성장한다. 영적으로만 건강할 뿐 아니라 사회적으로도 건강할 때 교회는 성장 하게 된다.

2) 코스타스(Costas)의 다섯 부문의 교회의 유기적인 통합 성장은 다음과 같다

첫째, 뿌리(root) 성장은 영적 성장(spiritual growth)이다.

둘째, 줄기(trunk) 성장으로서 교회 구조적인 조직 발전(organization development)의 성장이다.

셋째, 가지(branch) 성장으로서 교회 구성원 간의 관계성 성장(relationships between and among members)이다.

넷째, 나뭇잎(leaves) 성장, 즉 예배 성장(liturgical development)과 말씀 선포, 예배 의식 등의 성장이다.

다섯째, 나무의 열매(fruits)로 새로운 출발(new start)과 성장을 말하며 개척을 통하여 교회가 성장한다.[7]

---

[7] 최동규,『올란도 코스타스의 통전적 교회성장론 연구』, 236-260.

그림 4-1 통합적 유기적인 교회성장 특징[8]

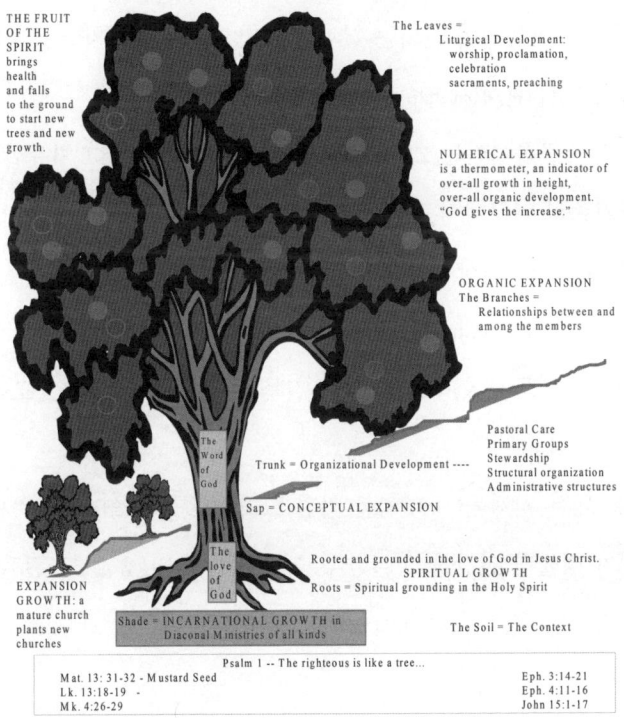

8 '통합적 성장의 특성' (올란도[Orlando]의 다섯 가지 특징)을 재인용한 것임. Peter Im, *Syllabus*, 79-80.

4. 왜 교회성장이 안 되는가?

　교회성장이 하나님의 뜻이고 건강한 교회성장을 원하지만 실제로 현실 세계에는 교회성장을 방해하는 장애 요인들이 수없이 많은 것이 사실이다. 우리는 교회성장이 안되는 결과를 보면서 궁금해하지만, 그 실은 원인과 결과의 인과 관계(causality)가 있는 것이 현실이다.

　따라서, 오른쪽이라는 그 원인을 분석하면 처방을 찾고 치유할 수 있다. 그러면 기존의 연구에서, 혹은 개별적인 사례에서 발견된 성장 장애 요인을 분석하는 것이 이장에서 연구할 임무라고 할 수 있다.

　즉 "교회 병리학"(Church Pathologies)[9] 입장에서 장애 요인을 지적하면 다음과 같은 요인들이 있다. 즉, 교회 전문의(Ecclesiologist) 진단 모델로서 장애 요인들이다.

　교회는 많은 지체들(롬 12:4)을 가진 그리스도의 몸(엡 1:22-29)으로서 어느 지체가 병들면 건강을 상실한다. 지체에는 머리(엡 4:15), 관절(엡 4:16), 손, 발, 귀, 눈이 있다(고전 12:15-17).

1) '거주민분포변화후유증'(居住民 分包變化 後有症, *Ethnikitis*)이다

　예를 들면, 어느 장소에 기존의 동질적인 인종이 사는데 다른 인종이 이사를 오고 점점 "주민들이 타 인종으로 변화되면" 거주민 간에 심각한 갈

---

[9] Peter Im, *Syllabus*, 22. C. Peter Wagner. *Your Church Can Be Healthy* (Nashiville, NT: Abingdon:, 1979), 29-121.

등이 일어난다.[10] 따라서, 거주민이 자주 이동하면 출석도 감소하게 된다.

특히, 이러한 사례는 미국과 같은 다민족이 어울려 사는 국가의 경우는 매우 흔히 일어날 수 있다. 즉, 백인과 흑인 간의 갈등이 교회성장에 장애 요인으로 등장하게 되는 경우이다.

2) '유령마을후유증' (幽靈 洞里 後有症, Ghost-Town Disease)이다

유령 마을이란 자연적 인간적 혹은 정치적, 천재, 혹은 핵 폐기물 등의 이유로 버려진(abandoned) 지역의 결과로 인한 도시나, 마을, 혹은 동네"를 말한다. 예컨대, 정상적인 사회 여건이 이루어진 과거에는 교회성장도 정상적으로 이루어졌으나 이제는 유령 마을이 되고 교회도 정상적으로 활동할 수 없는 정도 침체되는 경우이다.[11]

3) '인맹병' (人盲病, People Blindness)이다

"자민족 중심주의, 문화적 차이를 인정하지 않아 색맹처럼 주변 사람들을 보지 못하여 가장 적절한 전도 방법을 적용"하지 못하는 경우이다.[12]

---

[10] 와그너에 의하면, Baltimore에 50% 이상의 남침례교회들에 이 증세가 있다고 주장한다. C. Peter Wagner. *Your Church Can Be Healthy*, 29.
[11] https://en.wikipedia.org/wiki/Ghost_town(Accessed on Sept.22, 2015).
[12] C. Peter Wagner. *Your Church Can Be Healthy*, 76. 이경우는 문화의 차이 언어의 차이를 이해하지 못하는 장벽이 교회성장에 장애물이 되는 경우가 제일 흔하다. C. Peter Wagner. *Your Church Can Be Healthy*, 53-54.

4) '협력과다증'(協力過多症, Hyper-Cooperativism)이다

연합 사업에 너무 열중한 나머지 지역 교회 사역에 소홀 해지는 것"을 예를 들 수 있다.[13] 지나친 연합 사업이 아닌 협동적인 전도 활동 (cooperative evangelism)이 바람직하다.

5) '친교과다증'(親交過多症, Koinonitis)으로서 지나치게 친교에 몰두하면 이병에 걸리기 쉽다[14]

하나님과의 영적 친교보다는 사람과의 인간적 친교에 지나치게 집중하게 되면 이 병에 걸린다고 할 수 있다.

6) '시설협소증'(施設狹小症, Sociological Strangulation)[15]이다

교회 시설 전체의 가용량의 80%를 사용하는 것이 이상적이다. 이 경우 예배를 2-3부 예배로 늘리거나 새로운 교회 개척이 필요하다.

7) '영적발달장애'(靈的 發達障碍, Arrested Spiritual Development)이다

목회자 혼자 감당하는 사역에서 탈피하여 평신도 주도적인 사역으로,

---

[13] C. Peter Wagner. *Your Church Can Be Healthy*, 64.
[14] 친교 과다는 지나치게 교인들의 친교, 즉 수평적 인간 관계에 중점을 주며 하나님과의 영적 관계는 소홀히 하는 경우이다.
[15] 교회시설은 교회 예배나 교육의 공간의 활용 가능성을 말한다. 적절한 사용은 80% 사용의 경우이다. 이상의 경우는 시설 확충이 필요하다는 이론이다.

영적 은사개발을 하는 경우가 바람직하다.¹⁶

8) '일곱교회증후군'(啓示錄 七敎會 症候群, St. John's Syndrome, ¹⁷Nominal, Second-generation Christianity)**이다**

즉, 명목상의 그리스도인, 전통-명분 중심, 차지도 덥지도 않은 교인과 교회를 말한다(계 2장과 3장).

9) '성령결핍증'(聖靈 缺乏症, Hypopneumia)¹⁸**이다**

하나님의 능력에서 멀어진 교회를 말한다. 대부분은 형식적인 교인들로서 성령 충만함이 부족한 교회가 여기에 속한다.

또 다른 측면에서 교회의 쇠퇴와 저성장 증거들을 이렇게 지적하고 있다.¹⁹

① 교회의 세속화

② 말기적 질병

③ 친교병

---

16 Peter Im, *Syllabus*, 22.
17 김승년, 『건강한 교회』(서울: 예영커뮤니케이션, 2004), 1-317.
18 교회성장은 인간의 노력이 아니고 성령의 역사에 의하여 이루어진다. 신약성경에서 성령이 93회나 출현되는 것은 그만큼 성령의 중요성을 강조하는 것이다. 오순절 성령의 강림은 대표적인 사례이다(행 2: 1-13). 성령결핍증도 이런 관점에서 해석할 수 있다.
19 김승년, 『건강한 교회』, 19-40.

④ 부적절한 리더십

⑤ 변화에 대한 저항

⑥ 삶과 신앙의 분리

⑦ 영적 생활에 대한 오해

⑧ 헌신이 없는 지식

⑨ 순종의 삶이 없는 예배

⑩ 그리스도가 빠진 사역의 원리[20]

5. 교회성장의 저해 요인들(obstacles)

이 장에서는 일반적으로 교회성장에 저해되는 일반적인 저해 요인을 논의한다.

1) 교회가 세속주의에 몰입하면 교회성장은 멀어진다

세속주의는 성경을 떠난 비(非)영적인 문화를 말한다. 예컨대, 교회를 배경으로 하여 돈놀이를 하는 경우, 혹은 소위 계 모임을 하는 경우 등이 여기에 속한다. 현대의 후기 정보 사회에서의 죄의 구조는 하나님의 복음이 전파되는 데 큰 장애가 된다. 좀 더 구체적으로 살펴보면 죄의 구조에 관련된 연간 비용 추정치는 세계 총생산량의 32% 이상에 해당한다.

---

[20] 김승년, 『건강한 교회』, 19-40.

즉, 돈 세탁에는 1조 5천억 달러, 백인 범죄 1조 5천억 달러, 경제 범죄 9천 3백억 달러, 도박 8천 1백 5십억 달러, 조직법 7천 5백억 달러, 세금 포탈 2천 5백억 달러, 마약 거래 2천억 달러, 소매치기 1천억 달러, 컴퓨터 범죄 5백10억 달러, 음란물 2백 50억 달러, 불법 무기 시장 8억 달러, 전자전(군사) 58억 달러, 신용카드 사기 10억 달러 등으로서 지극히 열악한 조건들이다.[21] 이러한 죄의 구조는 교회성장에 유해한 조건들이 될 수 있음은 물론이다.

2) 교회가 비윤리적인 사건에 휘말렸을 때이다

교회는 거룩한 성도의 모임이다. 그래서 성도라 한다. 교회는 세상에서 윤리적으로 가장 모범이 되어야 한다. 최근에 교회의 분쟁이 세상의 법정에 서는 일이 많은데 그것은 전도의 문을 막는 일이다.

3) 교회가 인본주의와 시험에 빠졌을 때이다

교회는 신본주의를 지켜야 한다. 즉, 우리는 하나님 중심이고 그것을 가장 우선권에 두어야 한다.

---

21 브라이언트 마이어즈, 『세계선교의 상황과 도전』, 한철호 역 (서울: 미션코리아 & 월드비전 코리아, 2003), 47.

4) 교회가 부패할 때이다

교회는 윤리적인 문제 아니라 법적인 면에서 가장 투명하고 깨끗해야 한다. 따라서, 교회 부패, 종교 부패 문제는 있어서는 안 된다.[22]

5) 교회가 갈등이 있고 불화할 때이다

교회는 갈등이 없고 화목하고 항상 평화스러운 분위기가 됨이 바람직하다. 갈등은 자기 이익을 우선 할 때 일어난다. 갈등은 대화를 통하여 해결하고 예방해야 한다.

한국의 미자립 교회는 50%나 되는 것으로 추정된다. 어느 교단을 막론하고 교인 수의 증가보다 목사 수의 증가가 더 많은 게 현실이다. 이것은 분명 한국교회 전체가 직면해 있는 심각성을 의미한다.

따라서, 이제 교회성장은 개교회 차원에서뿐 아니라 한국 전체의 상황에서 고려하고 함께 자구책을 마련해야 한다.

오성택 목사는 교회성장 장애 요인을 다음과 같이 주장하고 있다.[23]

예컨대, 교회가 이상(vision)을 갖지 못할 때, 교회 지도자가 하나님의 영원불변하신 구원 사역의 뜻을 비전으로 깨닫지 못할 때, 목회자가 교회성장을 꿈으로서 받아들이고 그 꿈을 가질 때 성장한다는 것이다.

---

[22] 부패 문제에 관한 자세한 자료는 다음을 참조 할 것. 김영종, 『신부패학』 (서울: 대경판사, 2017), 1-720.

[23] 오성택, 『교회성장은 하나님의 뜻입니다: 교회성장을 위한 경영전략』 (서울: 쿰란출판사, 1997), 84-96.

이것은 매우 의미 깊은 성장 비결의 원리이다. 목회자가 교회성장의 꿈을 가지고 노력할 때 모든 성도가 같이 그 꿈을 이루기 위해서 협력하게 되고 반드시 언젠가는 그 꿈이 이루어질 것이다. 문제는 그 꿈을 가지지 못할 때 그것 자체가 바로 장애 요인이 될 것이다.

세계에서 가장 큰 교회인 여의도순복음교회를 성장시킨 조용기 목사는 "교회는 성장을 갈구하여 애통해하는 뜨거운 눈물 위에서 자라난다"라고 주장하고 있다.[24]

6) 분쟁과 파당으로 인하여 질서가 무너질 때이다[25]

갈등이 장애 요인이다. 그 외 자기만족과 교만(단 5:20; 잠 16:3)이나 교회 지도자의 능력이 부족할 때 혹은 교회를 세속화할 때 등이다. 여기에서 능력이란 여러 가지로 함의할 수 있으나 목회자가 지녀야 할 자질을 말한다.

여기에서 가장 중요한 것은 비전(vision)에 관한 주장이다. 매우 흥미 있고 근거 있는 주장이다. 인간은 꿈을 가져야 성장하고 발전하게 된다. 이 원리는 동기 이론(motivation theory)과도 일맥상통한다.

성장을 위한 해결책은 무엇인가 살펴보자.

교회성장은 대체로 한나라의 교회 이미지와 분위기가 크게 작용한다. 이 점에서 교회성장은 국가적 환경, 지역적 상황, 교단적 상황, 개교회적 상황으로 분석해야 한다.

---

[24] 조용기, 『성공적 교회성장의 열쇠』 (서울: 서울서적, 1987), 17.
[25] 오성택, 『교회성장은 하나님의 뜻입니다』, 86-87.

교단적 상황이란 교단에 따라 성장이 다르게 나타나며 교단적으로 성장 운동을 조직적으로 전개하는 교단은 그래도 나은 편이다. 따라서, 먼저, 전체적인 차원에서 한국교회는 7만여 교회 전체가 한 몸이라는 공동체적 의식을 가지고 교회 이미지 쇄신을 위해 새로 태어나는 노력이 요구된다.

한국교회는 신학적으로, 영적으로 교단과 교파를 초월해서 한 몸이라는 지체 의식을 가져야 한다. 또 경쟁 위주의 교회 개척을 지양하고 남의 터 위에 세우지 않는다는 바울의 양보 정신을 배워야 한다. 성경에 기초한 기독교의 정체성(identity)을 재정립해야 한다.

또, 교회 지도자와 기독교 사역자들의 인격의 위기를 극복해야 한다. 겸손하고 덕이 있는 인격을 겸비한 가운데 역사하는 성령은 교회성장을 가져온다. 사회가 날로 병들어가는 상황에서 교회는 비인간화와 인성 부재를 치유하여 새로운 인간을 창조하는 영적 공장으로 기능을 다 할 때 희망이 있다.[26]

다음의 사례들은 교회성장의 저해 요인들에 대한 실증적인 내용을 언론 보도를 통해서 알려진 내용이다.[27]

(1) 예장청년전국연합회에서 101회 총회에 보고한 내용이다

[한국기독공보 자료를 인용]

대한예수교장로회 총회(통합) 산하 교회 중 청년부가 조직된 교회는 '2,156곳', 청년 출석 인원은 '6만 1,183명'(재적 인원 10만 6,393명)으로 확인됐

---

[26] http://www.holy.or.kr/htdocs/todaynolumn/news_column_2001_0119_000(Accessed on Jan. 7, 2017).
[27] 오성택, 『교회성장은 하나님의 뜻입니다』, 86-87

다. 청년 세대의 교회 이탈 현상이 급속화 되고 있다는 예측 속에 청년 세대의 현주소가 실제 확인돼 충격을 주고 있다. 특히, 이 같은 수치는 매년 군 선교 현장에서 세례를 받고 배출된 20대 초반 남성 7만여 명의 새신자와 교단 내 고등부를 졸업하고 유입된 청소년을 합한 수치보다 낮은 것으로 분석돼 충격과 그 파급력은 더욱 클 것으로 보인다.

대한예수교장로회 청년회전국연합회(회장: 이수민)는 지난 101회 총회에서 "2016년 청년보고서"를 배포하고, 교단 청년부 전수 조사 결과를 공개했다. 교단의 청년 실태를 숨김없이 공개해 심각성을 알리고, 적극적인 대책 마련에 나서겠다는 의지가 담겨있다. 장청이 공개한 자료에 따르면, 교단 산하 교회 중 청년부가 조직된 교회는 2,156개 교회, 24.5%로 확인됐다. 청년부 총 재적 인원은 10만 6,393명이고, 출석 인원은 6만 1,183명으로 나타나 전체 교인의 2.19%를 차지했다. 하지만 총회 통계위원회는 제101회 보고서(2015년)에 교단 청년부 총 재적 인원을 16만 1,348명으로 집계한 상황이다. 장청 보고서와는 대략 6만여 명 정도의 차이가 있는 것으로 확인됐다.

전국 교회를 대상으로 직접 시행한 이번 조사에 따라 교단 전체 교인이 6만여 명 감소할 수도 있는 상황이다. 보고서에 따르면, 청년부가 미조직된 교회도 6,643개 교회(전체 교회 수의 76%)로 확인돼 전체 교회의 4분의 3이 넘는 것으로 확인됐다. 빨간불이 들어온 청년 선교를 향한 총회 차원의 대책 마련은 더 미룰 수 없는 최대 과제가 될 것으로 보인다.

지역별로는 서울과 경기도 지역(이북 노회 제외)을 포함한 수도권 지역 청년이 4만 5,793명으로 전체 청년 인원의 50%에 육박한 것으로 나타났다. 서울남, 서울관악, 서울동남 노회가 1만 2,581명으로 가장 높게 나타났으며,

영등포, 안양, 경기 노회가 1만 1,503명으로 뒤를 이었다.

서울, 서울동, 서울북 노회는 1만 862명, 서울강북, 서울서, 서울서북 노회는 7,440명 등으로 확인됐다. 또 지방에서는 전남과 전북을 포함한 서부 지역 1만 3,943명, 강원과 충북을 포함한 중부 지역은 8,938명, 경남과 경북을 포함한 동부 지역은 2만 1,783명, 이북 지역은 1만 2,849명으로 확인됐다. 일부 노회에서는 청년부 총 출석 인원이 100명을 밑도는 곳도 있어 대비책이 필요한 상황이다.

이와 관련 총회장 이성희 목사는 "청년들이 교회를 떠나가는 데에는 청년 실업 증가와 같은 사회적인 어려움과 교회 신뢰도 하락에 따른 교회에 대한 청년들의 실망, 청년들의 욕구를 잘 읽어내지 못한 교회의 영적 둔감성 등 다양한 원인들이 존재한다"며, "한국교회가 청년들의 문제를 제대로 파악하고, 다각도로 분석해서 접근하지 않으면 청년 교세 약화의 문제는 쉽게 해결되지 않을 것으로 예상된다"라고 지적했다.[28]

(2) 언론 기자들이 행한 한국교회의 신뢰성에 대한 조사 결과이다

[한국기독공보 자료를 인용]

한국교회 모습 "신뢰할 수 없다."

언론사 기자 225명 대상 설문 조사 결과 기자들이 보는 한국교회 언론인이 보는 한국교회의 모습에 대한 통계 결과는 의미 있는 시사점을 보여 준다. 구체적으로 '신뢰할 수 없다'(58.7%), '약자 편에 서지 않는다'(60.0%), '도

---

[28] 「한국기독공보」, (2016.10.8).

덕적이지 않다'(64.4%), '폐쇄적이다'(68.9%), '이기적이다'(68.9%), '물질중심적이다'(74.2%), '권위주의적이다'(73.3%) 등과 같이 전반적으로 부정적인 이미지가 강한 것으로 나타났다.

이런 내용은 지앤컴리서치(대표: 지용근)가 일간지와 통신사, 방송사, 기독교계 방송 신문 잡지 기자 등 225명을 대상으로 설문 조사한 결과로 지용근 대표가 대한예수교장로회 총회 종교개혁 500주년 '기념사업위원회,' '기념사업설명회'에서 발표했다. 지용근 대표는 '귀하께서는 '한국교회'라고 하면 어떤 느낌이 드는지에 관한 질문에, 이런 결과가 있었다면 긍정적인 응답에는 '남을 잘 돕는다'(42.7%)만이 있었다고 밝혔다.

이에 앞서 이번 설문에서는 한국교회 하면 가장 먼저 무엇이 떠오르는지에 관한 자유 응답 설문에서 일반 기자는 상위 4위권에서 '십자가'(6.6%), '전도/선교'(6.6%), '긍정적'(2.7%), '예배/찬양/성경/회개'(2.2%)를 꼽았으며, 부정적 이미지의 상위 6위에는 '배타적/폐쇄적/집단 이기주의'(13.2%), '부정부패/타락'(11.0%), '대형 교회/대형화'(10.4%), '과도함/요란함'(5.5%), '목회자의 비윤리/권위적 태도'(4.9%), '술/헌금'(4.9%) 등 비교적 부정적인 이미지를 꼽았다.

교계 기자를 대상으로 설문한 결과는 '예배/찬양/성경/회개'(9.3%), '긍정적'(7.0%), '십자가'(2.3%) 등 긍정 이미지와 '분열/위기/쇠퇴/위선'(20.9%), '개혁/개혁의 대상'(9.3%), '부정부패/타락'(7.0%), '사회에서 모범이 되지 않음'(7.0%) 등을 꼽았다.

일반 기자와 교계 기자 모두 부정이미지 응답률이 68.5%, 60.6%이다. 한국교회의 사회적 영향력을 묻는 말에 대해서는 일반 기자의 경우 76.4%가 '영향력이 있다' 라고 답했지만, 교계 기자들은 '영향력이 없다'에 58.1%

가 응답해 차이를 보이며, 기자들의 소속에 따라서 문화나 종교부(67.6%) 등 비 사회 부서에 활동하는 기자들에 비해 정치 경제 사회부(79.4%) 등에서 활동하는 기자들이 한국교회가 한국사회에 영향력을 행사하고 있는 것으로 평가했다.[29]

(3) 충남 노회에 속한 예닮교회의 사례를 통한 건강한 교회성장을 살펴보자

[한국기독공보 자료를 인용]

충남노회 예닮교회(김형태 목사 시무)는 '하나님이 디자인하신 건강한 교회'가 되어 "너희는 온 천하에 다니며 만민에게 복음을 전파하라"는 예수님의 위대한 사명을 충실하게 따르고 있는 교회다.

지난 1994년 10월, 김형태 목사와 그의 아내가 상가의 작은 예배당에서 첫 예배를 드리면서 시작된 예닮교회는 "오직 이 땅에 하나님 나라를 세우고, 복음을 땅 끝까지 전하는 사명을 감당하는 '건강한 교회'를 만들겠다"는 사명을 품고 첫 발을 내딛었다.

이를 위해 김 목사는 가장 먼저, 잘 '훈련'된 평신도 사역자를 길러내는 데 초점을 맞췄다. "교회 생활을 하면서도 여전히 우리는 세상 나라 가치관에 붙들려 있다"는 김 목사는 "건강한 교회는 건강한 교인이 만들어 낼 수 있다"라면서 '쎈' 훈련을 시작했다.

김 목사는 "잘 훈련된 한 명의 제자가 100명의 교인보다 낫다"라고 거듭

---

[29] 「한국기독공보」, (2017.3.18).

강조했다. 초창기 '제자훈련'에 모든 사역을 '올인'하며 외부 활동을 온전히 끊은 것도, 일주일에 8팀이 넘는 제자훈련을 도맡아 진행하면서 모든 예배를 담임목사가 주관한 것도, 건강에 적신호가 켜지고 과로로 쓰러졌지만 포기하지 않은 것도 그 이유다.

이렇게 말씀과 성령의 능력으로 제자가 된 리더를 품은 예닮교회의 사명은 '복음을 땅끝까지 전하기 위한 777비전'이다.

△ 70명의 선교사를 각 민족과 열방에 파송하고,
△ 700명의 셀리더를 세워 지역과 민족을 감당하며,
△ 7000명의 예배자를 세우겠다는 것이다.

제자의 삶이고 훈련의 목적은 '전도'와 '선교'에 있다. 필리핀과 인도에 선교사를 파송하고 중국 지역에 신학교를 운영하는 것도 잃어버린 생명을 구원하려는 것이고 이것이 곧 전도와 선교가 되는 것이다.

이러한 비전과 함께 예닮교회는 주목할만한 성장세를 보이고 있다. 무엇보다 예닮교회의 미래가 더욱 밝은 것은 3040세대가 교인의 70%이상을 차지하는 젊은 교회라는 점이다.[30]

'서산 지역 아기 엄마들이 가장 선호하는 교회'로 손꼽히는 예닮교회는 그래서일까?

---

[30] 「한국기독공보」, (2017.3.8).

교회학교도 튼실하다. 유치부부터 청년까지 300여 명이 출석하고 있는데 이들도 '8주 제자훈련' 받으며 말씀으로 성장하고 있다. 교회의 고령화, 다음 세대의 부재는 사회문제이자 한국교회 문제와도 직결된다. 그러나 예닮교회는 3-40세대가 가장 튼튼하고 다음 세대가 성장하는 교회인 만큼 다음 세대 양육에 대한 큰 책임을 느끼고 있다.

그 이유로 교회 교육부에 아낌없는 예산을 투자한다. 교육시 설과 교육 인프라가 잘 갖춰져 있어 교회학교 어린이들은 지역의 청소년들에게도 양질의 영성 교육과 다양한 문화 체험을 제공하고 있다. 김 목사는 "말씀이 본질이 되어야 한다. 본질이 아닌 것 때문에 본질로 다가가는 것이 차단되어서는 안 된다"라고 강조한다.

"하나님이 영이시니 영이신 말씀으로 돌아가는 것이 중요하다"라고 거듭 강조하는 김 목사는 "말씀 외에는 어떤 이유로든 교회의 벽을 높이고 싶지 않다"라고 강조했다.

담임목사의 끊임없는 자기 계발과 새로운 시도, 그리고 말씀을 중심으로 한 전 교인의 제자화, 이를 통해 건강한 교회로 꾸준하게 성장하는 충청남도 서산의 예닮교회는 오늘도 '예수님을 닮은' 모습으로 세상의 빛과 소금이 되어 많은 이들의 기쁨이 되고 있다.

6. 결론

한국교회의 저성장 위기는 교회학교도 마찬가지다. 통계 자료에 따르면 2014년 12월 현재 중고등부 교세는 15만 2,327명으로 아동부(유년 초등 소년)가 17만 3,629명인 것에 비해 2만 1,302명이 감소하고 있는 것을 확인할 수 있다. 연도별로 보면 감소 추세 현상이 더욱더 심각함을 확인할 수 있다. 중고등부 교인 수가 가장 많았던 2009년 19만 5,275명에 비하면 22% 정도가 감소한 것을 알 수 있다.[31]

최근의 통계(2017 교세통계)에 의하면 예장 통합의 경우[32] 2017년 교세 통계 집계 결과 감소한 교인이 1만 6,586명 중 '세례(침례)교인'이 1만 6,053명이다. 총 재직 수는 87만3,366명으로서 전년도 대비 1만 2,490명(-1.41%)이 감소하였다. 서리집사 수는 59만 3,184명이며 1만 3,878명이 감소하였다. 즉, -2.29%가 감소하였다.

한편, 안수집사의 경우는 7만 5,805명으로서 140명이 줄었는데 이는 -0.18%에 해당한다. 그러나 권사 수는 17만 3,098명으로서 1,486명이 증가 되었는데 0.87 증가에 해당한다. 한편, 장로 수는 3만 1,279명으로서 42명이 증가하였는데 이는 0.13%에 해당한다.

지금까지 우리는 교회성장의 장애 요인을 살펴보았다. 한마디로 성장의 장애 요인은 내적 요인과 외적 요인이 있다고 할 수 있다. 전자는 주로 목회자를 둘러싼 교회의 조직 구조 안에 발생하는 성장 장애 요인으로 대부분은

---

[31] 「한국기독공보」, (2017.3.8).
[32] 「한국기독공보」, (2018.8.4).

갈등에서 발생하는 성장 장애 요인이다. 그 외 많은 경우 개인 간이나 교회의 하위 조직 간의 적절한 대책으로서 해결할 수 있는 경우가 많다.

그러나 외적인 요인은 교회의 외부 환경과의 부적응에서 발생하는 장애 요인이다. 예를 들면, 전통적인 문화의 구조적인 장벽인데 샤머니즘(shamanism)의 장벽이나 혹은 전통적인 종교의 뿌리 깊은 구조적 장애로 인하여 복음의 선교가 어려움을 당하는 경우를 예를 들 수 있다.

제5장

건강한 교회성장의 유형이론
(Typology of Healthy Church Growth)

1. 교회성장 과정에서의 제자화

교회성장학자들은 성장의 다른 표현인 기독교회의 단계를 제자화라는 표현으로 설명한다. 이를 다시 세분화하면 첫째 단계인 제자화(discipling) 그리고 둘째 단계인 완전화(perfectness)로 두 단계로 나누어 설명한다.

제자화 개념은 본래 1955년 도날드 맥가브란(D. McGavran)의 『하나님의 가교』(The Bridges of God)에서 비기독교적 신앙으로부터 그리스도에게 돌아오는 것을 촉진하기 위한 전략적 용어로 처음 사용되었다.

그 후, 믿지 않는 개인이나 집단을 그리스도와 교회에 헌신을 다짐하는 자로 이끄는 첫 단계인 제자화와, 이미 신자로 신앙고백을 한 자의 삶 속에서 진행되는 영적·윤리적인 발전의 두 번째 단계인 완전화라는 두 단계로 개념이 정착되었다.

이와 같은 제자화 개념은 전통적인 서구 교회가 전 세계의 70% 이상이 아직도 기독교화되지 못한 현실임에도 믿지 않는 불신자를 개종시키는 첫 단계보다도, 이미 기성 교인들을 영적으로 윤리적으로 고상한 사람으로 양육하는 둘째 단계에만 사역을 집중하고 있는 현실에 대한 날카로운 비판이다. 교회 사역의 강조점을 완전화에서 제자화로 옮겨야 한다는 메시지를 담고 있다.

2. 교회성장 유형

맥가브란은 교회가 성장하는 데 있어서 여러 유형을 제시하고 있다. 예컨대, 내적 성장, 양적 성장, 팽창 성장, 가교 성장 등이다.[1]

1) 내적 성장(Internal Growth)

내적 성장은 기독교인의 영적 성장에 초점을 두고 있으며 내용은 "하나님에 대한 관계, 은혜에 있어서 기독교인의 성장"을 말한다.[2] 다시 말하면 내적 성장은 기독교인들의 "신앙적인 면에서의 깊이와 질적인 성장을 의미하며 그리스도의 몸 안에서 발생하는 모든 것"을 포함한다. 이것을 맥

---

[1] Peter Im, "Theology of Church Growth," *Syllabus* (Pasadena, CA: Fuller Theological Seminary, 2007), 25-26.
[2] Peter Im, *Syllabus*, 25.

가브란은 "내적 성장을 완전화"(perfectness)라고 불렀다.³ 한마디로 내적 성장은 하나님 말씀과 은혜 안에서 영적 성숙을 위한 질적 성숙이다.⁴

2) 외적 성장(External Church Growth)

외적 성장은 선교 지역에서 비기독교인에 대한 복음화로 말미암는 교회 성장으로, 이는 기독교인들이 세상에 나가서 사람들에게 그리스도를 증거하고 그들을 교회에 데리고 나와 교인이 되도록 하는 외적으로 나타나는 "개교회 교인의 숫자적 성장"을 말한다. 세례 교인의 증가로 이루어지는 외적 성장에는 다음과 같은 방법들이 있다.

(1) 생물학적 성장(Biological Growth)

이는 기존 교인들의 자녀들이 출생하여 교회학교에 출석하고 성례전에 참여하고 신앙고백 등을 통해서 교회에 출석할 때 이루어진다.⁵

피터 와그너(Peter Wagner)에 의하면 "교회의 연간 성장률이 2.3%이면 생물학적 최소 성장에 못 미치는 것으로 사실상 감소로 보는 것이 옳다"⁶라고 지적한다.

---

3   Peter Im, *Syllabus*, 25.
4   Elmer Towns et.al, *Evaluating the Church Growth Movement* (Grand Rapids MI: Zondervan, 2004), 44
5   Elmer Towns et.al, *Evaluating the Church Growth Movement*, 45.
6   Peter Im, *Syllabus*, 25.

(2) 전입 성장(Transfer Growth)

이는 기성 교인이 거주지의 이동으로 인하여 타 교회에서 본 교회로 전입해 옴으로써 이루어지는 성장이다. 넓은 의미에서 전체 교회의 성장은 없는 것이다.[7]

오늘날 한국교회의 성장을 분석하면서 한결같은 우려의 목소리는 교회 성장의 보고가 있는 곳은 대부분이 이동 성장에 의한 것이라는 점이다. 특별히 최근의 교회성장 모델로 주목을 받는 신도시 지역이나 재개발 지역의 성장은 이동 성장에 의존하는 비율이 거의 전부라 해도 과언이 아닌 실정이다.

(3) 회심 성장(Conversion Growth)

전도를 통해 예수 그리스도를 구세주로 받아들이는 개종자들이 교회에 들어오므로 이루어지는 성장이다.[8] 교회성장의 기초는 개인적인 회심으로 교회성장은 회심과 더불어 일어난다. 하나님의 교회가 성장된다는 관점에서 볼 때 참된 교회성장이라고 볼 수 있다.

이 성장의 방법은 복음적 교회의 최우선 순위가 되어야 할 것이다. 회심 성장의 정도에 따라서, 내적 성장의 열매가 맺게 되고 진정한 하나님 자녀의 숫자가 결정되기 때문이다.

---

[7] Elmer Towns et.al, *Evaluating the Church Growth Movement*, 43.
[8] Elmer Towns et.al, *Evaluating the Church Growth Movement*, 45.

(4) 팽창 성장(Expansion Growth)

팽창 성장은 교회가 성장하여 장년의 모습을 이루게 될 때 좀 더 효과적인 성장을 이루기 위해서 지교회를 분립하여 세우는 형태의 성장이다. 이것은 모 교회가 후원하는 형태로 지교회를 세울 수도 있을 것이요, 또는 모 교회를 분리하여서 자립될 수 있는지 교회를 세움으로 두 개의 교회로 나누어지는 것 같은 형태가 될 수도 있을 것이다.

예컨대 영등포의 어떤 P 목사는 본 교회가 일정한 수준의 성장이 있으면 다시 부목사에게 지교회의 형태 등, 성장하도록 하는 것으로 알려져 있다. 1990년대 말 현재로 25개 교회의 팽창 성장을 이루었다. 이처럼, 교회성장을 위한 전략으로써 개개인이 아닌 교회가 지교회의 형태로 개척교회를 세우는 일은 특별히 가장 효과적인 전도 방법으로 한국교회가 관심을 가지고 개발해야 할 중요한 모델이다.

교회가[9] 무엇을 위해서 존재하며, 또 교회의 사업들이 누구를 위하여 되어지는 것인지는 교회 예산에서 인건비, 봉사비, 건물 유지비의 비율을 점검함으로써 찾아볼 수 있다. 인건비나 건물 유지비에 앞서서 봉사와 전도비에 교회 예산의 비중이 실리게 될 때, 교회 존재의 의미를 찾게 될 것이다.

이런 점에서 교회 개척은 개개인이 중심이 되어서 시작됨으로 인건비나 유지비에 치우치게 되기보다는 교회가 중심이 되어서 인적 자원들을 일정 기간 인턴십을 통해 훈련을 시키고 후원하여 전략 지역으로 개척하여 파송함으로 봉사와 전도에 치우치게 하는 것이 효과적이다.

---

9   Elmer Towns et.al, *Evaluating the Church Growth Movement*, 45.

대형 교회들이 전략적으로 단기간 내에 개척하는 급성장한 교세 확장은 진정한 교회성장과 구별함이 바람직할 것이다.

(5) 가교 성장(Bridging Growth)

가교 성장은 팽창 성장의 모델을 문화와 상황이 다른 지역에 적용한 모델이다. 이와 같은 가교 성장은 어느 교회의 문화가 다른 지역에 선교할 때에 문화적인 접촉점에 대한 인식과 수용성 문제에 관한 새로운 연구를 통해서 복음 전도를 극대화하려는 방법으로 사용되고 있다.

현대 사회의 문화적인 특성은 같은 국가, 사회, 또는 교회 안에서도 다양한 문화적 상황이 되므로 이 모델은 선교학의 영역이 아닌, 목회의 현장에 적용할 긴박한 성장 유형이다. 그러므로 다음과 같은 점이 고려되어야 한다.

① 교회가 존재하는 지역 사회와 연견된 성장 전략이 필요하다.
즉, 교회가 있는 지역의 문화적 상황과 필요성에 따라 전도 전략을 세우고 수용성을 고려함이 필요하다. 지역 사회의 사회학적 특징(예컨대, 수입, 교육 수준, 주택 종류, 종교적 성향, 직장 등)이 지역에 이주한 이유와 그들의 관심은 무엇인가, 주변의 학교, 상가 형성은 어떠하며, 그리고 주변에 있는 다른 교회의 성장 등을 분석함이 필요하다.
② "교회나 선교 단체와의 연계 관계의 분석을 통해 다양한 문화 속에 하나님의 교회가 성장"[10]해야 한다.

---

[10] Peter Im, *Syllabus*, 26.

교회는 이웃 교회와의 경쟁으로 성장하는 것이 아니다. 오히려 다양한 사회와 문화의 상황 속에서 다리를 놓아서(Bridging) 선교하는 선교 단체와 연합하여 지역 사회(community)에 함께 봉사하는 기회를 찾아 함께 협조와 친교를 통해 성장하도록 함이 좋다.

"교회와 선교 단체의 관계는 각자에게 부여된 본래의 사명을 따라서, 교회는 양육에, 그리고 선교 단체는 설립 목적에 따른 전문적인 봉사"[11]에 충실함으로써 상호 보완적인 관계로 지역 사회와 세계 선교의 좋은 파트너로서 공존함이 바람직하다.

(6) 양적 성장(Quantitative Growth)

양적 성장은 교인 수가 많아지는 수적인 성장(numerical growth)에 초점을 두고 있는 성장이다. 그러나 교인 수의 증가만 아니라, 그 외에도 계량적인 측정 단위도 포함하여 교회의 성장을 판단하게 되는 경우이다. 예컨대, 헌금 액수의 증감, 시설의 증감 정도 등도 고려된다.

(7) 질적 성장(Qualitative Growth)

질적 성장은 교인들의 계량적인 증가보다는 기존 교인들의 신앙적인 수준과 열심, 예배의 태도, 성경의 이해, 기도의 열심, 그리고 교인들의 사랑 실천 정도, 제자도의 정도 등을 중심으로 논의하는 경우를 말한다.

---

[11] Peter Im, *Syllabus*, 26.

(8) 구조적인 성장(Structural Growth)

구조적인 성장은 교인들의 내부적인 신앙 수준과 구성원들의 조직적인 신앙의 정도, 그리고 교회 구성원으로서 응집력 등을 포함하여 교회의 성장 여부를 체계적으로 판단하게 된다.

(9) 자연적 성장(Natural Growth)

자연적인 성장은 교회가 정상적으로 성장하는 경우를 말한다. 즉, 교회가 건강할 때 교회는 자연적으로 성장할 수밖에 없다는 논리이다.

(10) 개척교회 성장(Planting Church Growth)

개척교회 성장은 모 교회가 국내나 국외의 일정한 지역에 교회를 개척함으로써 교회가 확장되는 성장의 형태이다.

(11) 영적 성장(Spiritual Growth)

예수 그리스도에 대한 믿음을 통하여 "하나님과 하나님의 백성 사이의 영적인 친밀성에 있어서 계약적 관계의 깊이와 넓이"[12]를 의미한다. 다시 말해 교회 구성원들과 지도자들의 영적인 성숙도, 그들의 성경에 대한 몰두의 정도, 하나님 나라의 윤리와 생활 규범에 맞게 사는 가의 정도, 기도에 몰입하는 정도, 하나님에 대한 의존도, 성결함, 적극적인 예배 참여를 의미한다.

---

[12] Peter Im, *Syllabus*, 78.

(12) 숫자적인 성장(Numerical Growth)

"예수를 삶에 있어서 그리스도요 주로 믿는 믿음과 회개하도록 하나님의 나라로 사람들을 불러 모으는 것"[13]을 의미한다.

또한, 그들이 지역 사회의 사람들과 협력하여 함께, 또는 "개인적으로 예수 그리스도와 그의 자유케 하는 능력 안에 있는 하나님의 구원 역사에 순종하고 예배하며, 증거하는 것"[14]을 의미한다. 이것은 양적인 성장과 같은 부류의 개념이다. 목자들은 이 계량적인 성장에만 관심을 가질때 진정한 의미에서 건강한 교회라 할 수 없다.

(13) 유기적 성장(Organic Growth)

신앙 공동체의 상호 관계성을 강조하는 성장을 의미한다. 다시 말해, "구성원들의 체계적 관계성, 관리 형태, 재정 구조, 지도력, 시간과 자원을 투자하는 활동의 유형"[15] 등을 의미한다.

(14) 개념적 성장(Conceptual Growth)

"세상과 관련된 신앙 공동체의 특징과 선교에 대한 이해의 정도"[16]를 의미한다. 바꾸어 말하자면 공동체가 자체적으로 만든 자신의 이미지(image), 그리스도에 대한 믿음이 갖는 의미에 대한 이해 (성경에 대한 이해)의 깊이, 그리고 공동체의 세상에 대한 이미지를 의미한다.

---

[13] Peter Im, *Syllabus*, 78. Orlando Costas, *The Church and its Mission: A Shattering Critique from the Third World*, 90-91-91 재인용.
[14] Peter Im, *Syllabus*, 78.
[15] Peter Im, *Syllabus*, 78.
[16] Peter Im, *Syllabus*, 78.

(15) 성육신적 성장(Incanational Growth)

"신앙 공동체가 자신이 속한 사회의 사회 환경과 삶의 문제들에 관여하는 정도"를 의미한다. 다시 말해, "세상의 고난에 참여하는 것, 약하고 좌절한 사람들을 대신하여 예언자적이고 중보자적인 해방의 행위에 참여하는 것, 가난한 자, 상한 자, 포로된 자, 눈먼 자, 박해받는 자에 대해 설교"[17]하는 정도를 의미한다(눅 4:18-21).

성육신적인 성장이 매우 필요한 시대에 살고 있다. 성육신적인 성장을 위하여 목회자들과 성도들의 간절한 기도가 필요하다.

(16) 확장 성장(Extension Growth)

이 성장은 어떤 문화적이거나 혹은 인종적인 집단을 통하여 지역 사회에 새로운 교회를 개척하는 성장이다. 이것은 지역 사회의 기존의 교회와는 다른 교회로서 문화 횡단적인 개척 교회 (cross cultural church planting) 가 될 수 있다.[18]

예를 들면, A 교회가 국내의 외국인 근로자가 많이 사는 지역에 외국인 교회를 개척하여 그들에게 복음을 전파하는 경우를 상상해 보자. 그들은 지역과는 다른 문화 횡단적인 교회로서 개척하는 교회가 될 수 있다. 실제로는 팽창 성장과 확장 성장은 구별이 어려운 경우가 많다. 교회성장을 목표로 하는 점에서 모두 의미있는 전략이다.

---

[17] Peter Im, *Syllabus*, 78.
[18] Elmer Towns et.al, *Evaulating the Growth Movement*, 45.

3. 성장의 다양한 패러다임

어떤 성장이 가장 바람직할까?

개별적인 교회의 사례에 따라서 약간씩 다를 수 있겠으나 이론적으로는 균형 성장이 가장 바람직하다고 할 수 있다. 일단 다음에서 다양한 교회의 존재 모델을 논의해 보자.

1) 초대형 교회(mega church)

초대형 교회는 재적 교인 1만 명 이상의 교인들이 등록된 교회를 말한다.[19] 미국의 경우는 평균 출석 2,000명 이상의 교회이다. 한국의 경우는 재적 교인을 표준으로 하나, 미국교회는 출석 교인을 기준으로 한다.

저자가 조사한 바로는 2010년도 말 현재, 우리나라는 약 10-20여 개 정도의 초대형 교회가 산재해 있고 대부분이 수도권에 집중해있다. 반면에 미국의 경우는 초대형 교회가 약 2,000개 이상 정도 전국에 산재해 있으나[20] 주로 남부지방, 예컨대 플로리다주, 텍사스주, 캘리포니아주, 조지아주 등에 집중되어 있다.[21]

---

[19] 초대형 교회의 개념을 재적 1만 명 이상으로 정한 것은 필자의 학위논문과 연구 결과에서 잠정적으로 정한 개념 정의이다.
Young Jong Kim, *Megachurch Growth With Special Reference to GPC* (Pasadena, CA: Fuller Theological Seminary, 2011), 1-213.
[20] 미국의 경우는 등록이 아니 출석 교인 수 2,000명 이상 모이는 교회를 초대형 교회라고 부른다.
[21] Young Jong Kim, *Megachurch Growth With Special Reference to GPC*, 1-212.

즉, 한국은 부산의 수영로교회를 제외하고는 초대형 교회가 서울과 경기 혹은 인천 등 광역시를 중심으로 수도권에 집중되어있다.

2) 대형 교회(big church)

초대형 교회는 아니더라도 적어도 대형 교회는 재적 5,000명 이상의 교인들이 등록된 교회를 말한다.[22]

3) 중형 교회(medium size church)[23]

중형 교회는 적어도 재적 1,000명 정도의 교회 규모를 말한다.

4) 소형 교회(small church)[24]

소형 교회는 교인이 100-200명 정도의 교인을 가진 교회를 말한다. 미국의 경우 전국 평균 교인의 규모는 75명이므로 우리나라는 그 평균보다 많은 교인이 될 수 있다. 이민 교회의 평균 교인은 50여 명 정도로 알려져 있다.

---

[22] 대형 교회는 초대형 교회보다 규모는 적으나 앞으로 초대형 교회가 될 수 있는 잠재적 성장 가능성이 있는 큰 교회이다. 이 등록 교인 수는 필자가 연구 중에 적절하게 명칭화한 숫자이다.
[23] 중형 교회는 대형 교회가 될 가능성을 가진 비교적 건전한 교회이다. 재적 1,000명 이상 정도의 규모 교회라고 보면 된다.
[24] 소형 교회는 규모가 가장 적은 교회로서 약 100-200 정도의 등록자를 가진 교회를 말할 수 있다. 그러나 이 소형 교회도 개척 교회인 경우는 더 소규모의 교회가 될 것이다. 예컨대, 약 50명 정도의 교인이 재적을 가진 교회가 여기에 해당할 수 있다.

5) 균형 교회(balanced church growth, 대형 교회, 소형 교회)

교회성장 모형 중 소형 교회와 대형 교회의 조화와 균형을 이루는 교회를 강조한 연구가 진행되고 있다. 그중에 '샬롬나비 학술 연구'가 있다.

작은 교회는 규모가 작고 자원이 부족하지만, 대형 교회가 가질 수 없는 요소를 가질 수 있다. 구체적으로 작은 교회는 더 소통적이며 덜 배타적이다. 또한, 작은 교회는 자기 소유의 공간을 가질 수 없기에, 목사의 공간과 평신도 공간의 이분화를 특징으로 하는 전형적인 교회 공간을 실현할 수 없다. 그 때문에 목사와 평신도는 소통적이며 친화적 성격이 더 강하다는 것을 뜻한다.[25]

저(低)성장이나 탈(脫)성장 시대에 교회의 패러다임도 바뀌어야 한다. 그것은 교회가 오늘날 영성 공동체가 되는 것"[26]이라고 했다. 그리고 그 특징을 이와 같이 말한다.

① 하나님 말씀과 성령의 역동적 지배
② 수도원적 영성의 비판적 계승
③ 공동체성 회복
④ 지역 생명망으로서 교회

---

[25] 김영한, "제10회 샬롬나비 학술 연구회 발표회,"「크리스천투데이」, (2015.5.29).
[26] 김영한,「크리스천투데이」, (2015.5.29).

⑤ 개교회주의와의 결별

⑥ 최소한의 운용

⑦ 친환경성

⑧ 타인에 대한 헌신이나 돌봄의 윤리

⑨ 영성을 살리고 지역 사회에 참여하는 교회

여기서 강소형 교회란, 80-150명 정도의 '작지만 강한 교회'를 말한다. 김영한 교수는 다음과 같이 강조한다.

> 작은 교회에 대해 좀 더 성경적·신학적·목회적으로 접근하고, 체계적으로 사역자 들을 길러내는 것이 중요하다"라며 예배당이라는 건물, 개별 교회와 교단이라는 조직 등에 너무 얽매여서 대형화의 길로만 나아가는 것은 성경의 원래 뜻과는 어긋난다.
> '강소형 교회'(Small but Strong Church)는 미래 목회의 대안일 수 있다. 강소형 교회를 세우기 원하는 목회자들은, 자신들의 교회에 어떤 부분들이 부족한가를 깨달아서 약한 부분을 강화해 나가야 한다. '분명한 목회 비전'을 세워야 한다. 작은 교회가 살아야 한국교회는 탈성장 시대에 진정한 활로를 찾을 수 있다.[27]

---

[27] 강소형 교회는 건강한 교회가 자연 성장할 수 있도록 패러다임을 바꾸는 것이 더 중요하다고 본다. 따라서, 균형 모델은 목회 전략상 이상적인 모델이나 현실적으로 건강한 성장지향 모형과는 다른 의미이다.

교회가 해야 할 가장 중요한 일은 예배와 소그룹(교제), 봉사(선교) 다. 교회는 예배를 통해 하나님을 알고, 사랑해야 한다. 소그룹 활동으로 성도 간 깊은 관계(코이노니아) 속에서 서로의 사랑을 확인해야 한다. 봉사(선교)를 통해 하나님과 이웃 간의 참된 관계를 확장해야 한다.

"탈성장 시대 교회의 새로운 패러다임은 영성 공동체로서의 교회"라며 교회의 생명은 그리스도의 생명을 지닌 성도들의 "영적, 정신적·사회적 교제로서의 공동체적 연결"에 있다.

"말씀과 성령이 역동적으로 역사하는 공동체=영성 공동체"이다.

이상에서 살펴본 다양한 교회성장의 유형 중 이상적인 성장은 어떤 것일까?

올란도 코스타스(Orlando Costas)는 교회성장의 최종적인 단계는 통합된(integrated) 그리고 유기적인(organismic) 성장이라고 보고 있다. 건강한 교회 성장은 마치 나무가 뿌리를 잘 내리고 줄기가 튼튼하고 가지가 잘 뻗어 나가며 무성한 잎과 열매를 주렁주렁 맺힐 때 건강한 나무로서 기능을 잘한다고 볼 수 있다.

매우 설득력이 있는 논리이다. 큰 나무에서 다시 새로운 작은 나무들이 개척되어 교회가 증대되는 현상을 건강한 교회이고 이상적인 교회로 보고 있다.[28]

---

[28] Peter Im, *Syllabus*, 1-125. 최동규, "올란도 코스타스의 통전적 교회성장론 연구, 선교신학," Vol. 23: 236-259.

4. 결론

지금까지 우리는 교회성장의 다양한 유형에 대하여 알아보았다.

어떤 유형이 가장 이상적이며 바람직한가?

그 질문에 대한 적절한 답은 양적 성장과 질적 성장의 조화와 균형인 통합적인 성장(integrated church growth)과 균형 성장(balanced church growth)이 가장 이상적이라고 할 수 있다.

그리고 교회의 규모는 어떠한가?

하나님께서 원하시고 성경적인 교회는 단순히 어떤 숫자적인 규모만을 지향해서는 바람직하지 않다고 할 수 있다. 성경에서나 선교신학적인 측면에서 볼 때 교회는 더 많은 영혼이 주님께로 돌아와야 하고 중생(conversion)한 영혼이 많이 집합된 성장하는 교회이다.

즉, 사도행전적인 교회성장(apostolic church growth)의 교회가 바람직한 미래 지향적인 모형이며 패러다임이 될 수 있다고 본다(행 1:8; 2:41; 2:47; 4:4; 5:14; 6:7; 9:31; 11:21; 12:24; 13:48-49; 14:1; 14:21; 16:5; 17:12; 18:8).[29]

---

[29] 의사 누가는 초기 5년 동안에 교회성장을 "수가 더하더라"(행 6:7, 31; 16:15) 하였으나, 와그너(Peter Wagner)는 이것을 산출, 120명, 3,000명, 남 5,000명, 여 5,000명(추정)으로 계산하여 총 8,120-11,000명으로 증가하였다고 주장하며 성장율을 215-342%의 고도성장으로 지적한다. Peter Wagner, *Your Church can grow* (Glendale CA: A Division of G.L.Pub, 1976), 167. 정정일, 『신학과 교회성장』 (서울: 생명의 양식, 2007), 41에서 재인용.

그림 5-1 제자도(Discipleship)의 나무의 신앙의 나이테(행 2:42-47; 19:10, 20)[30]

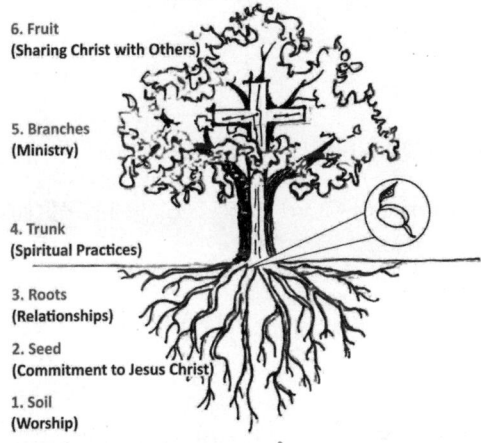

위의 그림 5-1의 제자도의 나무를 설명하면 다음과 같다.

① 좋은 토양(soil)은 예배(worwhip)를 말하며,
② 좋은 씨앗(seed)은 예수 그리스도에게 복종을 말하며,
③ 좋은 뿌리(roots)는 좋은 관계성을 말한다.

---

[30] http://littletonpresbyterian.org/about/discipleship-tree-and-tree-rings-of-faith/(Accessed on Jan.5, 2019).

④ 줄기(trunk)가 튼튼해야 함은 영적인 연습이 필요하다는 것이요,

⑤ 나무가지(branches)가 풍성함은 목회를 잘 함이요,

⑥ 열매(fruits)를 많이 맺음은 그리스도를 다른 사람들과 함께 공유함을 의미한다.

제자도의 나무와 신앙 나이테 (Tree Rings of Faith)[31]를 설명하면 나이테는 그리스도의 탐색(Exploring Christ), 그리스도 안에서 성장(Growing in Christ), 그리스도에 가까이(Close to Christ), 그리고 그리스도께 항복하는 것(Surrendered to Christ)이다. 모두 다 연륜을 거듭하면, 더욱 성장의 열매를 많이 맺게 된다고 할 수 있다.

결론적으로 유기적 성장이나 균형적인 성장이 가장 이상적인 성장의 모형이라 할 수 있다.

---

[31] http://littletonpresbyterian.org/about/discipleship-tree-and-tree-rings-of-faith/(Accessed on Jan.5, 2019).

제6장

건강한 교회성장 우선 순위 이론
(Priority Theory for Healthy Church Growth)

1. 우선 순위 개념론

교회성장의 우선 순위 이론은 교회성장에 가장 중요한 우선적 요인(priority)이 무엇인가에 대한 이론적 혹은 실제적 분석이다. 교회성장의 우선과 조건은 어느 것 한 가지만으로 주장할 수 없다.

원론적으로 개별 사례나, 조직의 문화, 구조, 내적, 외적, 혹은 지역적, 국내외 여러 여건에 따라서 다를 수 있기 때문이다. 그런데도 성장하는 교회의 가장 중요한 기능은 영적이고 신앙적인 기능이라고 할 수 있을 것이다.

교회의 사명은 무엇인가?

한마디로 교인들의 영적 요구를 채워주고 풍성케 하는 일이다.

교회의 영적 역할을 네 가지로 요약하면 다음과 같다.

① 케리그마(κήρυγμα, 마 12:41): 말씀 선포의 사명이다.
② 디다케(διδαχή, 막 4:2; 요 7:16): 가르치는 역할이다.
③ 디아코니아(διακονία, 행 1:25): 봉사의 역할이다.
④ 코이노니아(κοινωνία, 요일 1:6): 친교의 역할이다.

그러나 그 중에서 가장 중요한 역할은 케리그마의 역할이라고 할 수 있다. 즉, 복음을 선포하는 역할이다.
어느 것이든 중요하나 말씀 선포의 역할이 가장 중요하지않겠는가?

2. 기도와 전도 우선론

사도 바울은 골로새서 1:18에서 이렇게 말한다.

> 그는 몸인 교회의 머리 시라 그가 근본이시요 죽은 자들 가운데서 먼저, 나신이시니 이는 친히 만물의 으뜸이 되려 하심이요(골 1:18).

교회의 머리는 그리스도이시다. 한마디로 "복음주의 교회의 유일한 머리, 으뜸 되는 어른은 오직 만 왕의 왕, 만주의 주, 풍성하신 우리 주님 이

외에 있을 수 없다"라는 사실을 항상 명심해야 할 것이다.[1]

하나님이 우리 교회를 축복하시는 것은 "성경을 우리의 유일한 교과서로 삼기 때문이다. 강단에서 설교하는 내용도, 주일학교에서 가르치는 교과목도 모두 성경"이 되어야 한다. 성경은 곧 하나님의 말씀이기 때문이다. 이것이 우리의 신앙의 중요성이다.

"성령으로 감화 감동된 진리를 우리와 이웃하는 모든 사람에게 골고루 나누어 주는 것이 우리의 특권임과 동시에 막중한 책임"이다.[2]

현대인은 하나님의 말씀에 영적 고갈 상태이다. 따라서, 여호와의 말씀을 능히 대중에게 선포할 설교자를 찾는다.

"어디서든 성경을 가르치고 성경을 설교하는 사역에 열심 있는 교회이면 부흥"하고 "교회성장은 불가피하게 될 것이다."[3]

초대교회 시대에는 예배하는 공동체를 성경적 교회 모델로 삼았다(행 2:42-47). 초대교회는 "구원받은 백성들이 함께 모여 주의 말씀을 들으며 기도하고 찬양하며 교제하고 복음 증거하는 일"이 교회가 감당해야 할 사명으로 여기고 있었다.[4]

어거스틴(Augustine)은 사랑의 공동체를 성경적 교회 모델로 생각하였고 성령의 도우심으로 점점 성화가 될 것이고 언젠가는 성도다운 면모를 갖

---

[1] 해롤드 L. 피켓트, 『교회성장의 열 가지 원리』(Hope for Your Church: Ten Principles of Church Growth Glendale), 조해수 역 (서울: CLC, 1978), 15-17; Harold L. Fickette, Jr, Hope for Your Church: Ten Principles of Church Growth Glendale, CA: Regal Books, 1972), 1-157.

[2] 해롤드 L. 피켓트, 『교회성장의 열 가지 원리』, 15-17.

[3] 해롤드 L. 피켓트, 『교회성장의 열 가지 원리』, 23-25.

[4] 데이비드 W. 쉔크, 얼빈 R. 슈트츠만, 『초대교회 모델을 따라 교회를 개척하라』, 최동규 역 (서울:베다니 출판사, 2004), 1-310.

추게 될 것이라고 믿고 있었다. 그러므로 성도들이 한마음으로 서로를 이해하고, 인내하며 사랑의 공동체가 되는 것이 "성경적 교회"로 보았다.[5]

초대교회에서 보여 준 성경적 진실은 전도와 기도는 동시에 중요함을 보여 준다. 예컨대, 사도행전 2:1-13에서 보여 준 기록은 전도하기 전에 마가, 요한의 다락방에서 제자들 120명이 합심 기도할 때 기적이 일어난 것을 입증한다. 성령이 강하게 임하였고 충만하였다. 방언도 하였다.

얼마나 간절하게 기도했으면, 새 술에 취하였다고 조롱받을 정도였다. 기도할 때에는 120 문도였으나 베드로가 오순절 설교 시에는 신도가 3천 명이나 되었다(행 2:41).

그러므로 전도하기 전에 열심히 기도하는 것은 당연하다. 기도와 전도는 우선이 구별할 수 없을 정도로 둘 다 중요하다. 특히, 전도 대상자를 미리 적어놓고 집중적으로 기도하는 것이 매우 중요한 교회성장 전략이다.

다음에는 교회성장을 위한 총동원 전도 주일(Friendship Sunday)이[6] 우선을 둔 사례를 한번 보자. 예를 들면, GPC(예장 통합)[7]의 경우는 전도 우선을 시행하여 초대형 교회로 성장한 대표적인 사례이다.

K 목사가 부임할 당시 1979년에 불과 100여 명의 성도가 재적 교인이었다. 그러나 1980년부터 총동원 주일에 전도 대회를 실시하여 2007년도에는 2만 명의 등록 교인을 가진 교회로 성장하였다. 처음에는 1년에 한 차례 실시했

---

[5] 김승년, 『건강한 교회, 이렇게 만든다』 (서울: 예영커뮤니케이션, 2004), 70-71.
[6] 총동원 주일은 영적인 전투적인 개념으로 들리나 미국에서 사용된 이 개념은 우정의 주일로서 오히려 따뜻한 용어(Friendship Sunday 혹은 Lord's Day)로서 출발하였음이 흥미있다.
[7] GPC(Gwacheon Presbyterian Church)란 대한예수교장로회 소속인 과천교회를 말한다.

으나 1990년도부터는 부활 주일과 추수 감사 주일에 두 차례 실시하였다.[8]

표 6-1 GPC 총동원 전도 주일 등록자

	총동원 전도 주일 등록자							
	전반기			후반기			등록자 수		
	교회학교	장년	전체	교회학교	장년	전체	교회학교	장년	전체
1994			436			406			1,905
1995	242	303	545	274	211	485	1,393	1,154	2,547
1996	493	258	751	229	175	404	1,923	1,566	3,489
1997	197	173	370	118	289	407	1,145	1,164	2,309
1998	263	320	583	260	119	459	1,059	1,142	2,201
1999	203	206	409	172	388	560	957	1,210	2,167
2000	216	409	625	193	314	507	1,168	1,176	2,344
2001	226	465	691	205	288	493	962	1,261	2,223
2002	191	356	547	150	364	514	987	1,128	2,115
2003	340	669	1,009	278	649	927	1,196	1,597	2,793
2004	411	756	1,167	414	600	1,014	1,155	1,892	3,047
2005	372	676	1,048	388	695	1,083	878	1,760	2,638
2006	769	311	1,080	307	680	987	859	2,117	2,976
2007	628	593	1,221	243	729	971	633	1,915	2,548
2008	370	461	831	512	492	1,004	568	1,933	2,501
2009	189	458	647	200	342	542	445	1,306	1,751

출처: Young Jong Kim, *Megachurch Growth in Korea* (Pasadena, CA: Fuller Theological Seminary, 2011), 170-172.

---

[8] K 목사 은퇴 후 J 목사가 담임목사로 부임한 후 총동원 전도 주일은 새 생명 축제로 바뀌었고 부활절 전후로 하여 전도 대상자를 품었다가 가을 추수감사절 전 후까지로 교회에 새신자로 등록하는 시스템으로 변경되었다.

표 6-2 GPC 교회성장 통계 자료

Year	Baptized Member(수세 혹은 수침자)	Total Members(전체 교인)
1981	445	1,127
1982	506	1,088
1983	754	2,016
1984	1,171	2,933
1985	1,312	3,331
1986	1,524	3,681
1987	1,775	4,184
1988	1,824	4,399
1989	1,841	4,439
1990	2,364	5,272
1991	2,956	6,515
1992	3,304	6,996
1993	Lost data	
1994	3,323	7,535
1995	3,390	9,746
1996	3,885	10,888
1997	4,225	11,462
1998	4,874	11,841
1999	5,335	12,676
2000	5,447	13,100
2001	6,774	13,962
2002	7,037	14,678
2003	8,173	15,344
2004	8,681	15,798
2005	9,214	16,634
2006	9,851	18,008
2007	10,519	20,212
2008	10,804	20,385
2009	10,904	20,560

출처: Young Jong Kim, *Megachurch Growth in Korea* (Pasadena, CA: Fuller Theological Seminary, 2011), 170-172.

GPC의 총동원 주일은 "전 교인이 출석하는 주일, 가족들을 구원시키는 주일, 내 이웃을 구원하는 주일"이라는 목표로 행사를 진행하였다.

총동원 전도는 이름 그대로 모든 것을 총동원해 전도에 집중함을 말하는 것이다. 총동원 전도는 모든 사람이 예수를 믿고 하나님께로 돌아오길 바라시는 하나님의 소원에 대한 우리의 할 일로 보았다. 또한, 그리스도의 명령에 대해 교회가 합심해 복종하며, 개인적으로는 각각의 그리스도인들에게 부과된 명령을 수행하는 행동이다.

총동원 전도 운동이 교회성장에 어떤 우선권이 될 수 있는가?

표 6-1과 6-2에서 보는 바와 같이 많은 등록자의 결과는 우선이 되어야 함을 잘 보여 준다. 그 기술적인 통계 자료(descriptive statistics)가 참고될 수 있다. 예를 들면, 표 6-1은 총동원 전도 주일 등록자이다. 1994년에는 1,905명이 등록하였고 제일 많이 등록한 때는 1996년으로서 무려 3,489명이 등록하였다.

표 6-2는 세례(침례)받은 자들의 통계인데 1981년에는 불과 445명에 불과한 세례 자가 2009년에는 누적 등록자가 1만 904명으로 양적 성장을 하였고 총 등록 교인은 2만 560명에 달했다. 교회성장은 여러 요인이나 변수가 있으나 전도(총동원 주일)의 중요성을 입증하고 있다.

표 6-1은 GPC가 총동원 주일 전도 운동에서 새로 등록된 새신자들의 현황을 보여 주고 있다. 이 데이터에서는 총동원 주일의 전도 결과가 교회성장을 위하여 실질적으로 얼마나 효율적이고 효과적인 가를 통계적으로 보여 주고 있다.

표 6-2는 교회성장의 결과는 다른 변수도 있지만, 총동원 주일 전도에 큰 영향을 받고 있음을 계량적이고 기술적인 통계가 잘 보여 준다. 흥미

있는 것은 매년 새신자 등록자가 2,000-3,000여 명에 이르며 이러한 전도운동은 교회성장에 크게 기여한 것으로 보인다.[9]

"총동원 전도는 성경 말씀에 근거해 "성령의 힘으로 예수 그리스도의 증인이 되어 복음을 전하되, 한 사람도 빠짐없이 모든 사람에게 그리스도를 전하는 운동"이다.[10]

전도란, 매우 쉽고, 하나님의 백성이면 누구나 할 수 있는 것이며 어떤 특정한 부류의 사람들만 하는 것이 아니다. 전도를 초대교회에서도 사도나, 교회의 지도자들만의 임무로 생각했다는 기록은 없다. 누구나 모두 예수 그리스도를 통해 구원을 받는다는 기쁜 소식을 들을 수 있고, 또한 전해야 하는 권리와 의무를 가지고 있다.

우리는 예수님께서 전도를 우선적인 목표로 그의 교회를 세우셨다는 사실을 교회의 역사를 통해서 잘 알 수 있다. 그러므로 전도는 특정인의 할 일이나 책임이 아니며 성도들의 사명이요, 성도 모두가 증인이 되어야 한다.

총동원 전도의 전도 계획을 세우는 데 있어서 무엇보다도 중요한 것은 목적이 분명해야 한다는 것이다. 목적이 분명하지 않으면 그 계획은 이미 실패한 것이나 다름없다. 사도 바울은 그의 목적이 분명했음을 우리에게 보여 주고 있다. 빌립보서 3:13-14에서 사도 바울은 고백했다.

> 형제들아 나는 아직 내가 잡은 줄로 여기지 아니하고 오직 한 일, 즉 뒤에 있는 것은 잊어버리고 앞에 있는 것을 잡으려고 푯대를 향하여 그리스도 예수

---

[9] Young Jong Kim, *Megachurch Growth With Special Reference to GPC* (Pasadena, CA: Fuller Theological Seminary, 2011), 170-172.

[10] Young Jong Kim, *Megachurch Growth With Special Reference to GPC*, 94-98

안에서 하나님이 위에서 부르신 부름의 상을 위하여 좇아가노라(빌 3:13-14).

총동원 전도에 있어서 먼저 되어야 할 목적은 사람들에게 복음을 전해 그들이 구원을 얻게 하는 것과 그리스도의 몸 된 교회를 부흥시키고 성장케 하는 것이다. 또한, 총동원 전도를 통해서 성도들의 성숙한 신앙이나, 영적인 성숙을 기대할 수 있다.

총동원 전도는 전 교인이 일체감을 가질 수 있는 좋은 계기가 될 수 있다. 이러한 목적 의식이 있다면 총동원 전도는 인원 동원에 그치는 행사로 전락하지 않고 성장할 수 있다.

총동원 전도는 하나님의 말씀인 성경을 근거로 시행되는 전도 운동이 되어야 할 것이다. 예수님은 명령하셨다.

너희는 온 천하에 다니며 만민에게 복음을 전파하라(막 16:15).

또한, 디모데후서를 통해서도 말씀하셨다

하나님 앞과 살아 있는 자와 죽은 자를 심판하실 그리스도 예수 앞에서 그가 나타나실 것과 그의 나라를 두고 엄히 명하노니 너는 말씀을 전파하라 때를 얻든지 못 얻든지 항상 힘쓰라 범사에 오래 참음과 가르침으로 경책하며 경계하며 권하라(딤후 4:1-2).

복음 전파하는 일에 급급하다 보면 매일 기도하고 말씀을 묵상하는 기본적인 일에 소홀해질 수 있다. 그러므로 매일 시간을 정해 주님과 교제하는 생활에도 힘써야 할 것이다. 그리고 주님의 교회가 복음 전파에 주체라는 것을 항상 기억하고 있어야 할 것이다. 우리가 이 원칙을 벗어나게 된다면 개인의 실적을 올리는 인본주의적인 방향으로 변질되기 쉽다. 교회는 교회가 가진 영적, 인적, 물적 자원을 파악하고 증진하며 전도에 효과적으로 활용할 수 있도록 계획하고 훈련하고 실행해야 한다.[11]

결국, 총동원 전도 주일은 교회 생활을 등한시 하던 교우들을 새로운 마음으로 교회에 출석시키는 기회가 되게 하며, 내 이웃의 형제들에게 구원의 기쁜 소식을 전하는 아름다운 교회 잔치이다.

또한, 교회의 성도들에게는 새로운 결단과 복음에 대한 뜨거운 열정을 다시 한번 점검하는 계기가 되는 행사이다. 다음은 과천교회의 K 집사의 총동원 주일 전도 대회에서 발표한 간증이다.

> 목사님의 설교 말씀 중 전도 대상자의 이름을 성경책에 적고 하루 5번 1분씩(일어나서, 세 번의 식사 때, 잠자기 전), 5분만 기도하면 큰 역사가 일어난다고 강조하실 때마다 저는 그 자리에서 벌떡 일어나서 "성도 여러분! 목사님 말씀대로 순종하면 기적의 역사가 분명히 일어납니다" 하고 큰소리로 외치고 싶을 때가 한두 번이 아닙니다.
>
> 어느날 서울에 있던 학교 후배가 평촌으로 이사를 온다는 소식을 들은 것입니다. 그렇게 기도한 지 2개월이 지난 어느 수요일 집으로 가다가 갑자기 기도로 준비한 후배 부부 생각이 나서 그 집으로 가서 복음 제시를 해야 하겠다는 생각으로 제 가슴이 뜨거워졌습니다.

---

[11] 김찬종, 『교회는 이렇게 성장한다』 (서울: 쿰란출판사, 1998), 1-303.

시간을 보니 밤 11시!

세상적으로는 도저히 찾아갈 수 없는 실례되는 시간이었습니다. 그러나 망설임도 없이 후배 집으로 전화를 걸었습니다. 그 후배는 반가운 목소리로 괜찮다고 하면서 오라는 것이었습니다. 늦은 시간임에도 불구하고 반갑게 맞아 주었습니다. 나중에 안 일이지만 후배 부인의 말에 의하면 "그냥 자기 남편과 긴밀히 이야기할 것이 있어 오셨나 보다. 20분 정도 이야기하고 가겠지"라고 생각했다고 했습니다.

저는 늦은 시간에 죄송하다는 이야기, 그동안 후배 부부를 위하여 기도해 왔던 이야기, 천국에 대한 소식 등을 전했고, 그때 너무나 자연스럽게 복음이 전해지는 것을 느끼며, '아! 하나님이 이들 부부를 이미 영생을 주시기로 작정된 자로 삼았구나'라는 생각이 들자 더욱 힘 있는 복음 메시지가 제 입술에서 나왔습니다.

그 후배와 부인은 뭔가 마음에 있는 무거운 짐을 벗은 기분이며 기독교에 대한 궁금증, 예수쟁이에 대한 궁금증, 예수쟁이에 대한 편견 등 많은 것이 해결됐다고 고백했고 마음이 홀가분해져 평안하다는 것이었습니다. 그리고 다가오는 주일에 등록하기로 했습니다.

복음의 메시지를 전하고 후배 집에서 나온 시간은 밤 12시 30분이었습니다. 인간적으로 생각지도 못할 시간에 저들 부부가 하나님의 복음을 받아들이고 예수님을 영접한 기쁜 얼굴로 차 타는 데까지 나와서 고맙다고 인사하는 모습을 보고 우리 하나님께서는 그야말로 전도의 미련한 방법으로 우리를 구원해 주시는구나 생각하니 얼마나 감사한지 모릅니다. [12] 성령의

---

[12] 김찬종, 『교회는 이렇게 성장한다』, 1-303.

인도함은 시간과 공간을 초월하는 것임도 깨달았습니다.

마침내, 그들 부부는 주일 낮에 등록했고 지금까지 열심히 하나님을 알고자 노력하고 있는 것을 볼 때 오직 감사할 따름입니다. 특별히 중요한 일은 이 후배가 자기 처남 부부를 전도해 달라고 저에게 전화한 것입니다. 이 처남도 매형이 갑자기 생활이 달라지고 예수님 이야기를 많이 하고 자기 간증을 많이 하는 것을 보았던 것입니다. 그래서 호기심을 가지고 그 처남이 "교회 나가면 사람이 그렇게 달라집니까?"라고 그 후배에게 묻더라는 겁니다. 여기에 후배가 확신하고 저에게 전화한 것입니다. 저는 당장 같이 가자고 했습니다.[13]

나는 심었고 아볼로는 물을 주었으되 오직 하나님은 자라나게 하셨나니 그런즉 심는 이나 물 주는 이는 아무것도 아니로되 오직 자라나게 하시는 하나님뿐이니라(고전 3:6-7).

사도 바울은 복음의 씨를 심었고 아볼로는 물을 주고 가꾸었다. 그러나 복음의 씨를 자라나게 하신 것은 하나님이시다.

그러면 양적 성장이나 숫자적 성장과 함께 질적 성장도 매우 중요한데 질적 성장은 어떻게 이루게 될까?

첫째, "질적 성장은 "정기적인 예배"를 통해 이룰 수 있다.

교회가 질적으로 성장한다는 것은 교인들이 예배를 사랑하고 모이기를

---

[13] 김찬종, 『교회는 이렇게 성장한다』, 145.

힘쓰는 것을 의미한다. 아무리 다른 성장 요인이 갖추어졌다 할지라도 "성도들이 모이지 않아서" 집회가 썰렁하다면 질적 성장을 기대할 수 없다.[14]

둘째, 질적 성장은 "말씀을 가까이하는 것"을 통해서 이룰 수 있다.

성도들이 하나님 말씀을 귀중히 여겨 "성경 읽기를 생활화"하며, 교회가 가르치고 배우는 일로 분주해진다는 것은 곧 질적으로 성장한다는 것을 의미한다.[15]

셋째, 질적 성장은 "기도에 힘쓰는 정도"를 통해 이룰 수 있다.

기도가 없는 교회는 인간적인 생각, 사상, 수단, 방법에 지배당하게 된다. "교회가 영적인 교회가 되고자 한다면 회의는 되도록 짧게 하고 기도"를 길게 해야 한다.[16]

넷째, 질적 성장은 "봉사에 힘쓰는 정도"를 통해 이룰 수 있다.

"봉사하지 아니하고 잠깐 예배에만 참석하고 가는 교인들이 많은 교회"는 질적으로 성장한 교회라고 보기 힘들다.[17]

다섯째, 질적 성장은 "전도에 힘쓰는 정도"를 통해 이룰 수 있다.

주님의 "지상 명령"을 소중히 여기며, 또한 하나님 나라의 확실한 소망

---

[14] 김찬종, 『교회는 이렇게 성장한다』, 290-291.
[15] 김찬종, 『교회는 이렇게 성장한다』, 290-291.
[16] 김찬종, 『교회는 이렇게 성장한다』, 290-291.
[17] 김찬종, 『교회는 이렇게 성장한다』, 290-291.

을 두고 불신 영혼을 사랑하며, "구원의 확신"을 가지고 "복음을 뜨겁게 전파" 하고 불신자를 인도하는 자가 많을 때 질적으로 성장하는 교회이다.

교회의 "질적 성장은 대체로 "예배, 말씀, 기도, 봉사, 전도" 등을 통해 확인할 수 있다.[18] 교회는 설립된 이상 성장해야만 한다. 교회가 성장해야 할 뚜렷하고 분명한 이유는 교회성장이 주님의 명령이기 때문이고, 하나님의 뜻이기 때문이며, 구속사의 큰 섭리이기 때문이다.[19]

3. 개척 교회(Planting Church) 우선론

예수님은 말씀하셨다.

> 너희는 가서 모든 족속으로 제자로 삼아 아버지와 아들과 성령의 이름으로 세례를 주고 내가 너희에게 분부한 모든 것을 가르쳐 지키게 하라 (마 28:19-20).

이 말씀은 주님께서 성도들에게 주신 지상 명령이자, 교회성장에 대한 명령이기도 하다. 이 명령은 육신을 입고 이 땅에 오신 하나님으로서의 명령이고, 하늘과 땅의 모든 권세를 가지신 역사의 주관자이신 하나님의 명

---

[18] 김찬종,『교회는 이렇게 성장한다』, 290-291.
[19] 김찬종,『교회는 이렇게 성장한다』, 290-291.

령이며, 우리를 죄악 가운데서 구속하기 위하여 십자가를 지셨던 구원자로서의 명령이기도 하다.

그러므로 이 명령은 성도들이 반드시 지켜야 할 절대적인 명령이다. 교회성장은 이 명령을 충실히 지킴으로써 이루어져야 하고, 또한 이 명령을 지킬 때 자연히 교회는 성장한다. 이장에서는 개척 교회 시작을 통하여 교회가 성장하는 경우를 집중적으로 논의한다.[20]

1) 개척 교회란?

'개척 교회'(Church Planting)란 어떤 지역에 복음을 전하기 위한 새로운 교회를 시작하는 경우를 말한다. 원래 기존의 예배당 시설이나 교인이 확보되지 아니한 상태에서 오직 믿음으로 주님께 의지하고, 복음 선포를 가정집에서부터 시작하게 되므로 '가정 교회'(House Church)라고 부른다.

개척 교회는 하나님께서 기뻐하시는 전도 방법이라는 것을 잊어서는 안 된다. 거의 모든 성장한 교회가 이러한 방법으로 출발하였다.

"개척 교회"를 다른 의미로서 'planting church'라고 하는데 교회를 나무 심는 것처럼 시작한다는 것을 의미한다. 즉, 개척하는 것은 나무를 심는 것과 비슷하다. 심은 후에는 물을 주고 양육하는 순서가 남아 있다.

---

[20] Young Jong Kim, *Megachurch Growth With Special Reference to GPC*, 1-25.

2) 개척 교회의 필요성

교회 개척의 필요성과 목적은 무엇인가?
그 대답은 엘렌 리비스(Ellen Libis)는 교회 개척에 대해 이렇게 말했다.[21]

> 교회 개척은 성서신학에서 반영되며 신약성경은 교회 개척을 포함하고 완성되어야 한다. 그렇지 아니하면 바울의 선교 여행은 목적이 없고 의미가 없어진다.
> 그리스도의 십자가는 아무 의미가 없어진다. 예수님이 십자가에서 돌아가신 것은 교회를 위한 것이며 그리스도의 죽음과 부활은 교회가 그의 몸이라는 것과 바로 연결된다. 영원한 교회를 통하여 교회의 머리는 하나님(Godhead)이시고 이것은 바로 '개척교회신학'(Church Planting Theology)이 존재하는 이유이다.

피터 임(Peter Im) 교수는 교회 개척하는 이유를 여섯 가지로 요약한다.

① 새로운 교회는 전도의 핵이다.
② 새로운 교회는 오래된 교회보다 더 빨리 성장한다.
③ 새로운 교회는 더 많은 선택의 기회를 준다.
④ 새로운 교회는 항상 필요하다.

---

[21] Ellen Libis, *Handbook for Effective Church Planting and Growth Richmond* (Richmond, VA: Foreign Mission Board of Southern Baptist Convention, 1900), 1-30.

⑤ 새로운 교회는 하나님이 생존하도록 도와준다.
⑥ 새로운 교회는 기존 그리스도인들의 욕구를 충족시켜 준다.[22]

교회 개척 원리의 실제적인 적용은 성경의 주요한 원리이다. 교회 개척의 목적은 "그의 위대한 사명을 완성함으로써 하나님의 뜻을 극대화하고 기쁘게 하는데 초점"을 두고 있다. 바꾸어 말하면 교회성장의 목적을 이루게 되므로 복음을 전도하게 된다.

그리고 초대형 교회도 역시 건강한 교회(healthy church)에 근거하는 한, 비난할 것이 아니라 긍정적으로 하나님의 뜻으로 수용함이 바람직하다. 그 이유는 초대형 교회는 국내의 지역 사회를 위하여, 또는 미전도의 잃어버린 세계를 위하여 선교 사업이나 사회 봉사를 더 할 수 있기 때문이다. 궁극적인 목적은 하나님의 나라(The Kingdom of God)를 위한 것이어야 한다. 바로 그것이 하나님의 위대한 사명(마 28:18-20, 행 1:8)이며 위대한 명령(the Great Commandment, 마 22:37-40)이기 때문이다.

티모시 박(Timothy Park) 교수는 교회 개척의 목적을 간략하게 서술하고 있는데 무엇보다 개척 교회에 대해 이와 같이 정의한다.

> 그리스도의 소원(마 16:16), 가장 효과적인 하나님 나라의 위탁(most effective delegation of the Kingdom of God, 마 16:18), 그리고 교회는 예수 그리스도의 몸이고(엡 1:23), 나아가서는 위대한 사명을 이루기 위한 가장 효과적인 방법

---

[22] Peter Im, "Theology of Church Growth," *Syllabus* (Pasadena, CA: Fuller Theological Seminary, 2007), 99.

(the most effective way to achieve the Great Commission)이기 때문이다.[23]

예수님은 부활 후 40일 계시다가 승천하시기 전 주님은 제자들을 향해 말씀하셨다.

오직 성령이 너희에게 임하시면 너희가 권능을 받고 예루살렘과 온 유대와 사마리아와 땅끝까지 이르러 내 증인이 되리라(행 1:8).

주님의 최종 말씀은 교회성장을 촉구하는 말씀이었다. 성도들의 가장 아름다운 삶은 주님의 말씀에 복종하며 사는 삶이었다.

주님은 이 땅에서 하나님 아버지의 뜻을 이루어드리는 삶을 사셨다. 그것은 한 영혼도 잃지 않고 구원하는 것이었다. 그러므로 그 일을 이루었을 때 오는 행복감은 그 어떤 일의 행복감 보다 우선되었다. 교회는 이 세상 속에 교회를 세우사 이 교회를 도구로 인류를 구원하시려는 하나님의 뜻을 이루어드려야 한다. 교회성장은 하나님의 뜻을 이루어드리는 일이다.

교회성장은 구속 역사의 최종 목표이다

이 천국 복음이 모든 민족에게 증거되기 위하여 온 세상에 전파되리니 그제야 끝이 오리라(마 24:14).

하나님은 역사의 주인이시다. 역사를 주관하시고 섭리하시고 다스리신다. 하나님의 손 안에서 모든 역사는 진행되고 발전된다. 사람의 역사뿐만

---

[23] Young Jong Kim, *Megachurch Growth With Special Reference to GPC*, 49.
Park, Timothy Kiho, *Cross-Cultural Church Planting* (Seoul: The Korean Society for Reformed Faith and Action, 2005), 54-57.

아니라 일개 날짐승의 생애까지도 하나님은 주관하신다(마 10:29). 이 역사는 처음이 있는 반면에 반드시 끝이 있다. 그래서 역사의 주인이신 주님은 처음이요, 나중이 되신다(계 1:17).

이 세상의 역사는 하나님이 인간을 구원하시는 구속의 역사이다. 구원의 복음이 온 세상, 모든 민족에게 증거되면 역사의 종말이 올 것이다. 하나님은 불신자를 통해서 복음 전파의 계획을 세우지 않으시고, 오직 성령이 임한(행 1:18) 성도들, 즉 교회를 통해 구속 사역을 이루시고자 계획하셨다. 그러므로 교회는 모든 민족에게 복음을 전파하여 제자로 삼음으로써 교회를 성장시켜야 한다.

교회가 온전히 성장하고 주님께서 이 땅에 오시면 하늘 나라가 이 땅에 임하게 될 것이다. 주님을 진정으로 기다리는 자마다 교회성장에 힘써야 한다.[24] 그러므로 개척 교회는 교회성장에 가장 우선권을 두어야 할 가치 있는 성장 전략으로 보아야 한다.

4. 목회자 성장지향 리더십 우선론

생명이 성장 원리가 있듯이 교회도 성장 원리가 있다. 성장 원리를 거스르면 성장은 멈추고, 성장 원리가 일치하면 성장은 빨라진다. 그러므로 교회는 몸으로서 성장하기 위하여 성장 원리를 찾아 그 원리에 따름으로써 빠른 성장을 가져올 수 있도록 하는 지혜가 필요하다.

---

[24] Park, Timothy Kiho, *Cross-Cultural Church Planting*, 288-303.

교회성장은 인류를 예수 그리스도의 제자로 삼으려는 노력에서 성경적, 신학적, 인류학적, 그리고 사회학적 원리를 지교회와 교단, 그 지역 사회에 적용함으로써 시작된다.

도날드 맥가브란(D. McGavran)은 말한다.

> 하나님의 교회가 성장하고 하나님의 잃어버린 자녀들을 찾는 것이 하나님의 뜻이라고 믿기 때문에 교회성장은 전략을 세우고 목표를 설정해 입증된 성장 원리를 각 교회와 교단과 전 세계 그리스도의 몸에 적용하려고 노력하는 것이다.[25]

교회가 성장하려면 바른 자세와 바른 목표를 가져야 한다.
그럼 어떠한 자세와 목표를 가져야 하는가?

첫째, 목회자는 성장에 대한 뜨거운 열망과 굽히지 않는 신념이 있어야 자란다. 이웃에게 줄 수 있는 가장 큰 사랑은 그 영혼을 구원하는 것이며, 나라에 대한 큰 애국은 민족 복음화이며, 인류를 위한 최대의 봉사는 세계 선교이다.

둘째, 목회자가 성장하지 못하는 것을 합리화시키면 교회는 성장하기 어렵다. 흔히들 '양보다 질이 더 중요하다'라고 변명한다. 그러나 양과 질

---

[25] D. McGavran, *Understanding Church Growth* (Grand Rapids MI: Eerman Publishing Co., 1970), 6-7, 20-30, 63-64.

은 정비례한다. 균형 성장이 중요하다.

셋째, 목회자는 정확한 통계와 구체적 비전이 있어야 성장한다. 비전과 목표를 세울 때이다.

① 하나님의 뜻에 합당한가?
② 목표 달성을 위한 자원은 어떻게 동원하는가?
③ 언제, 어디서부터 시작하는가?
④ 어떤 방법으로 추진해 가는가?
⑤ 누가 이 목표를 달성할 수 있는가?

이를 고려한 후, 즉 분명한 목표 위에 행동의 우선 순위, 인적, 물적 자원 동원, 정확한 시간의 계획을 세워야 한다는 것이다. 이후의 성패 여부는 열성적인 실천에 달려있다.

넷째, 성장하는 교회의 목사들은 교인들로부터 사랑과 존경을 받고 있다. "우리 목사님이 없으면 교회는 안 된다"라는 식의 말을 쉽게 들을 수 있다. 성장하는 교회의 교인들은 "교회성장의 원인은 우리 목사님에게 있습니다"라고 말하기를 서슴지 않는다.

다섯째, 성장하는 교회 목회자의 공통점은 교회 전체 교인을 움직여 갈 지도력(leadership)을 가지고 있다는 점이다. 이들은 하나님을 사랑하고 양들의 영혼을 사랑하는 데서 얻는 사랑의 권위를 가지고 교인들을 지도한다. 교인들은 그의 지도를 즐겨 따른다. 교인들은 자신의 목회자가 자신들을 푸른 초장, 쉴 만한 물가로 인도하고 있다는 사실을 알고 있다.

성장하는 교회의 목회자들은 비전(vision)과 큰 믿음을 가지고 교회를 성장시키겠다는 강한 의욕에 불타고 있다.

교회성장에 방해가 되는 것은 부정적인 사고방식이다. 하나님께서는 교회성장을 긍정적으로 보고 추진하는 목회자에게 반드시 그 꿈이 이루어질 수 있도록 복을 주신다.

교회성장을 가져오는 요인은 다음과 같다.

첫째, 목사의 믿음이다.
둘째, 그 교회 평신도들의 믿음이다.

특별히 평신도 지도자들이 교회가 성장하기를 원해야 한다. 만약, 평신도 지도자들이 자신의 교회가 성장하는 것을 원치 않고 있다면 사실상 그들은 교회의 성장을 막고 있는 것이다. 그들이 성장을 위한 뜨거운 열정을 불태울 때, 성장을 위한 어떤 경우에도 적극적인 협조자가 될 수 있다.

5. 평신도 역할 우선 이론

잘 훈련된 평신도(a well mobilized laity)의 활용은 교회성장에 있어서 지극히 중요한 열쇠이다. 평신도 운동은 미국의 경우 1960연대 이후에 미국의 교회들을 각성시키는 운동으로 출발하였다. 평신도들의 헌신이 교회성장에 기여한 것은 실제 사례가 입증되었다.[26]

"교회 평신도 지도자들이 교회를 성장시키겠다는 강한 의욕과 큰 믿음"을 가져야 한다. 목회자의 믿음과 평신도 지도자들의 믿음이 일치시키는 것이 도움이 된다. 그 이유는 이것이 영적 성장의 원리이기 때문이다.

> 너희를 인도하는 자들에게 순종하고 복종하라 저희는 너희 영혼을 위하여 경성하기를 자기가 회개할 자인 것같이 하느니라 저희로 하여금 즐거움으로 이것을 하게 하고 근심으로 하게 말라 그렇지 않으면 너희에게 유익이 없느니라(히 13:17).

성장하는 교회의 목회자는 평신도 지도자들과 상호 믿음이 일치함이 필요하다. 성장하는 교회의 공통점은 성장의 핵이 되는 평신도 지도자들이 있다는 사실이다. 목회자와 뜻을 같이하는 열성 있는 평신도 지도자가 있는 교회는 반드시 성장한다. 목회자 혼자서 열심히 뛰어 성장하는 교회도 있으나 그 성장은 한계가 있다. 따라서, 평신도 지도자(layman leader)가 중요한 파트너로서 역할이 필요하다.

단순하고 명확한 조직은 교회성장의 중요한 요인이 된다. 조직이 활성화되지 않은 교회는 건강한 교회가 되지 못한다.

한 교인을 성장시키기 위해서는 조직이 활성화되어야 한다. 즉, 소그룹(small group) 혹은 셀(cell) 운동이다. 기독교 성도 개개인은 몸의 지체이며

---

[26] Young Jong Kim, *Megachurch Growth With Special Reference to GPC*, 68.

(고전 12:27), 포도나무에 붙은 가지이다(요 15:5).

지체와 가지의 성장은 붙어 있지 않은 한 성장이 어렵다. 성도 간의 관계의 중요성은 하나님과의 영성 강화를 위해서 꼭 필요하다.

교구와 구역 조직 관리는 매우 중요한 성장 변수이다. 세계 제일의 성장의 사례인 여의도순복음교회는 우수한 구역 관리에서 그 원인도 찾아볼 수 있다고 알려져 있다. 이러한 소그룹의 활성화는 성장에 매우 긍정적인 역할을 하게 된다.[27] 초대교회는 오순절 성령의 역사 이후 놀랍게 급성장했다.[28] 사도행전에 나타나는 초대교회의 수적 성장은 아래와 같이 나타났다.

> 모인 무리의 수가 한 일백이십 명이나 더라 그때에 베드로가 그 형제 가운데 일어서서 가로되(행 1:15).

> 그 말을 받는 사람들은 세례를 받으매 이 날에 제자의 수가 삼천이나 더하더라(행 2:41).

> 하나님을 찬미하며 또 온 백성에게 칭송을 받으니 주께서 구원받는 사람을 날마다 더하게 하시니라(행 2:47).

> 말씀을 들은 사람 중에 믿는 자가 많으니 남자의 수가 약 오천이나 되었더라(행 4:4).

---

[27] 김동현, 『그룹전도법』(서울: NCD, 2016), 15-16.
[28] Young Jong Kim, *Megachurch Growth With Special Reference to GPC*, 1-250.

믿고 주께로 나오는 자가 더 많으니 남녀의 큰 무리더라(행 5:14).

하나님의 말씀이 점점 왕성하여 예루살렘에 있는 제자의 수가 더 심히 많아지고 허다한 제사장의 무리도 이 도에 복종하니라(행 6:7).

사울이 그의 죽임 당함을 마땅히 여기더라 그날에 예루살렘에 있는 교회에 큰 핍박이 나서 사도 외에는 다 유대와 사마리아 모든 땅으로 흩어지니라(행 8:1).

그리하여 온 유대와 갈릴리와 사마리아 교회가 평안하여 든든히 서 가고 주를 경외함과 성령의 위로로 진행하여 수가 더 많아지니라(행 9:31).

하나님의 말씀은 흥왕 하여 더하더라(행 12:24).

저희가 듣고 하나님께 영광을 돌리고 바울더러 이르되 형제여 그대도 보는 바에 유대인 중에 믿는 자 수만 명이 있으니 다 율법에 열심 있는 자라(행 21:20).[29]

놀라운 초대교회의 급성장의 역사는 목숨을 건 사도들에 의해서 이루어졌다. 성령의 역사가 바로 초대교회의 성장으로 연결된 고리였다. 만약, 그들에게 성령의 능력이 임하지 아니하였다면, 교회의 성장은 기대할 수

---

[29] 명성훈, 『교회성장마인드』(서울: 교회성장연구소, 2001), 249-250.

없었다. 그들이 열심히 복음을 전파할 때 날마다 성장한 것은 성령께서 보이지 않는 가운데 큰 능력을 더해 주셨기 때문이다.

교회는 신비한 영적인 생명체이므로 인간적인 지식이나 방법으로 성장하지 않는다. 오직 성령의 능력 안에서 역사하는 것이다. 성령이 성도들에게 강하게 임하면 성도들은 복음의 증인이 된다. 성도들의 삶 속에서 성령이 충만해지고 신앙이 성장한다. 그러므로 양적인 성장, 질적 성장, 혹은 회심 성장(conversion growth)도 성령의 역사 안에 있다. 교회가 성장하기를 원한다면 성령을 의지하는 목회자가 되어야 한다.

교회성장에는 무엇을 가장 우선하는 것이 좋을까?

교회성장학자들이나 지도자들은 각자 나름의 목회철학을 가지고 있겠으나 교회의 사명은 마태복음 28:20 이하와 사도행전 1:8과 마가복음 16:15 등에서 발견 되듯이 선교와 전도의 사명이 가장 우선으로 강조되어야 함이 바람직할 것이다.[30]

사람들에게는 많은 요구 사항이 있다. 여기에서 오직 교회만이 충족시켜 줄 수 있는 단 하나의 인간의 요구 사항이 있는데, 그것은 인간의 궁극적인 욕망으로서 개인적으로 하나님을 아는 것이다. 영원에 대한 욕구를 최우선으로 해결함이 중요하다. 성경 말씀을 쉽게 표현하면 교회는 사람들이 구원받을 수 있는 장소이다

로버트 슐러(Robert Schuler)는 그가 "믿고 있는 사역은 기독교인들의 신앙의 긍정적인 태도에 초점"을 두었다(Schuller focused on what he believed are

---

[30] 명성훈, 『교회성장마인드』, 311-313. 김찬종, 『교회는 이렇게 성장한다』, 255-262.
이 문제에 대하여서는 국내의 성장 지향 목회자 중 명성훈 목사는 "전도를 최우선으로 삼으라" 고 강조하고 있고 김찬종 목사도 동일한 견해를 가진 것 같다.

the positive aspects of the Christian faith).[31]

다음은 교인의 남녀 비율에 관한 자료이다.

> 한국의 경우 평신도 교인들의 남, 녀 비율의 성장은 흥미 있다. 1980-90 연대만 하여도 교회성장의 남녀 구조적인 비율을 보면 여성도들의 경우는 남성보다 큰 비율이었다. 그러나 최근의 통계의 비율은 전혀 다르다.
> 예컨대, 대한예수교장로회(통합)의 경우 지난 80회부터 100회 총회까지 20년 동안 교세 중 남성 비율은 2.7% 증가 되었으나 여성 비율은 오히려 2.7% 감소 되었다.
> 좀 더 구체적으로 남자 성도의 경우는 교세는 1995년 39.85%이었으나, 그 후 착실하게 증가 되어 2000년은 41.26%, 2005년은 41.71%, 2010년은 42.32%, 그리고 2015년은 42.55%에 달하며 증가 추세이다.
> 그러나 여성 비율은 1995년은 60.41%이었으나 2000년에는 58.73%, 2005년은 58.28%, 2010년은 57.67%, 그리고 2015년 9월 현재 57.44%로 감소 추세에 있다.
> 어떤 의미에서는 남녀 간의 평준화 현상이라 할 수 있으나 양성평등의 경향으로만[32] 해석하는 것이 바람직한가?
> 교회성장학의 면에서 여성들의 선교 전략에 대한 것을 심층적으로 분석할 필요가 있다고 할 수 있다. 여성의 적극적인 사회 참여로 인한 결과적 산물이나 교회 출석의 저하와도 무관하지 않다고 할 수 있다.[33]

---

[31] https://en.wikipedia.org/wiki/Robert_H._Schuller(Accessed on Oct. 6, 2015)
[32] 명성훈, 『교회성장마인드』, 311-313.
[33] 「한국기독공보」, (2015.9.19), 12.

초대교회 시대에는 예배하는 공동체를 성경적 교회 모델로 생각했었다 (행 2:42-47). 초대교회는 구원받은 백성들이 함께 모여 주의 말씀을 들으며 기도하고 찬양하며 교제하고 복음 증거하는 일이 교회가 감당해야 할 사명으로 알고 있었다.

1960년대에 나타난 사역 모델은 한마디로 교회성장 원리에 기초한 사역이었다. 이 사역 모델은 맥가브란과 조지 W. 피터스(George W. Peters)에 의해 제시된 모델이다. 그들은 교회가 성장하기 위해 영적으로 충만한 상태에 있어야 할 뿐만 아니라 무엇보다도 선교에 대해 깊은 관심과 열정이 있어야 한다고 주장했다.[34]

맥가브란에 의하면 교회는 토착화 원리에 따라 지역 사회에 문화적으로 적절한 사역 방법을 가지고 접근해야 하며 사회적 문제에도 깊은 관심이 있어야 한다는 것이다. 특별히 추수 신학에 따라 마지막 때에 하나님께서 구원받을 자를 모두 부르신다는 것을 믿고 교회성장을 기대해야 하며, 사탄에 의한 방해에도 적절한 준비를 하고 있어야 한다.

피터스에 의하면 교회는 성장을 위해 영적으로 충만해야 하며 모든 사역에 대해 희생적인 헌신을 해야 하고, 희생과 고통을 기쁨으로 감당하려는 마음이 있어야 하며, 이 모든 것을 위해 끊임없는 기도 생활을 해야 한다. 또한, 사역자는 경건한 리더십과 기능적인 사역 구조로 교회를 세워나가야 하며, 강해 설교와 가르침과 훈련을 통해 성도들을 성숙한 제자로 만드는 일에 전력해야 한다고 하였다.[35]

---

[34] 「한국기독공보」, (2015.9.19), 73-74.
[35] George W. Peters, *Saturation Evangelism* (Grand Rapids MI: Zondervan, 1979), 74-80.

슐러 목사도 "교회가 성장하기 위해서는 교회 속에 사람들의 관심을 끌며 매력을 느끼게 할 만한 생동력 있는 표지들이 있어야 한다"라고 강조하였다. 그에 의하면 교회는 사람들이 찾기 쉽고 접근하기 좋은 곳에 위치에 있어야 하며, 주차장은 충분해야 한다.

무엇보다도 교회는 성도들이 "긍정적인 사고방식을 갖고 살도록 강조해야 하며," 교회의 모든 사역과 프로그램을 원활하게 움직이도록 해야 한다.[36]

핵심 가치에 기초한 사역자 릭 워렌(Rick Warren)은 "교회를 어떻게 세워 나가느냐"에 초점을 두어 그 세움의 방법들에 가치를 부여하고 그 가치에 따라 교회를 세워 나간 목회자다.

그에 의하면 "교회는 목적에 의해 세워져 나가야 하며, 특별히 지역 사회의 필요와 구도자에 많은 관심을 두고 있어야 한다"라고 하였다.[37]

그리고 새신자들에게 큰 관심과 친절을 보여야 하며, 그들이 교회에 잘 정착할 수 있도록 적절한 프로그램을 제공해야 한다. 설교는 사람들이 현재 당면하고 있는 삶의 문제들을 이끌어 내어 그것을 해결해 주는 방법으로 전해져야 하며, 예배는 문화적으로 적절한 양식과 음악과 분위기가 있어야 한다.

무엇보다도 교회 교육은 평신도들을 사역자로 세우는 것이 그 목적이 되어야 하며, 이를 위해 성도들이 영적으로 잘 성장할 수 있도록 체계적이고 효과적인 양육 전략과 시스템을 가지고 있어야 한다.

1990년대 질적 특성에 기초한 사역은 슈바르츠(Christian A. Schwart)는 질문한다.

---

[36] https://en.wikipedia.org/wiki/Robert_Schuller(Accessed on March 7, 2018)
[37] George W. Peters, *Saturation Evangelism*, 78. Rick Warren, *The Purpose Driven Church* (Grand Rapids MI: Zondervan, 1995), 75-185.

"왜 오늘날 교회들이 잘 성장하지 않는가?"

이에 대한 슈바르츠의 대답은 다음과 같다.

"그것은 교회들이 네모난 바퀴를 달고 있는 수레를 끌고 가려고 하기 때문이다."[38]

또한, 하나님께서는 풍성한 둥근 바퀴들을 주셨는데 사용하지 못함을 강조한다.

"교회가 그 바퀴들을 사용하지 않고 오히려 인간이 만든 네모난 바퀴를 수레에 달고 끌려고 하므로 교회가 성장하지 못하고 있다."

다시 말해, 하나님께서는 교회가 성장할 수 있는 성장 요인들을 많이 주셨는데, 인간이 그 요인들을 사용하지 않고 "자신들의 지혜와 힘으로만 교회를 성장시키려고 애쓰기 때문에 교회가 잘 성장하지 못하고 있다는 것"이다.[39]

6. 성경적인 원리에 의한 교회성장 우선 사항

매킨토시(Gary L. McIntosh)는 교회성장을 위한 9가지 우선 순위의 역동적 모델을 제시하여 균형 있게 작동하면 건강한 교회 성장을 한다고 주장 한다.[40]

---

[38] Schwarz CA, *Natural Church Development: A Guide to Eight Essential Qualities of Healthy Churches* (7th updated and revised edition, ChurchSmart: St. Charles, 2006). http://www.ncd-international.org/public/christian-a-schwarz.html(Accessed on March 5, 2018).
Schwarz CA, *The ABC's of Natural Church Development* (St. Charles: ChurchSmart, 1998).

[39] Schwarz CA, *Natural Church Development: A Guide to Eight Essential Qualities of Healthy Churches*, 18-21.

[40] Gary L. McIntosh, *Biblical Church Growth* (Grand Rapids MI: Baker Books, 2003), 171

그림 6-1 교회성장의 역동적 우선 사항의 균형 모형

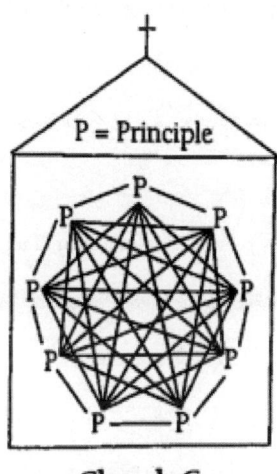

Church C

위 그림에서 6-1 에서 9개의 'p'는 무엇인가?

① 올바른 근거, 즉 하나님 말씀(God's Word)에 맡기고 하라(Commit to the Right Premise: God's Word: 하나님의 말씀).
② 올바른 우선권에 초점을 두라(Focus on the Right Priority : Glorify God: 하나님께 영광).
③ 올바른 과정을 개발하라(Develop the Right Process: Discipleship: 제자도).
④ 올바른 능력을 믿어라(Trust in the Right Power: The Holy Spirit: 성령).

Young Jong Kim, *Megachurch Growth With Special Reference to GPC*, 47.

⑤ 올바른 목사를 따르라 (Follow the Right Pastor: A Faithful Shepherd: 신실한 목자).

⑥ 올바른 사람들을 개발하라(Develop the Right People: Effective Ministers: 효과적인 목회자).

⑦ 올바른 철학을 사용하라 (Use the Right Philosophy: Cultural Relevance: 문화적 관련성).

⑧ 올바른 계획을 세우라(Build the Right Plan: Target Focused: 목표의 초점).

⑨ 올바른 절차를 찾아라(Find the Right Procedure: Simple Structure: 단순한 구조)

그림 6-1은 아홉 가지 'p'가 함께, 그리고 균형 있게 작동할 때 건강한 교회로 성장 할 수 있고 일부만 작동하면 건강한 교회가 될 수 없다는 것을 강조한다. 매우 흥미 있는 분석이다.

7. 결론

하나님께서 교회에 주신 성장 요인들은 무엇일까?

세계적으로 크게 성장하고 있는 교회 중 50개국의 나라들로부터 1,000개 이상의 교회들을 선택하여 연구하고 분석한 결과, 성장한 교회들 모두가 공통으로 8가지 질적 특성이 있음이 발견되었다.

크리스천 A. 슈바르츠(Christian A. Schwarz)는 건강한 교회의 특징을 다음과 같이 정의한다.

① 사역자를 세우는 리더십
② 은사 중심적 사역
③ 열정적 영성
④ 기능적 조직
⑤ 영감 있는 예배
⑥ 전인적 소그룹
⑦ 필요 중심적 전도
⑧ 사랑의 관계

이와 같은 성장 요인들을 균형 있게 갖추고 있어야 한다고 강조한다.[41]

릭 워렌(Rick Warren) 목사는 교회성장에 있어서 가장 큰 장애물을 '인맹'이라 하였다. 다시 말해서 사람들 사이의 사회적, 문화적 차이를 감지하지 못하는 것이 교회성장에 가장 큰 장애물이라는 것이다.

교회가 성장하기 위해선 지역 주민들의 관심사가 무엇인지, 가치관은 무엇인지, 살아가는 방식은 무엇이며 아파하고 두려워하는 것은 무엇인지, 가장 좋아하는 TV 프로그램이나 라디오의 채널은 무엇인지 발견해야 한다는 것이다.

---

[41] 이상현 "이민교회의 선교적 사명과 방향," 2007, 108-109; 김동현, 『소그룹전도법』, 15-16.

좀 더 구체적으로 살펴보자.[42]

① 지역에서 가장 필요한 것이 무엇이라고 생각하십니까?
② 당신은 교회에 활동적으로 참가하고 있습니까?
③ 많은 사람이 교회에 다니지 않는다고 생각하십니까?
④ 교회를 찾고 계신다면 어떤 종류의 교회를 찾고 계십니까?
⑤ (우리 교회가) 당신을 위해 할 수 있는 일은 무엇입니까?
⑥ 지역의 대상 지역을 어디까지로 한정할 것인가?
⑦ 지역의 주민들이 증가하고 있는가?
⑧ 지역 주민들의 경제 상태와 교육 수준은 어느 정도인가?
⑨ 지역의 독신과 미혼자, 자녀들, 노인들의 비율은 어떠한가?
⑩ 지역에 각 나이 그룹별로 얼마나 있는가?
⑪ 지역 주민들은 어느 직업에 종사하고 있는가?
⑫ 지역의 필요와 관심사와 흥미는 무엇인가?
⑬ 지역에는 교회로 인도될 구도자가 얼마나 되는가?
⑭ 지역에서 효과적으로 성취할 수 있는 사역은 무엇인가?
⑮ 교회는 지역 주민의 어떠한 부류에 적합한가?

또한, 교회는 바람직한 교회 모델을 설정하기 위하여 목사의 사명과 은사가 무엇인지를 발견해야 한다. 주님은 목사에게도 서로 다른 사명과 은사

---

[42] Rick Warren, *The Purpose Driven Life*, 고성삼 역 (서울: 디모데, 2004), 1-429; Rick Warren, *The Purpose Driven Church*, 1-399.

를 부여해 주셨다. 어떤 목사는 도시에서, 어떤 목사는 시골에서, 어떤 목사는 지역 교회에서, 어떤 목사는 교단이나 봉사 단체에서, 그리고 어떤 목사는 선교지 사역을 위해 부르셨다. 서로의 관심사가 일치하는지 점검할 필요가 있다.

마지막으로, 교회는 "바람직한 교회 모델을 설정하기 위하여 지역 사회의 특성과 목사와 성도들의 소명과 은사를 발견해 낸 후, 서로의 관심사가 일치하고 있는지 살펴보아야 한다"[43]

그래야 어떤 사역을 창조하여 교회를 세워나갈지 결정할 수 있지 않겠는가?

어느 지역 사회이든 매우 다양한 계층의 사람들로 구성되어 있다. 이것은 한 지역 사회에보다 많은 종류의 교회가 필요함을 암시해 준다. 교회는 자신들의 소명과 은사를 효과적으로 발휘할 수 있는 지역 주민의 한 부류를 선정하여 그들에게 적절한 교회 모델을 설정하는 것이 좋다.[44]

---

[43] 최근에 교계에서 많이 거론되고 있는 마을 목회는 바로 지역 사회와의 깊은 관계성 설정이 교회성장의 핵심임을 강조한 목회 전략이다. 마을 목회는 마을 교회가 지역 사회인 마을에서 바람직한 역할과 기능을 하도록 섬기는 것이 교회성장에 도움이 되는 패러다임 전환(paradigm shift) 전략이다.
[44] Rick Warren, *The Purpose Driven Life*, 93-94.

제7장

건강한 이민 교회의 성장
(The Healthy Immigrant Church)

1. 개념

예수께서 나아와 말씀하여 이르시되 하늘과 땅의 모든 권세를 내게 주셨으니 그러므로 너희는 가서 모든 민족을 제자로 삼아 아버지와 아들과 성령의 이름으로 세례를 베풀고(마 28:18-19).

마태복음 28:18 말씀이 선교에 주는 교훈을 다음과 같이 세 가지로 볼 수 있다.

첫째, 예수 그리스도는 위대한 선교사였다. 18절 말씀을 통해 선교는 "추상적 진리" 아니고 "구체적 역사"임을 말한다.

둘째, 예수 그리스도께서 우리에게 권세를 주셨다는 것이다. 즉, "예수와 성령"으로 연결된 제자들은 "성령의 능력"에 의해 나아갔다.

셋째, 선교는 필연적이다. "그러므로" 반드시 해야 된다는 것이다. 즉, 선교는 "그리스도인이 그리스도인 되는 본질적인 "면에 속하는 것이다.[1]

미국에서는 법적으로는 1960년대 초 민권법안의 통과 이후 법적으로는 인종 치별이란 있을 수 없다. 그러나 실제로는 인종 치별적인 사건들이 발생하고 있는데 불평등 사회임을 보여 준다.[2]

이민자들의 현실적인 문제를 보자. 이민 1.5세와 2세의 문제이다. 미국에 오래 살아도 쉽게 동화(assimilation)되기가 어렵다. 따라서, 한인 교민은 한국교회로 모인다.

"1.5세나 2세는 학교에서나 집에서 그리고 교회에서 상당한 소외와 거리감을 가지고 있다. 즉, 학교에서는 유색인종 차별에 시달리고 집에서는 언어의 장벽 때문에 부모와 소외되기 쉽고" 교회에서는 영어 예배 교회가 별로 없다.[3]

그래서 우선 이민을 온 사람들이 교회 출석 이유를 보면 구원이 첫째이고, 둘째는 공동체적인 경험(한국 사람에 대한 그리움)을 갖기 위한 심리적인

---

[1] 이상현, "이민 교회의 선교적 사명과 방향,"; Peter Im, "Theology of Church Growth," *Syllabus* (Pasadena, CA: Fuller Theological Seminary, 2007), 108-109 재인용.

[2] 인종 차별에 대한 실증적인 사례가 1992년 4월 29일의 LA에서 발생한 로드니킹 사건인데 흑인 청년이 백인 경찰에게 구타당한 사건이다. 그해 4월 29일부터 5월 4일까지 동안 53명이 사망, 2천 명이 상해를 입었고 한, 흑 간의 갈등으로 비화되었다. 3,600회의 방화, 1,000개 빌딩 전소, 3억 5천만 달러의 재산피해가 있었다. 배현찬, 『사회 선교는 이렇게』 (서울: 쿰란출판사, 2012), 31-32.

[3] 이상현, "이민 교회의 선교적 사명과 방향," 108-109 재인용.

결핍이 주요 원인이다. 대략 이민을 올 때 "약 50%가 교인이나 이민 후에는 약 70-80%가 종교적인 이유와 공동체적인 경험을 이유로 교회에 출석한다. 이는 이민자들만이 느끼는 사회적, 심리적 이유를 위한 것으로 이해된다.[4]

이민 교회의 사람들은 미국이란 광야 생활을 하고 있다. 이민 교회는 한국의 뿌리와 한국교회의 뿌리를 배워야 한다고 생각한다. 궁극적으로 "선교의 장은 세계이지만, 이민 교회의 시급한 것은 거주하는 지역의 복음화"라고 할 것이다.[5]

현재 미국에는 2,500-3,000개의 한인 교회의 목회자가 향후 10년 내로 80% 이상이 은퇴하리라고 예상이 된다. 이 경우 목회자의 부족이 심각하다.[6]

1.5-2세에 대한 목회의 장이다. 현재 미국의 대부분 교회는 한국식으로 예배를 드리고 있다. "사용하는 언어가 한국어이고 예배 내용도 한국적"이다. 미국과 전 세계가 선교의 장이다. 개인 전도를 토대로 하여 미국 사회를 혁신시켜야 할 것이다.

여호와께서 아브라함에게 말씀하셨다.

> 너는 너의 고향과 친척과 아버지의 집을 떠나 내가 네게 보여줄 땅으로 가라 (창 12:1).

---

[4] 이상현, "이민 교회의 선교적 사명과 방향," 108-109 재인용.
[5] 이상현, "이민 교회의 선교적 사명과 방향," 108-109 재인용.
[6] 이상현, "이민 교회의 선교적 사명과 방향," 108-109 재인용.

그는 주저 없이 떠났다. 이는 우리는 한국으로부터 이민을 온 사람들이다. 이민자들은 어떤 의미에서 아브라함처럼 고향과 친척과 아버지의 집을 떠나 먼 곳 미국으로 이주 온 사람들이며 하나님의 명령을 따라 순종함으로 앞으로도 크게 복을 받을 사람들이다.

2. 이민 교회의 최대 과제

「크리스천투데이」, (2008.5.15)창간 11주년을 맞아 실시한 '미주 한인 교회 현황'에 대한 목회자 설문 조사에서 미국의 경우 전체 교회의 절반이 출석 교인 50명 미만으로 조사되었다. 미주 한인 목회자들은 향후 감당해야 할 사역으로 '2세 목회자 양성'을 최우선으로 생각한다.

3. 이민 교회의 성장 요인

미국 이민 교회의 성장 요인은 무엇일까?[7]

구체적인 통계 자료는 다음의 그림 7-1 이민 교회 이민 교회성장 요인[8]의 도표가 보여 준다.

---

[7] 「크리스천투데이」, (2008.5.14).
[8] 「크리스천투데이」, (2008.5.15).

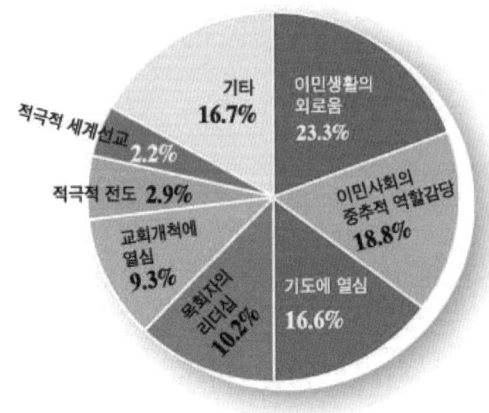

1) 미주 한인 교회가 지금까지 성장할 수 있었던 가장 큰 요인

① 이민 생활의 외로움(23.3%)

② 이민 사회의 중추적 역할 감당(18.8%)

③ 기도에 열심(16.6%)

④ 모이기에 힘씀(15.7%)

⑤ 목회자의 리더십(10.2%)

⑥ 교회 개척에 열심'(9.3%)

흥미로운 것은 이민 교회는 "이민 생활의 외로움을 달래"는 역할과 기능을 가장 많은 비율의 지지도인 23.3%에 이르고 있는 점을 주목할 필요가 있다. 필자가 유학 시에 어떤 교민은 "너무 외로워서 한국 사람이 많이 사는 곳으로 일부러 먼 거리까지 차를 운전하여가서 한인을 만나고 많이 이야기하고 돌아온다"라고 하는 경험담을 들은 적이 있다.

와스콤 피켓(Waskom Pickett)이 지적한 대로 우리 인간은 누구나 영적인 로빈손 크루소(Robinson Crusoe)⁹가 될 수 없다. 교회성장도 마음의 불안과 공백을 메꾸는 데서 이루어지는 것이기도 하다. 프랑스의 유명한 철학자 파스칼(Pascal)은 오래전에 말하기를 "인간은 누구나 다 마음에 허공을 가지고 있다. 그 허공은 하나님만이 채울 수 있다"라고 주장하였다.

'이민 생활의 외로움'과 '이민 사회의 중추적 역할 감당'이 성장의 최대 요인이었다는 사실은 한인 교회의 사명에 대해 시사하는 바가 크다. 하지만 이런 이민 교회의 사랑방 역할이 이어지지 않고 있다는 아쉬움도 남는다. 이민 생활은 참으로 외로운 일이다.

조국을 떠나 산다는 것 자체가 그렇다. 여기에서 종교적인 위안이 필요하고 어떤 형태로든 불안과 외로움을 달래기 위해서라도 신앙이 필요하다. 그들에게 "수고하고 무거운 짐 진 자들아 다 내게로 오라 내가 너희를 쉬게 하리라"(마 11:28)는 예수님의 위로가 필요하다. 그리고 구원이 필요하다.

2) 미주 한인 교회 목회자들은 이민 목회 사역의 가장 큰 어려운 점을 다섯 가지.

① 목회자와 교인 간 갈등(23%)

② 자체 교회 없음(18.4%)

③ 교육 스텝진의 부족(15%)

---

9   영국의 작가 다니엘 데포의 장편 소설(1719)에 나오는 주인공.

④ 어려운 재정(14.1%)

⑤ 한인 2세 교인과의 친숙치 못함(10.1%)[10]

이는 교회 갈등이 끊이지 않고 증가하고 있는 현실을 그대로 반영한 것으로 분석된다. 또한, 이 갈등은 "결국 분열로 이어져 교회를 파괴하고 전도의 문을 막고 있다는 점에서 한인 교회의 최대 현안임을 잘 반영하고" 있다. 이민 교회의 목회자와 교인 간의 갈등은 구조적인 문제인 경우가 많다. 이 문제는 목회자나 교회의 평신도 지도자들의 특별한 영적 그리고 인간 이해와 사랑이 관건이다.

3) 한인 교회가 최우선으로 감당해야 할 과제

한인 교회가 최우선으로 감당해야 할 과제는 '2세 목회자 양성'(30.7%)인 것으로 나타나, 1세 교회와 2세 교회의 계승 발전이 이민 교회의 최대 과제로 조사됐다. 이는 "한인 청소년들의 교회 이탈에 대한 심각한 우려"로 분석되고 있다.[11]

4) 향후 차세대 목회 방향

'앞으로 이민 한인 교회들의 차세대 목회 방향을 어떻게 예측하십니까'

---

[10] 「크리스천투데이」, (2008.5.15).
[11] 「크리스천투데이」, (2008.5.15).

란 질문에, 2세 목회 독립(34.7%)과 1세 교회 내 영어 예배로 병행(33.7%)을 꼽은 응답자가 가장 많았다. 여기에서 가장 주목할 것은 이민 2세를 위하여서는 영어 예배가 반드시 있어야 되겠다는 것을 통계 자료로 보여 주고 있다는 것이다.

앞으로 이민 목회의 성장을 위하여서는 2중 언어를 구사할 수 있는 목회자가 반드시 필요하고 나아가서는 더 은혜스러운 말씀을 선포할 준비를 철저하게 해야 할 것이 요청된다.[12]

5) 미주 한인 교회의 주일 예배 평균 출석 성도

① 50명 미만(46.4%)
② 51명-100명(27.7%)
③ 101명-200명(13.3%)
④ 201명-500명(7.2%)

또, 501명-1,000명'은 3%, 1,001명 이상은 2.4%로 조사됐다. 네 곳의 교회 중 세 곳(74.1%)이 100명 이하의 성도가 출석하고 있다는 계산이 나온다.[13]

특히, 50명 미만이 출석하는 교회가 거의 과반에 달해 미주 한인 교회 상당수가 미자립 상태인 것으로 보인다. 미주 한인 교회의 성장은 앞으로 특단의 성장 전략을 강구하지 않는 한 이러한 상태로 유지될 것으로 판단

---

[12] 「크리스천투데이」, (2008.5.15).
[13] 「크리스천투데이」, (2008.5.15).

된다. 그 이유는 이민 교회의 구조적인 특수성과 생태적인 존재 자체가 일반교회와는 상당히 상이하기 때문이다.

이민 교회는 교인들이 자주 바뀌는 것을 원한다 하여도 과언이 아니다. 그들은 어떤 이유이든 목회자들을 자주 변경하는 관례가 있었다. 섭섭하지만 목회자는 그 '에토스'(ethos)를 이해하는 것이 목회에 도움이 될 것이다. 그것은 아마 사회적, 문화적, 환경적, 구조적인 특징일 것이다. 따라서, 장기적인 목회의 대응 전략도 필요하다고 본다.

4. 건강한 교회성장학적 분석과 전망

이민 교회는 해외 한인 700만의 디아스포라(diaspora)[14]의 안식처요, 영적인 생활의 꿈이다. 고달픈 이민 생활에서 영적인 삶의 행복을 지켜주는 곳은 이민 교회이기 때문이다. 그러한 의미에서 교회성장은 한인 교인들 모두의 바램이고 하나님의 뜻이다. 그러나 실제로 이민 교회는 그렇게 간단하지를 아니한 것이 현실이다. 이민 오기 전에 무슨 직업에 종사하였든 간에 서로 상호 화합하고 친교해야 한다.

그러나 실제로는 갈등과 분열이 더 많은 것이 현실이다. 이민 교회의 평균 출석 교인은 50명 내외인 것으로 알려져 있다. 필자는 미국 유학생 시

---

[14] 디아스포라는 우리말로 민족 분산 혹은 민족 이산으로 번역하며 교회에서는 '흩어진 하나님의 백성'이라고 부른다. 어원상 dia: 사방으로 spora: 뿌려진 이란 뜻으로 본토를 떠나 외국에서 살아가는 유대인을 지칭하였다. 그러나 여기에서는 한인 디아스포라의 의미로 쓰기로 한다. 박노원, 『하나님 나라와 디아스포라』 (서울: 한국장로교출판사, 2003), 19, 151.

절에 박사학위 과정의 학생으로서 두 개의 교회를 개척한 경험이 있다.

당시 평신도 신분으로서 개척한 경험이 있다. 하나는 국제 결혼을 한 군인들의 부대가 있는 플로리다 바닷가고 또 하나는 유학생들이 많이 있는 주 수도 지역에 있는 학생들이 있는 지역이었다.

이민 교회의 간절한 소망은 무엇보다도 영적인 갈증을 채워주는 지도자의 리더십임을 깊이 발견하였다. 어려움이 있을 때마다 리더는 성령님의 능력에 의존할 수밖에 없음을 체험하였다. 그러나 다음과 같은 여러 가지 거시적인 지원 전략이 이민 교회성장을 위해서 필요할 것으로 본다.

1) 적극적인 정책적 지원이 필요하다

이 문제는 국가 정책적으로 거시적인 관점에서 700만 디아스포라 해외 교민들의 장기적인 관점에서의 해외 교포의 삶의 질의 향상을 위한 정책적 지원과 관련된다. 한인 디아스포라는 고국과 현지의 주류 사회에서 소외되는 경우가 많다.

따라서, 정체성의 위기를 느끼게 되며 이것은 이민 1.5세나 2세대에도 심하게 나타날 수 있다. 실제로 디아스포라 교회 고등부 한 여학생이 자기 정체성의 위기를 극복하지 못하여 자살한 사례까지 있다.

그는 유서에서 부모에게 다음과 같이 말했다.

> 당신들은 결코 저를 사랑하지 않았어요. 말로는 자식을 위해 이민 왔다고 하면서 실제로는 돈 벌기 위해 이민 온 것이지 저에게는 조금도 관심을 두지 아니하였어요.[15]

---

15 박노원, 『하나님 나라와 디아스포라』, 56.

이러한 디아스포라에 대한 모국의 정책적인 지원이 필요한데도 불구하고 통계에 의하면 해외 디아스포라에 대하여 "모국인들의 반응은 44%가 부정적이었고 30%가 긍정적이며 그리고 21%가 중립적"인 것으로 나타났다.[16]

이유야 무엇이든 그들은 교회에서 목회적인 차원에서 따뜻하게 돌보아 주어야 함은 물론이고 거시적으로도 정부 정책적인 차원에서도 적극적인 행정과 해외 교포가 필요하다고 본다.

2) 총회나 교단적인 차원의 선교 전략 수립이다

이 문제는 이민 교회도 우리들의 선교 목표이다. 따라서, 선교사의 적정한 수급 공급 대책이 필요하다. 예를 들면, 이민 교회는 파송한 목사와 교단이나 모 교회와의 더 긴밀한 연계성 강화가 필요하고 지원하는 전략을 수립할 필요가 있을 것이다.

3) 좀 더 활성화된 네트워크(network)의 수립이다

특정한 이민 교회와 타 교회, 혹은 상위 기관과의 관련 정보의 공유를 통하여 문제의 해결을 신속하게 처리해야 할 것이다.

---

16 박노원, 『하나님 나라와 디아스포라』, 56.

5. 이민 교회성장 사례

이민 교회로서 성장한 사례를 소개한다. 1981년 7월 초에 필자는 미국의 유학 시절 첫 학기를 지내고 여름 방학에 들어갔다. 필자는 플로리다의 주 수도 탈라하시에 있는 플로리다주립대학교 대학원 박사과정에 적을 두고 있었다. 그때 평소 복음에 빚진 자로서 빚을 갚아야 하겠다는 생각을 하고 있었다.

필자는 약 2시간 거리에 있는 바다 옆에 파나마시티(Panama City)라는 곳에 한인들이 많이 살고 있다는 정보를 입수하였다. 그런데 그들은 대부분이 군사 기지가 있는 파나마시티에서 국제 결혼을 한 여자들이며, 특히 그들은 한국에서 어렵게 살다가 국제 결혼을 한 분들이라는 것을 발견하였다.

그런데 그들은 물질적으로는 풍요하지만, 영적으로는 매우 메말라 있다는 것을 알았다. 그들은 담배와 도박 음주를 주로 많이 한다는 것을 누군가 알려 주었다. 그들에게 복음을 전하기로 하였다. 오랫동안 하나님께 기도로 준비하였다. 그래서 1981년 7월 초 한국 유학생 친구들 2-3명을 데리고 용기를 내어서 방문하였다. 그런데 어디에 누가 살며 누구를 만나서 연락을 해야할 지 전혀 알 수 없는 상태였다.

필자는 공중 전화 부스에 들어가서 전화번호부를 보고 한국식 이름이 있는 명단을 찾아 전화를 올렸다. 누구이며, 무엇 때문에 왔다고 소개하니 자기 집으로 오라 하였고, 방문하여 처음에는 그분의 집에서 (후에 김OO 권사가 됨) 예배를 드리게 되었으며, 이것이 한인 교회의 'House Church'의 시작이 되었다. 나중에 미국교회를 빌려 예배를 드리게 되었다. 그리하여 수많은 어려운 과정을 거쳐서 지금은 독립 건물도 갖춘 교회로 크게 성장하게 되었다. 이 경우 이민 교회는 특수한 특징을 발견하였다.

① 구조적으로 99% 이상이 여자 교인이어서 균형 잡기가 매우 어렵다는 것
② 80-90%의 교인이 국제 결혼 한 특수한 배경을 가진 교회라는 것
③ 구조적으로 위로를 받고 인정을 받고 싶은 욕구가 많은 교인이 대부분이라는 것
④ 구조적으로 갈등의 여지가 많은 점과 특히, 소그룹 집단 간 이해간의 차이를 조정하기가 매우 어려운 점
⑤ 간절한 기도와 하나님 말씀과 성령님의 능력으로 위로와 안정을 찾을 방법이 최선이라는 것
⑥ 가정의 문제나 갈등이 교회에서도 표출되어 상담자로서 역할이 필수적이라는 것
⑦ 진정으로 봉사의 보람을 느끼며 인정하고 칭찬하며 격려할 때 매우 좋은 성장의 열매를 기대할 수 있다는 것

이민 교회는 사례마다 상이한 배경이 있으나 가장 큰 공통점은 이민 사회에서의 외로움과 고독 그리고 영적 갈증을 채워주기 위하여서는 기도와 말씀과 성령님의 역사가 필수적이다. 현재 이 교회는 독립 건물인 데다 담임 목사와 100명 이상의 교인이 등록되어 있고 매우 건강한 교회로 성장하여있다.

6. 결론

지금까지 이민 교회의 현황과 성장 전략을 논의하였다. 이민 교회도 우리의 선교 전략상 필요한 선교의 대상이다. 앞으로 장기적인 관점에서 교회성장을 연구하고 지원해야 할 과제이다. 이민 교회 목회자의 정보 관리, 지원 대책, 그리고 교회성장 전략 등에 대하여 종합적이고 체계적인 연구와 전략이 필요할 것이다.

제8장

건강한 교회성장을 위한 교회 행정의 역할
(The Role of Church Administration for Healthy Church Growth)

1. 문제의 발견

모세는 출애굽기 18:13-28에서 이스라엘의 60만 백성을 이끌고 가나안 땅을 가는 중에 백성들의 여러 분쟁을 해결하는 방법으로 장인 이드로(Jethro)의 건의를 받아들여서 백성 가운데 재덕이 겸비한 사람(men who fear God, trustworthy men who hate dishonest gain)을 뽑아 십부장(Officials over Tens), 오십부장(Officials over Fifties), 백부장(Officials over Hundreds), 그리고 천부장(Officials over Thousands)을 임명하여 각각 분쟁을 효율적으로 책임을 지게 하여 분쟁을 해결하게 하였다. 이렇게 시작한 것이 교회 행정이다.

교회는 궁극적으로 복음을 전하고, 교육하고, 가르치며, 봉사하고, 선교하는 곳이다. 이 모든 것의 궁극적인 목적은 바로 하나님께 영광을 돌려드리는 것이고 이것이 하나님의 뜻이기도 하다. 그러므로 교회 행정은 교회 성장을 위하여 존재한다.

2. 교회 행정의 개념과 성장 운동 전개

교회 행정이란 무엇일까?
간단하게 요약한다.

첫째, 교회 행정은 "교회의 본질과 사명을 완수하기 위하여, 또한 교회의 목표를 극대화하기 위하여 행하여지는 협동적이고 조직적인 행위"이다.[1] 교회의 본질과 사명은 선교와 교육과 봉사에 있으며 이러한 목표 달성에 필요한 효율적, 효과적, 그리고 합리적이며 민주적인 방법으로 교회를 이끌어 가는 행위이다.

둘째, 교회 행정은 교인들의 "영적 생활과 행복을 극대화 하는 목적으로 이루어지는 조직적인 행위"이다.[2] 일반 행정이 시민들의 삶의 질을 극대화 하는 것이라면 교회 행정은 성도들의 영적인 삶을 극대화 하는 가장 보람 있고 가치 있는 조직적인 행위라고 할 수 있다.

---

1 김영종, 『교회 행정학』(서울:숭실대출판부, 2008), 11.
2 김영종, 『교회 행정학』, 11.

셋째, 교회 행정은 미래 지향적인 가치 있는 삶을 가질 수 있도록 성도 뿐만 아니라 그 지역의 주민들에게도 교회의 지역 선교, 나아가 세계 선교를 통하여 "교회의 본질적 목적을 달성하도록 하는 포괄적이고도 이상적인 관리요, 기술이며 전략적인 일체의 조직 행위(organizational behavior)라고 할 수 있다."[3]

넷째, 교회 행정은 "교회의 궁극적 목적인 복음 전도와 선교, 교육, 그리고 봉사를 위한 목적을 달성하기 위한 보다 효율적이고 효과적이며, 또한 보다 성경적인 교회의 성장(growth)과 발전(development)을 위한 전략이요, 방법"[4]이라고 할 수 있다.

따라서, 많은 경우 교회 행정은 교회 담임목사와 교역자, 그리고 당회와 재직회 또는 공동의회 등의 의사 결정의 질(quality of decision making) 향상을 통하여 이루어진다고 하겠다.

그러나 무엇보다도 교회의 담임목사나 당회의 교회 행정에 대한 인식과 지도자적 자질 향상을 통하여 소기의 목적을 달성할 수 있다 하겠다.

좀더 구체적으로 논하면, 성장(growth)이란 용어는 발전 이론적(development theory)인 측면에서 볼 때 성장은 주로 계량적(quantitative)인 측면에서의 변화를 의미한다. 교회의 변화(change)는 결코 양적인 측면만 아니라, 질적(qualitative)인 면에서의 정(+)의 방향으로의 변화를 포괄하는 것이 바람직하다.

---

[3] 김영종, 『교회 행정학』, 11.
[4] 김영종, 『교회 행정학』, 11-12.

따라서, 성장보다는 발전(development)[5]이란 용어가 더욱 적절한 표현이라고 할 수 있다. 그런데도 성장은 이러한 양자의 개념을 포함한다고 볼 때 교회성장은 바로 하나님의 몸 된 교회로서의 궁극적인 목표가 달성되는 것이요, 미래 지향적인 가치 구조의 총체적(holistic)인 개념이다.

교회성장과 구별할 용어는 다음과 같다.

첫째, 교회의 변화(change)와 구별해야 한다. 변화는 정과 부(-)의 양자를 포함하는 개념이다. 따라서, 교회의 침체나 퇴보도 포함한다.

둘째, 교회의 성장은 교회의 단순한 수적인 증대나 건축, 혹은 헌금이나 재정의 증대를 말하는 것이 아니다.

셋째, 교회의 성장은 양적인 증대 없이 교인의 질적인 변화, 예컨대 단순하게 교인에 대한 제자훈련이나 영적인 수준만 상승하는 것을 의미하는 것도 아니다. 한마디로 교회성장은 양적, 질적, 구조적, 영적인 상태의 미래 지향적인 동태적(dynamic) 인 교회의 바람직한 방향으로의 변화에 대한 총체적이고 포괄적인 개념을 말한다.

도날드 맥가브란(D. McGarvran)은 교회성장을 '동질적 집단 개념'(the homogeneous unit concept), '민중 운동 개념'(people movement concept), '수용성

---

[5] 자연적 교회성장학자인 크리스쳔 슈바르츠(Christian A. Schwartz 목사는 교회성장대신에 NCD(Natural Church Development), 즉 '자연적 교회 발전' 이란 용어를 사용하고 있음을 주목하여 볼 필요가 있다.

개념'(receptivity concept), '사회과학 원리'(the social science concept), '토착화신학 원리'(ethno-theology concept), 그리고 평신도 훈련과 전략 개발 원리(the layman training and strategy development concept)의 개념을 도입하여 교회성장을 이루는 것이 하나님의 뜻이라고 주장한다.

맥가브란의 교회성장학파의 일원인 피터 와그너(Peter Wagner)는 교회성장에 대해 이와 같이 말한다.

> 예수 그리스도와의 개인적인 구원과 집단적인 구원의 관계가 없던 모든 사람을 그리스도에게 인도하거나 그와 교제를 가지게 하고 책임 있는 교회의 일원이 되게 하는 것이다.[6]

특히, 맥가브란은 성장의 원리를 다음과 같이 주장한다.[7]

① 그리스도인들이 잃은 자를 찾는 일에 충성심을 보이는 그곳에는 반드시 교회성장이 따른다(눅 19:1-10).
② 잃은 자를 단순히 발견하는 것뿐만 아니라 그 양들을 우리 안에서 완전하도록 가르치고 따르도록 할 때 교회는 성장한다.
③ 교인들이 그 사회에서 진실하게 살 뿐만 아니라 세상의 빛 된 생활을 통하여 믿음의 본을 드러낼 때, 즉 교회가 세상의 빛과 소금의 역할을 할 때 그 교회는 성장한다.

---

[6] C. Peter Wagner, *Strategies for Church Growth* (Ventura, CA: Regal Books, 1987), 114.
[7] Elmer Towns et.al, *Evaluating Church Growth Movement* (Grand Rapids, MI: Zondervan, 2004), 15-16.

피터 와그너는 교회성장을 다음과 같이 정의한다.

> 예수 그리스도를 영접하고 교회의 멤버로서 하나님께서 맡기신 책임을 다할 때 하나님의 은혜와 축복으로 교회가 건강하게 되어지는 과정 일체이다.[8]

그러면 교회성장의 성경적인 근거는 무엇일까?
와그너(Peter Wagner)는 교회성장은 하나님의 뜻이라고 주장한다.

> 잃어버린 양의 이야기가 직접적으로 전도에 관련된다(The story of the lost sheep is related directly to evangelism).[9]

특히, 그는 사도행전의 교회성장을 강조하고 있다. 따라서, 교회성장은 중단할 수 없으며 계속되어야 한다고 주장한다.
'미국교회성장학회'(American Society for Church Growth)에서는 다음과 같이 언급한다.

> 교회성장이란 모든 족속으로 제자로 삼으라는 하나님의 명령을 효과적으로 달성하는데 관계있는 기독교교회의 성격, 확장, 개척, 증식, 기능, 그리고 건강을 탐색하는 훈련 과정이다(Church growth is the discipline which inves-

---

[8] C. Peter Wagner, *Strategies for Church Growth*, 114.
[9] C. Peter Wagner, *Strategies for Church Growth*, 114.

tigates the nature, expansion, planting, multiplication, function, and health of Christian churches as they related to the effective implementation of God's commission to "make disciples of all people s, Mt 28:18-20).[10]

한편, 에디 깁스(Eddie Gibbs)는 지적한다.

> 교회성장은 크기(size), 활력(vitality), 그리고 희생(sacrifice)을 통하여 성장한다. 반드시 숫자적인 성장이 중요한 것이 아니라 특징의 질, 봉사, 복음의 신뢰성, 그리고 적절한 리더십 스타일 등이 중요하다(The numbers are not the most important things rather than qualities of character, service to others, confidence in the gospel, and appropriate styles of leadership).[11]

그의 주장에 원칙으로 동의하나 숫자적인 증가도 중요하며 나아가서 건강한 성장을 위하여 다른 성장 변수와도 조화를 이루는 것이 바람직하다. 보다 구체적으로 교회성장의 성경적인 근거를 보자.

위의 맥락에서 교회성장은 하나님의 인류 구원의 소원과 뜻의 성취과정이라 할 수 있다. 이사야 52:10에서 교회성장의 성경적 근거를 제시하고 있다.

> 여호와께서 열방의 목전에서 그의 거룩한 팔을 나타내셨으므로 땅끝까지도 모두 하나님의 구원을 보았도다(사 52:10).

---

[10] C. Peter Wagner, *Strategies for Church Growth*, 14.
[11] Eddie Gibbs, *I believe in Church Growth* (Pasadena, CA: Fuller Seminary Press, 1981), 1-460. 그는 저자의 학위논문 심사 위원이었다.

하나님께서는 요엘 선지자를 통하여 복음이 만민에게 전파되어야 할 것을 강조한다.

> 그 후에 내가 내 영을 만민에게 부어 주리니 그때에 내가 또 내영을 남종과 여종에게 부어 줄 것이며(욜 2:28-29).

이러한 복음 전파는 교회의 성장이라고 할 수 있다.

신약적인 근거를 보면 교회성장은 하나님의 택한 백성을 구원하는 것에 그 기초를 두고 있다.

> 너희는 온 천하에 다니며 만민에게 복음을 전파하라(막 16:15).

예수 그리스도의 권고의 말씀을 따라 사도들은 자신의 생명을 버리기까지 하면서 복음을 증거했던 것이다. 구약성경에서는 직접적인 교회라는 용어 개념이 나타나 있지 않고 포괄적인 개념인 하나님의 나라에 초점을 맞추어 다루었다. 신약 시대에 와서는 이러한 모델의 전도(reverse)에 대한 구체적인 예증이다.

> 너희는 가서 모든 족속으로 제자를 삼아 아버지와 아들과 성령의 이름으로 세례를 주고 내가 너희에게 분부한 모든 것을 지키게 하라(마 28:19-20). 오직 성령이 너희에게 임하시면 너희가 권능을 받고 예루살렘과 온 유대와 사마리아와 땅끝까지 이르러 내 증인이 되리라 하시니라(행 1:8).

이 말씀은 당시의 중심지인 예루살렘으로부터 점차 유대, 사마리아, 그리고 땅끝까지 복음이 퍼져나가는 교회성장의 계속적인 진행과 발전을 의미하는 것이 아닐 수 없다. 이제 구체적으로 성경적인 교회성장의 틀을 살펴보자. 사도행전에서 나타난 교회성장의 모형은 다음과 같이 정리할 수 있다.

<그림 8-1> 사도행전에서의 교회성장 근거

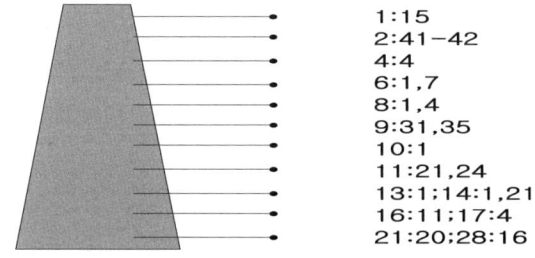

출처: 명성훈, 『교회성장 마인드』, (서울: 교회성장연구소, 2001), 93.

그림 8-1에서 보는 바와 같이 교회성장은 철저하게 성장의 근간을 이루고 있다. 예컨대, 사도행전 6:1에는 제자들이 증가하고, 사도행전 6:7에서는 '종교 지도자들이 회심하고, 사도행전 8:12에는 사마리아인들이 복음화 되었고, 사도행전 9:35에는 온 고을이 그리스도에게 돌아왔다. 사도행전 11:21에는 최초의 이방인 교회인 안디옥교회가 설립, 이방인들이 그리스도를 영접하고, 사도행전 13:12에는 로마 총독이 예수를 믿었다.

사도행전에서의 교회성장은 초대교회 설립 후 30년 내에 유대인 신자만 120명에서 최소 10만 명으로 증가 되었고 오순절 이전에는 500명에서 사도행전이 끝나는 시점에는 20여만 명에 이르는 것으로 알려져 있다.

사도행전의 교회성장은 영적 성장인 면에서 매우 중요하다. 사도행전에서 교회의 성장은 수적일 뿐만 아니라 영적인(질적) 성장도 나타난다. 누가는 교회성장의 영적인 측면에도 관심을 두고 있다. 그는 양적 성장은 질적 성장을 동반해야 함을 보여 준다. 초대교회의 영적 성장에 관한 최초의 언급은 사도행전 1:14에서 나타난다.

예수님의 명령에 따라 제자들은 예루살렘에 돌아가서 계속적으로 모여서 성령강림을 위해 기도한다. 누가는 초대교회 교인들이 계속적으로 그리고 한마음으로 기도하는 일에 전념함으로 영적으로 성장하고 있었다고 기록한다(행 2:42; 4:24-30; 6:6; 12:5; 13:3).[12]

초대교회의 영적 성장의 표시는 신자들이 하나님의 말씀을 갈망하고 있었다는 점이다(행 2:42; 5:21, 42; 10:33; 11:26). 베뢰아 사람들이 이 점에 있어서 좋은 예가 된다(행 17:11-12). 하나님의 계시에 대한 열망이 영적 성장의 증거가 된다(시 119:131; 벧전 2:2).

영적 성장에 대한 다른 언급은 초대교회 교인들이 예배에서 칭송할 만한 성도 간의 교제와 물질을 서로 통용하는 형제애를 보여 주었다는 점이다(행 2:42, 44-46; 4:32, 34-37; 11:2; 20:34-35).

안디옥교회가 예루살렘에 있는 유대인 신자들에게 부조금을 자발적으로 보냈다는 것은 하나님의 임재에 대한 명백한 표징이었다(행 11:29, 30).

탁월한 도덕성 또한 초대교회 교인들 간의 영적 성숙을 반영한다. 그래서 그들은 그들의 품행을 본 사람들에 의해 칭송을 받았다(행 2:47; 5:13; 16:2). 신자들의 윤리적 규범은 사람들을 그리스도께로 이끌었다.

---

[12] 명성훈, 『교회성장마인드』(서울: 교회성장연구소, 2001), 93.

초대교회 교인들의 영적 성장은 안디옥교회를 포함해서 초대 헬라인 신자들 사이에서 전도와 선교에의 지속적인 참여로 반영되었다(행 8:4-5, 26-40; 11:19-20; 13:2-3; 15:40).

그들의 신앙은 복음을 다른 사람들에게 전해 주려는 진정한 복음주의적 신앙이었다. 유대와 갈릴리, 사마리아에서의 교회성장에 대한 누가의 기록은 그 교회들이 주에 대한 경외 속에서 수적 성장과 영적 성숙에 도달하였음을 말하고 있다(행 9:31).

성령의 강림은 복음을 선포와 실제 삶 가운데서 하나님의 역사에 대한 진정한 현시였고(행 4:8-12, 31; 7:55; 8:8, 39;13:9, 48, 52) 영적인 기쁨이다. 성령의 인도로 진정한 교제를 나누었을 뿐만 아니라 그리스도의 구원 가운데 제자들은 기뻐하고 있다(행 2:46; 8:39; 13:52).

초대교회의 영적 성장은 개개인의 강한 믿음 가운데서도 볼 수 있다(행 9:31; 16:5). 교회의 지도자들은 특별히 새신자들의 양육 과정에 주의를 기울이고 있다(행 14:22; 15:32; 16:40).

에베소에서 바울의 3년의 선교 기간 동안에 에베소 신자들이 그들 가운데서 마술과 미신을 제거함으로써 영적 성장을 경험하고 있다(행 19:10-20).

이외에도 중요한 선교 사역과 하나님의 뜻을 알고자 할 때는 금식 기도가 정규적으로 행하기도 한다(행 13:2-4; 14:23). 영적 성장은 바로 '크리스천'(Christian)이라는 이름에도 반영된다(행 11:26).

이 명칭은 제자들에 자신들을 그리스도께 위탁했음을 암시한다. 그리하여 그들은 그리스도를 닮았던 자들이었다.

마침내, 초대교회 교인들의 성숙은 복음 때문에 당하는 고난을 영적 성숙의 표지들 가운데 하나로 보았다는 데서 찾아볼 수 있다. 사도들이 고난을 당했을 때 "그들이 그 이름을 위하여 능욕 받는 일에 합당한 자로 여기심을"라며 그들을 기뻐하였다(행 5:41).

그래서 누가는 성숙한 그리스도인들의 고난을 통해 교회성장이 일어났음을 다양한 사건들 속에서 지적했다(행 4:1-4; 5:17-41; 8:1-4; 9:16; 12:1-5; 16:22-34; 20:19). 복음 때문에 당한 제자들의 고난은 주의 고난으로 여겨졌다(행 9:4-5).

초대교회는 수적으로 증가했을 뿐 아니라 믿음에 있어서도 강건하여 갔다(행 9:31). 그러므로 누가는 사도행전에서 교회성장을 수적인 것과 영적인 측면들을 포함하는 교회성장의 균형 잡힌 모습을 묘사하고 있다.

교회는 부름 받은 자의 모임이다. 교회 행정의 목적은 교회의 목적을 이루게 하는 것이다. 교회 행정의 발달은 교회의 성장과 직결된다. 초대교회서 효과적으로 관리하기 위하여 일곱 사람의 집사를 택하여(행 6:1-7; 21:8) 봉사의 직분을 맡긴 것도 교회 행정이다.

모세가 장인 이드로의 충고를 받아들여서 십부장, 오십부장, 백부장, 천부장을 선출한 것도(출 18: 13-27) 예수님이 열두 제자를 선출(막 3:13-19)한 것도 교회 행정 및 교회성장과 관련된다.

처음 교회에 있어서 사도들을 통한 교회는 빠른 속도로 성장하였고, 또한 교회의 모습은 모범적이며 성도들의 생활은 성숙하였다. 행정의 전문성의 원리(specialization)나 분업의 원리(divison of labor), 그리고 통솔 범위의 원리(span of control) 등 모두가 성경적인 기초를 하고 있다.

이러한 것은 궁극적으로 교회 행정을 통한 교회성장을 이루기 위한 목적과 관련된다. 교회는 그리스도의 몸으로서 각 지체가 강건해야 한다. 교회 행정은 각 지체의 기능을 원활하게 함으로 지체로 건강하게 하는 목적이 있다. 궁극적으로 하나님의 영광을 위함이다.

교회 행정학은 그 동기가 성경이고, 목적이 하나님의 영광이며, 결과는 하나님이 기뻐하시는 것이다.

교회 행정의 목적은 하나님 중심적(God's - centered) 이며 인간 지향적(human orientation)임이 좋다. 사람 지향적이라는 말은 교회가 사람을 위한 기관이라는 것을 인정하는 말이다.

그렇다면 최근 교세를 통해 교회의 성장에 대해 진단해 보자.

3. 한국의 교회성장의 사례 통계

장로교회 통합 측의 경우 1990연대와 2000년대의 교세는 표 8-2와 표 8-3를 보면 잘 알 수 있다.[13]

<표8-2> 최근 10년 교세 통계표(1996-2005년)

년도(항목)	노회 수	교회 수	목사 수	장로 수	제직 수	세례 교인 수	전체 교인 수
1996년(82회)	55	5,890	7,482	14,859	487,176	1,030,857	2,191,395
1997년(83회)	58	6,061	8,077	15,614	512,739	1,075,425	2,188,209

[13] 1991-2004기간중 장로교 감리교교세현황은 흥미롭다. 예컨대, 예장은 1.3%의 연 성장율을 기록하였으나 기장은 0.1%, 그리고 감리교는 1.3%성장율이었다. 즉, 진보주의 신학인 기장은 보수주의 신학인 예장보다 성장률이 낮았다는 것이 발견되었다. 정정일, 『신학과 교회성장』(서울: 생명의 양식, 2007), 196-197.

1998년(84회)	59	6,270	8,593	16,138	531,257	1,100,847	2,207,966
1999년(85회)	60	6,494	8,996	16,654	558,026	1,155,900	2,245,326
2000년(86회)	60	6,621	9,601	17,745	583,090	1211,741	2,283,107
2001년(87회)	60	6,793	10,415	15,497	602,858	1,262,256	2,328,413
2002년(88회)	60	6,928	10,535	19,343	616,384	1,327,953	2,329,002
2003년(89회)	60	6,978	10,950	20,301	649,809	1,373,907	2,395,323
2004년(90회)	62	7,158	11,560	20,991	674,083	1,427,806	2,489,717
2005년(91회)	62	7,279	12,223	21,729	697,581	1,450,211	2,539,431

출처: 대한예수교장로회(통합) 기획국(2007)통계 자료

<표 8-3> 예장 통합측 교세 통계표 집계 주요 현황

번호	구분	통계 수		증감(A)-(B)	증감율(%)	비고
		2006년(A)	2005년(B)			
1	노회 수	62	62	0	0.00	
2	교회 수	7,279	7,158	121	1.69	
3	목사 수	12,223	11,560	663	5.74	
4	전도사 수	5,018	4,923	95	1.93	
5	장로 수	21,729	20,991	738	3.52	
6	안수집사 수	45,582	42,633	2,949	6.92	
7	권사 수	91,452	82,144	6,308	7.41	
8	서리집사 수	538,818	525,315	13,503	2.57	
9	제 직 수	697,581	684,083	23,498	3.49	
10	세례 교인 수	1,480,211	1,427,806	22,405	1.57	
11	전체 교인 수	2,539,431	2,489,717	49,714	2.00	유아 세례 포함
12	결산액	1,016,743,068천	973,542,046천	43,201,022천	4.44	2005년도 경상 수입 결산액

출처: 대한예수교장로회(통합) 기획국 통계 자료(2007)

위의 표에서 보는 바와 같이 한국 장로교의 교인 수는 2000년대에 들어와서 성장은 둔화되기 시작하였다. 예컨대, 2002년에는 2001년에 비교하

여 589명이 증가한 데 불과하였다. 이것은 매우 우려할 만한 일이다.

그리고 2005년에 대비하여 2006년 말 현재, 목사 수는 무려 663명이 증대하여 5.73%의 증가율을 보이나, 반면에 세례 교인 수는 1.57%, 전체 교인 수는 2.00%의 증가에 불과한 것을 보면 목사가 증대하였다고 교인이 반드시 증가한다는 것을 의미하지 아니한다고 할 수 있다.

나아가서는 기간 중 장로의 증가율은 3.52%, 안수집사 수는 6.92%, 그리고 권사 수는 7.41% 등으로 매우 높은 증가를 하나 세례 교인 수는 1.57%, 전체 교인 수는 2.00%에 불과한 것을 보면 새신자 증대가 현저히 적으며 이것은 전도의 열기가 부족하다는 것을 의미한다고 볼 수 있다.

따라서, 한국교회의 성장을 이루기 위하여서는 개척 교회를 더 권장하고 복음 전도를 강조할 필요가 있다는 것을 시사한다고 본다.

다음의 표 8-4는 2017년 현재의 교세 변동 정보이다. 전체 교인 수는 2016년에 비교하여 2017년 도에는 -061%로 감소하고 있다. 즉, 1만 6,586명이 감소하고 있다.

<표 8-4> 예장 통합의 교세 현황(2017.12.31. 현재)[14]

구분	통계 수		증감 (A-B)	증감률 (%)	비고
	2017년(A)	2016년(A)			
노회 수	67	67	0	0.00%	
교회 수	9,096	8,984	112	1.25%	
목사 수	19,832	19,302	530	2.75%	
전도사 수	2,789	2,958	-169	-5.71%	
교육전도사 수	3,769	3,912	-143	-3.66%	
장로 수	31,279	31,237	42	0.13%	
안수집사 수	75,805	75,945	-140	-0.18%	
권사 수	173,098	171,612	1,486	0.87%	
서리집사 수	593,184	607,062	-13,878	-2.29%	
재직 수	873,366	885,856	-12,490	-1.41%	
세례 교인 수	1,716,953	1,733,006	-16,053	-0.93%	
전체 교인 수	2,714,314	2,730,900	-16,586	-0.61%	유아 세례 포함
결산액	1,323,765,412천	1,314,781,685천	8,983,727천	0.68%	2017년도 경상 수입 결산액

---

[14] 참고 사항: 교세 통계표는 2017년 12월 31일을 기준으로 지교회가 보고한 교세 통계를 노회가 합산하여 보고하였음. 통계 결과 교회 수(1.25% 증), 목사 수(2.75% 증), 장로 수(0.13%) 등은 증가하였지만 세례 교인 수(-0.93%), 전체 교인 수(-0.61%), 서리집사 수(-2.29%), 전 체제 징수(-1.41%) 등은 감소하였음.

<표 8-5> 주요 교세통계 변동 현황(10년간)

연도(항목)	노회수	교회 수	목사 수	장로 수	재직 수	세례 교인 수	전체 교인 수
2008년 (94회)	64	7,868	14,313	25,031	781,695	1,582,717	2,699,419
2009년 (95회)	64	7,997	14,997	25,943	809,807	1,648,045	2,802,576
2010년 (96회)	64	8,162	15,521	26,999	829,850	1,695,952	2,852,311
2011년 (97회)	64	8,305	16,257	27,487	833,895	1,717,790	2,852,125
2012년 (98회)	65	8,417	16,853	27,931	846,167	1,720,872	2,810,531
2013년 (99회)	65	8,592	17,468	28,886	852,165	1,734,229	2,808,912
2014년 (100회)	65	8,731	18,121	29,512	876,958	1,739,235	2,810,574
2015년 (101회)	66	8,843	18,699	30,328	873,678	1,745,305	2,789,102
2016년 (102회)	67	8,984	19,067	31,237	885,856	1,733,006	2,730,900
2017년 (103회)	67	9,096	19,832	31,268	871,973	1,716,953	2,714,314

출처: 2019년 예장(통합)총회 보고서 http://new.pck.or.kr/bbs/board.php?bo_table=SM01_05&wr_id=1(Accessed on Feb.3, 2019).

위의 표 8-5에서 보면 2015년 이후 교세는 감소 상태에 있음을 알수있고 예를들면 2014년에는 281만 574명이었던 교세가 2015년에는 278만 9,102명, 2016년에는 2,730,900명, 2017년에는 271만 4,314명으로 감소 추세이다. 이러한 현상은 한국교회의 위기라고도 할 수 있다. 건강한 교회성장이 시급히 요청되고 있다고 볼 수 있다.

그렇다면 성장하는 교회는 어떤 특징이 있을까?

교회 행정은 바로 이러한 성장을 이루기 위하여 존재 가치를 가진다.

교회가 성장하고 발전하면 어떤 특징이 나타날까?

이것은 매우 흥미 있는 과제임이 틀림없다. 먼저, 우리는 초대교회의 특징을 성경적 근거에서 찾아볼 수 있다

첫째, 초대교회의 성장은 새로운 질서였다. 말하자면 교회는 하나님의 제자훈련을 강력하게 추진하게 되었고 그러한 훈련이 성장의 원동력이 된 것이다.

둘째, 교회는 방법론적인 면에서 변화해 왔다. 예컨대, 교인들은 매일 성전에 모여서 말씀을 들었고 나아가서는 복음이 전파되게 되었고, 또한 소집단으로 가정에서 친교와 복음 사역을 감당하였다. 즉, 교회와 가정이 온전히 예수 그리스도의 은혜에 충만하게 되었다(행 2:46; 5:42; 20:20; 히 2:3-4).

셋째, 성도들이 새로운 교제를 하였다. 제자란 말이 238번이나 복음서에 나오며 누가는 사도행전에서 30번 이상이나 인용하고 있다. 예수 그리스도의 발자취를 따라가는 놀라운 역사가 일어났다.

넷째, 하나님의 새 계명을 주신 뜻 안에서 새로운 활동을 하게 되었다. 요한복음 21:15-17에서는 예수님께서 "서로 사랑하라"는 새 계명을 주

신 것이 나타난다.

모세의 율법을 지키는 것으로서 교회는 성장하지 않는다. 서로 사랑하라는 새 계명을 지키는 데 있다. 형제를 사랑하고 이웃을 사랑해야 한다. 교회는 지역 사회에 좋은 신약적 간증과 본을 보여 주어야 성장한다. 그런 의미에서 구제도 필요하다. 교회 내의 어려운 자를 찾아 적절한 구제를 함도 사랑의 실천 운동의 하나이다.

그러나 가장 중요한 새로운 계명의 실천은 아직도 복음을 들어보지 못한 잃어버린 영혼들에 하나님의 생명 말씀을 증거하여 그들을 주님께로 인도하는 일이 무엇보다도 가장 사랑하는 길이다. 바로 그것을 위하여 교회는 존재한다. 교회는 사랑의 본은 보여야 한다. 선교의 사명을 감당해야 한다. 하나님의 지상 명령이기 때문이다.

교회성장이 일어나면 어떤 현상이 일어날까?

간략하게 내부적으로 일어나는 일과 외부적으로 일어나는 특징을 요약하여 본다.

1) 교회가 질적인 성장이 일어난다

우선 내부적으로, 즉 영적으로 거듭나고 구원받는 중생의 체험을 하게 되고 성령의 강한 역사가 일어나며 하나님의 은혜에 감사하고 말씀을 의지하고, 말씀을 배우고, 말씀을 실천하게 된다.

2) 교회의 복음적인 운동이 일어나고 양적으로도 성장한다

출석 교인이 증가하는 것은 물론이고 새로운 교인이 매 주일 등록하는 현상이 일어난다. 잃어버렸던 영혼들이 교회에 몰려들고 증가한다. 실망했던 신자들이 다시금 재헌신하게 된다. 분명히 양적으로 성장하는 현상을 우리는 교회성장 발전의 중요한 특징이라 하는 것을 부인할 수 없다.

3) 교회의 헌금이 예상 외로 많이 나온다

예산을 세울 때는 매우 조심스럽게 달성되겠는가 하는 의문도 하지만 성장하는 교회는 헌금이 초과 달성된다. 그것은 은혜받은 성도들이 감격과 기쁨과 감사에서 나오는 신앙적인 표현이기 때문이다.

4) 교회의 성도들이 서로 돕고 사랑하게 된다

어려움이 있는 성도들을 찾아보고 구제하고 기도하게 된다. 이것은 성도들이 은혜받은 증거이기 때문이다.

5) 기도의 활성화가 일어난다

기도 집회에 교인이 증가하게 된다. 기도에 열심을 품게 되고 힘을 얻게 된다. 어떤 교회는 새벽 기도로 말미암아 부흥 성장한 교회도 있고 어떤 교회는 철야 기도 집회에 성도들이 몰려들고 있다. 삼일 기도 집회도 주일과 별 큰 차 없이 많은 성도가 모여서 기도하게 된다. 가정에서 기도하고 직장에서 기도하게 된다. 기도의 붐이 일어난다. 성령의 역사가 일어나기 때문이다.

6) 성장하는 교회는 목사의 설교가 힘이 있다

설교 내용이 복음적이고 하나님의 은혜가 넘치는 감명 깊은 설교를 하게 된다. 성도들이 설교를 듣고 은혜를 받고 또 듣고 싶어 하게 된다. 설교가 하나님의 복음적이어야지 세상의 지식과 섞여서 초점을 잃어버려서는 안 된다. 예화를 들어도 복음적이어야 한다.

설교가 차지하는 비중은 매우 중요한 데 아마 부흥 성장의 50-60% 이상의 비중을 차지하거나 그 이상을 차지한다고 할 것이다. 온전히 깊은 은혜가 넘치는 설교를 하기 위하여 목회자는 기도하면서 열심히 준비해야 한다.

7) 부흥 성장하는 교회는 각 기관 책임자들의 협조가 잘되고 또한 열심히 맡은 일들에 충성하게 된다

특히, 각 기관은 자발적으로 선교와 전도의 계획을 세우고 프로그램을 개발하여 교회 내외의 활동에 크게 기여한다.

8) 부흥 성장하는 교회는 구역 예배의 활성화가 이루어진다

특히, 구역 조직을 통하여 작은 교회로서의 사명을 완수하게 된다. 구역장은 책임감 있게 일하게 되며 구역 확장이 계속 이루어진다.

9) 부흥 성장하는 교회는 주일학교도 성장하게 된다

어린이 주일학교, 중고등부, 청년부 그리고 장년부에 이르기까지 원칙적으로 매우 활성화되고 증가하게 된다.

10) 성장하는 교회는 교육 프로그램과 선교 프로그램을 세워 잘 실천하고 하나님께 영광을 돌리게 된다

교육 프로그램은 성경 공부와 제자훈련을 철저히 하고 성경 읽기 운동이 퍼지며 또한 설교 프로그램은 선교 열이 뜨거워져서 선교하지 않으면 안 되겠다는 뜨거운 성령의 감동과 역사가 충만케 된다.

11) 부흥 성장하는 교회는 불평과 불만보다 감사와 사랑과 하나님의 은혜와 축복으로 전 교인들이 영적 승리 생활을 하는 교회이다

개인 일보다는 예수 제일주의와 신앙 제일주의로 살아가는 교회이다.

다음으로는 대외적인 면에서 성장 발전하는 교회는 어떠한 특징이 있을까?

부흥 성장하는 교회는 혼란하고 범죄가 가득 찬 세상에 빛과 소금의 역할을 잘 감당하기 위하여 무엇보다도 선교의 열이 뜨거워 선교사를 파송하거나 지원하고 선교에 더욱 많은 관심과 노력을 하는 특징을 가진다. 선교는 그리스도의 지상 명령이다.

자기 교회와 우리 교회 혹은 나의 교회의 성장에만 골몰하는 근시적인 신앙을 떠나서 세계를 향하여 선교의 열을 전하는 교회이다. 또한, 부흥하는 교회는 다른 교회보다 더 많은 기도와 더 많은 선교사를 파송하며 더 많은 물질적 지원을 선교에 지원하는 교회이다. 국내에서는 농어촌 교회, 개척한 교회, 약한 교회를 도와주고 국외로는 오대양 육대주에 잃어버린 영혼을 구원으로 인도하는데 열심히 하는 교회이다.

부흥 성장하는 교회는 영적인 면에서만 아니라 사랑의 실천을 보여 주는 교회이다. 지역 사회에서 어려운 자들을 찾아서 구제하기도 하고 또한 다른 지역에서도 사랑의 손길을 펴서 교회가 과연 무엇을 하는 곳인가를 보여 주는 실천하는 교회이다. 이러한 교회는 늘 도와주고 싶은 교회이므로 하나님께서 더 큰 복을 주시게 됨은 물론이다.

즉, 부흥 성장하는 교회는 세상에서 문제를 가지고 와서 해결 받는 교회이다. 우리 주 예수 그리스도의 말씀들을 전파하여 고달프고 시달린 현대인들에게 영적인 평안과 안식을 제공하는 교회이다.

  수고하고 무거운 짐 진 자들아 다 내게로 오라(마 11:28).

이러한 교회는 복음과 이러한 정보를 대외적으로 알리게 된다. 지역 사회인 누구나가 이러한 교회에 가면 평안과 안식을 얻게 되고 삶의 소망과 꿈을 가질 수 있는 따뜻한 교회이다. 교회성장과 발전은 교회의 간절한 소망이고 또한 우리 주 예수 그리스도의 명령이고 하나님의 뜻이며 성령의 간구이다.

우리는 실제로 어떤 교회는 날로 부흥 발전하는 교회를 보는가 하면 어떤 교회는 20년 30년이 되어도 냉랭하고 여전히 변화 없이 교회는 그 모양인 교회도 보게 된다. 여기에는 분명히 원인이 있고 원인이 있으면 처방이 필요하고 전략을 세워서 복음적인 교회, 성장 발전하는 교회로서 하나님께 영광을 돌려야 할 것이다.

4. 교회성장을 위한 교회 행정의 역할

교회성장을 위한 교회 행정의 역할은 매우 중요하다. 행정의 핵심은 바로 교회의 성장에 맞추어야 한다. 왜냐하면, 교회 행정은 궁극적으로 하나님의 영광을 위하고 교인들의 영적인 삶의 질을 극대화하는데 목표를 두어야 하기 때문이다.

따라서, 교회성장을 위한 목회 행정의 역할을 요약하면 다음과 같다.

1) 교회 행정은 교회의 복음 전파 목적을 효율적이고 효과적으로 달성하기 위하여 필수불가결한 부분이다

교회 행정을 하는데 있어서 전통적인 방안의 하나는 'POSDCORB'의 원칙이 적용된다. 바로 그것은 기획(planning), 조직(organizing), 인사(staffing), 지시(directing), 조정(coordinating), 보고(reporting) 그리고 예산(budgeting)을 의미한다.

특히, 흥미 있는 것은 출애굽기 18:20-22에서 보는 바와 같이 모세를 통하여 하나님께서는 "백성 가운데 재덕이 겸전하고, 하나님을 두려워하며, 그리고 진실 무망하고 불의한 이를 미워하는 자를 뽑아서 천부장, 백부장, 오십부장, 그리고 십부장을 삼아 백성을 재판하도록 한 것"은 바로 행정의 업무를 시작한 것이다.

그리고 이것은 행정의 조직과 능률성을 의미한다고 볼 수 있다. 목회 행정은 혼자가 하는 것이 아니고 전 재직은 물론 전 교인이 하나가 되어 복음 전파의 사명을 다하는 것이 필요하다.

2) 교회 행정은 교회성장을 최우선으로 지향하는 역할을 중심으로 해야 한다

즉, 교회성장이 하나님의 선한 목적이며 이러한 목표를 달성하기 위하여서는 무엇보다도 목회자는 물론 전 교인의 생각과 태도가 교회성장 형으로 바뀌어야 한다. 오늘날 우리 교회는 성도들은 예배나 모임에 구경꾼 노릇을 하고 목회자는 너무 많은 사역에 시달려 지쳐 있는 모습이다.

결코, 이러한 상태로는 교회는 성장할 수 없다. 자발적 신앙 공동체인 교회는 스스로 나서는 평신도의 절대적인 헌신이 필요하다. 따라서, 목회자나 평신도는 혼연일체가 되어 교회성장형 목회 행정에 모두가 중요한 역할자가 되어야 한다.

3) 교회 행정 중 최대의 과제 중 하나는 갈등 해결이다

많은 경우 갈등에 관하여 순기능과 역기능으로 나누어진다. 갈등이 유발되는 경우는 다음과 같다.

첫째, 개인, 조직, 체제의 목표 간의 상충하는 목표(incompatible goals) 또는 상이한 가치 체계(differing value structures)로 일어나는 경우이다.

둘째, 한정된 자원(limited resources)에 대한 경쟁 관계, 인지 또는 지각의 차이 또는 편견과 고정 관념, 또는 역사적, 문화적, 심리적 인종적인 차이로 일어나는 경우이다.

셋째, 다변수적(multvariables)인 긴장과 사회심리적 불안정(socio-psychological anxiety), 또는 사회적인 고립과 소외로 일어나는 경우이다.

넷째, 욕구 기대가 좌절되거나 정치 경제의 불균형 등으로 공직자들이 도덕성이 모자라고 불신 등의 다양한 원인에 의하여 사회적인 갈등이 표출되어 일어나는 경우가 많다.[15]

이러한 갈등의 원인은 한국교회의 건전한 성장에도 장애가 되어왔다. 예컨대, 교단 간의 분열과 대립은 물론이고 교회 내부의 복잡한 갈등 현상으로 확산하여 심지어는 물리적인 힘을 이용하는 등 극한 대립을 일으키는 경우도 종종 일어난다.

갈등은 교회성장을 방해하는 역기능이며 암적 요인이다. 이처럼, 갈등은 교인들을 이탈케 하고 성장의 잠재력을 상실하게 한다. 즉, 갈등 당사자를 보며 상처를 입은 사람들이 교회를 이탈케 하며 성장 대신에 분열을 일으킨다.

---

15 김영종, 『신사회학개론』(서울: 형설출판사, 2008), 1-109.

결과적으로 갈등이 있고 일반 사회가 교회에 대하여 나쁜 소식을 들으면 교회가 선포하는 좋은 소식을 거부하게 되고 이러한 것은 결국 지역 사회에 나쁜 이미지를 심게 되어 그 이후에는 지역 사회에 전도의 문을 닫게 되고 따라서, 교회성장의 정체 현상을 면할 수 없게 된다. 한마디로 가장 중요한 목회 행정의 과제는 바로 갈등 해결에 초점이 맞추어져야 한다는 사실이다.

5. 교회성장의 내실화 전략

에디 깁스(Eddies Gibbs)는 교회성장을 하나님의 뜻이라고 보고 있으며 문화와의 차이를 강조하지 않는다.[16]

① 복음은 문화를 구속한다.
② 복음은 문화적 획일성을 강제하지 않으며 문화적 다양성은 하나님의 창조성의 증거다.
③ 복음은 화해를 가져온다.
④ 복음은 상호 지원, 감사, 그리고 풍요하게 함을 격려한다.
⑤ 동질 집단 개념은 너무 지나치게 강조하지 말아야 한다.
⑥ 동질 집단원리는 부차적인 원리이다.
⑦ 동질 집단 원리는 일반 상식이 가정되어야 한다.

---

[16] Eddie Gibs, *I believe in Church Growth* (Pasadena, CA: Fuller Theological Seminary, 2000), 84-129.

⑧ 문화적 모자이크를 찬양한다.

⑨ 다양성은 복음에 의하여 파괴되는 것이 아니라 보존되어야 한다. 모든 문화를 획일화하려는 시도는 하나님의 창조에 대한 모독이다.

⑩ 복음과 문화에 대하여 교회는 종종 성경보다는 문화의 굴레에 묶여 있었다.

⑪ 문화는 항상 성경에 의하여 시험되고 판단되어야 한다.

⑫ 복음은 어떤 문화도 다른 문화보다 우월하다는 것을 전제하지 않는다.

그러면 교회성장의 내실화 전략은 무엇일까?

내실화란, 내면화라고도 할 수 있으며 인간의 신념(belief), 태도(attitudes), 가치(value) 등이 도덕적 행태로 병합되고 구체화 되는 장기적인 전 과정을 말한다. 내면화는 학습의 단계에서 이루어지는 과정인데 교육 훈련과 관련된다. 교회 행정도 궁극적으로는 하나님께 영광을 돌리며 교인들에게는 영적 서비스를 극대화하는 모든 봉사 활동이라고 한다면 교회성장을 통하여서 이러한 목적을 달성할 수 있을 것이다.

한국교회의 바람직한 미래 성장 전략은 무엇인가?

한국교회는 양적 성장의 측면에선 "1990년대 들어와 정체 현상을 가지다가 95년경부터 조금씩 감소하기 시작한다."[17]

교회의 성장이 정체 상태에 빠지면서 앞으로는 교인의 자연증가보다는 '수평 이동' 현상이 심화 될 수도 있다. 즉, 성장하는 교회는 계속해서 성장하고, 정체되는 교회는 계속 어려움을 겪는 양극화를 초래할 수도 있다. 따라서, 계속해서 성장하는 교회가 되려면 건강한 교회가 되어야 할 것이다.

예를 들면, 평신도를 사역의 동반자로 만들고 체계적으로 영성 증대의

---

[17] 홍영기, 『교회성장』(서울:교회성장연구소, 2008), 342.

시스템을 구축한 교회, 성령의 역사를 경험하는 교회, 아름다운 친교를 통하여 수평적인 관계를 잘 유지하는 교회, 지역과 마을을 봉사하고 섬기는 교회는 더 성장하게 될 것이다. 그런 점에서 최근 확산되는 '소그룹 사역'은 시사하는 바 크다. 역동적으로 성장하는 교회들은 거의 예외 없이 교회 내 소그룹들이 생명력을 가지고 움직인다.

교회의 건강성을 높이기 위한 다른 과제는. 특히, 사회 참여와 지역 사회를 위한 봉사 사역도 중요하다. 앞으로는 교회가 사회에 기여하는 모습을 보이지 못하면 성장도 어려울 것이다.

필자는 교회성장의 내실화의 전략을 다음과 같은 것으로 정의한다.

첫째, 교회의 존재 목적을 성장에 초점을 두는 전략이다.

교회는 왜 존재하는가?

한마디로 말하면 하나님의 복음 전도를 통하여 하나님께 영광을 돌리기 위하여 존재한다. 그렇게 하기 위하여서는 선교, 교육, 그리고 봉사가 서로 조화를 이루면서 성장해야 한다. 바로 그것은 하나님의 뜻(God's will) 이다. 내실화는 교인들이 교회의 존재 목적을 인식하는 데서부터 출발한다.

둘째, 전 교인들이 교회 행정 프로그램을 교회성장에 두는 전략이다.

교회 행정은 바로 교회의 목적을 효율적이고 효과적으로 달성하기 위하여 필요한 모든 봉사 활동이다. 따라서, 교회 행정을 원만하게 잘 운영하면 교회성장을 성공적으로 이룰 수 있다. 이것이 외형적이 아닌 내실화의 과정이다.

셋째, 교회 행정의 문화가 교회성장으로 일치되도록 진행되는 실천 전략이다.

교회 행정은 어떤 의미에서는 교회 문화의 확산 과정이라고 할 수 있다. 인간은 사회적 동물이며 정치적 동물이다. 그리고 인간은 문화적 동물(cultural animal)이다.

교회 문화를 의식화하고 실천하는 일은 바로 교회의 성장에 필요한 일이다. 예컨대, 교인들이 그들의 삶 자체에서 교회성장 문화를 체질화하는 일이 교회성장의 내실화 전략에 필요하다.

넷째, 교회 지도자 리더십이 교회성장의 운동으로 연결되는 전략이다.

교회성장의 주축은 책임목회자의 성장에 대한 강력한 의지와 열정, 그리고 리더십이다. 교회성장을 위한 리더십이 없으면 내실화를 기대할 수 없다. 성장 지향적 리더십의 요체는 깊이 있는 영성(spirituality)을 소유하거나 부단하게 노력하는 자기희생적인 리더십의 소유자이다.

다섯째, 교회의 성장을 교회 생활의 중심에 두고 매일 실천하는 전략이다.
이 전략은 세상 속에서 모범적인 신앙의 삶을 통하여 교회의 성장을 실천하는 것이 요체이다. 예컨대, 이 전략은 교회를 떠나 개체인 교회의 멤버들이 현실의 삶 속에서 실질적인 복음 전파자로서 기능을 극대화하자는 것이다.

따라서, 교회가 내실화된 성장을 하려면 다음과 같은 점이 강조되어야 한다(마 13:31-32; 벧전 2:1-3).

① 살아있는 교회가 성장한다. 생명의 주가 교회의 주인이 되실 때 성장한다.
② 성경 중심의 교회가 성장한다. 성경을 가르치고 설교하는 교회는 성장한다.
③ 전도하는 교회가 성장한다. 살아있는 성도는 전도한다. 믿음으로 아들과 딸을 낳으며 성장한다.
④ 교회성장의 방해 요소들을 제거해야 성장한다. 개인의 신앙이나 교회가 자라는 데 방해가 되는 요소들을 버려야 한다.

6. 결론

교회 행정은 궁극적으로 교회성장을 위하여 존재하는 전략적인 요체이다. 교회성장에 대하여 오해를 하는 사람들은 지나치게 물량적인 성장 지향적이니, 개교회의 성장에만 관심이 있느니 하는 여러 가지 논의와 비판을 한다. 그러나 교회성장은 하나님의 뜻이다. 즉, 하나님은 교회를 통하여 백성들이 주님께로 돌아오기를 기대한다. 그리고 영광 받으시기를 원한다.

그러므로 교회성장이 하나님의 뜻이라면 교회 행정은 이 뜻을 더 효과적으로 이루기 위한 전략이라고 할 수 있다. 그런 맥락에서 교회 행정은 교회성장의 내면화를 위하여 가장 중요하게 활용되는 방법이고 봉사이며 관리 등의 총체적인 개념이다.

결론적으로 교회성장의 성공적인 결과는 외형적인 성장보다는 내면화의 정도에 달려있으며 이것은 바로 교회 행정의 활용과 적용에 따라서 결정된다고 할 수 있다.

제9장

건강한 교회성장과 세계 선교
(Healthy Church Growth and World Mission)

1. 세계 선교가 교회성장을 높일까?

세계 선교 전략을 통하여 교회성장의 비전을 이룰 수 있을까?

주지하는 바와 같이 한국에 개신교의 복음이 들어온 것은 공식적으로 1885년 4월 5일 부활절에 호레이스 그랜트 언더우드(Horace Grant Underwood)와 헨리 저하드 아펜젤러(Henry Gerhard Appenzeller) 두 선교사가 인천항에 상륙한 후 전래 된 복음 전파로 한국교회가 세계 기독교 역사상 유례를 찾아볼 수 없을 정도로 급성장하였다.

최근의 보도로는 2018년 현재 기독교인은 967만 6,000명으로서 다른 종교보다 제일 많다. 즉, 불교는 761만 9,000명(15.5%), 천주교는 389만

(7.9%)이고 종교 없음이 2749만 5,000명으로서 56.1%를 차지하고 있다.[1]

지난 100년간 주요종교의 변화를 잠깐 살펴보면 1900년-2005년 동안에 기독교 인구는 세계 전체 인구 대비 34.4%에서 33.0%로 감소하였고, 불교는 7.8%에서 5.9%로, 힌두교는 12.5%에서 14.1%로 증가하였다.

그러나 이슬람교는 12.3%에서 20.3%로 많이 증가하였다. 기독교 중 가톨릭은 16.5%에서 16.4%로 개신교는 6.4%에서 5.5%로 감소했고 정교회는 7.2%에서 3.8%로 감소하였다.[2]

한국 기독교인은 약 1천만 명에 이르고, 교회 수는 약 7만 개, 그리고 세계 10대 교회 중에는 우리나라의 교회가 7개를 차지하고 있다.[3] 이러한 성장은 초창기에 순교자의 피를 흘린 대가와 온 교회가 눈물과 땀을 흘린 결과라고 할 수 있을 것이다.

따라서, 이것은 분명히 하나님의 놀라운 복과 은총이라 아니할 수 없다. 한국교회는 복음을 선포하여 많은 교회를 세워 성장시켰고 국가 발전에도 크게 기여했다.

특히, 한국교회는 일제 강점기에도 독립 운동을 일으켜 민족의 고통과 아픔을 함께 나누었으며, 3.1운동 때 민족의 대표 33인 중 16명이 기독 지도자였다. 1945년 해방되던 해에 기독교인의 수가 38만 명이었던 한국교회는 이제 1천만 명 성도로 성장했고, 정치, 경제, 사회, 교육, 문화 등 사회 각계 각층에 큰 영향을 주었다.

---

[1] 도종환, 『한국의 종교 현황』 (서울: 문광부, 2018), 94.
[2] 정재영, 『한국교회, 10년의 미래』 (서울: SFC, 2012), 205.
[3] John Voughan, "Korea's Mega churches 1945-1994", in: *Global Church Growth* (Corunna, Indiana Church Growth Center, 1994), 16.

한국교회는 1980년대에 들어와 오늘에 이르기까지 수많은 선교사를 세계 170여 개국 이상에 2만 7,436명 이상을 파송하여 세계 6-7대 선교사 파송국이 되었다.[4]

최근의 '한국세계선교협의회'(KWMA, The Korea World Missions Association) 제28차 정기 총회에서 2017년 12월 발표한 바에 의하면, 2016년 말 현재 우리나라는 세계 170여 개국에 총 2만 7,436명의 선교사를 파견한 것으로 나타났다.

구체적으로 2006년 1만 4,896명, 2007년 1만 7,697명, 2008년 1만 9,413명, 2009년 2만 840명, 2010년 2만 2,014명, 2011년 2만 3,331명, 2012년 2만 4,742명, 2013년 2만 5,745명, 2014년 2만 6,677명, 2015년 2만 7,205명, 2016년 2만 7,205명, 그리고 2017년에는 2만 7,436명이 파송되었다. 특히, 주목할 것은 2017년 말 현재로 2016년 말 통계와 비교하여 231명 소폭 증가하였다.[5]

한편, 한국 선교사의 절반 정도가 활동 하고 있는 10대 파송국은 동북아 X국(3,934명), 미국 2,491명, 필리핀 (1491명), 일본(1,585명), 태국(950명), 서남아 1국(931명), 동남아 1국(850명), 캄보디아 (807명), 러시아/연해주(654명), T국(649명) 등이라고 밝혔다.[6]

2002년 말 현재 한국 개신교 선교사의 총 숫자는 1만 422명, 선교 단체의 숫자는 163개, 선교 대상국은 164개국에 달하고 있었다. 이 선교사 숫

---

[4] http://www.pck.or.kr/world_home/world_mun.asp, (Accessed on Jan. 30, 2017). http://www.krim.org/files/2003mission.pdf, (Accessed on Jan. 29, 2018).
[5] 「크리스천투데이」, (2017.1.17), 1-3.
[6] 「크리스천투데이」, (2017.1.17), 1-3.

자는 1979년 처음 조사했을 때의 93명에 비교하면, 23년간 약 112배의 성장을 한 것으로 의미한다. 그러나 파송된 선교사들이 가끔 문제를 일으켜 한국교회는 세계 선교의 새로운 패러다임이 요청되기도 한다.[7]

전 세계의 기독교인은 1900년에는 5억 5,805만 6,300명이고, 2000년 중반에는 거의 20억에 가깝게 된다. 즉, 1900년에 34.3%가 기독교였으나 2000년에 33%로 감소했다. 1900년보다 2000년에 1.4% 정도가 감소했다. 그리고 2025년에 가면 33.4%가 기독교인이 될 전망이다. 이것은 1900년보다 1% 정도가 적은 것이고, 1970년과 같은 수준이다. 이렇게 보면, 2025년에 가도 1900년보다 1%가 적어지는 것이다.[8]

20세기 동안에 수많은 선교사가 전 세계에 흩어져서 사역하고 있음에도 불구하고 기독교인의 비율은 감소하고 있다. 기독교인의 숫자는 3배 이상 늘었지만, 비율로 보면 거의 같거나 약간 감소하고 있다.

---

[7] 「크리스천투데이」, (2017.1.17), 1-3. 브라질이 세계에서 두 번째로 선교사를 많이 파송하는 나라로 올라섰다. 이는 최근 Global Christianity(GC)가 밝힌 내용이다. 현재 세계적으로 다른 나라에서 활동하는 선교사는 40만 명에 이른다. 이 가운데 미국이 12만 7,000명으로 가장 많고, 이어 브라질이 3만 4,000명으로 그 뒤를 잇고 있다.
다른 나라 선교사들의 수가 3만 2,400명에 이른다. 그리고 이들 가운데 상당수는 브라질에서 온 사람들이다. 브라질은 인구 면에서 보면 세계에서 개신교 신자가 두 번째로 많은 나라이기도 하다. 브라질의 청년선교 단체인 Jovens Com Missao는 150개 국가로 1만 6,000명의 선교사를 파송하고 있는 브라질의 대표적인 선교 기관이다.
미국의 선교역사는 200년쯤 전에 뉴잉글랜드에 있는 한 교회가 외국으로 선교사를 파송 한데서부터 시작된다는 것이 정설이다. 당시 5명의 젊은이가 회중 선교사로 임명받아 화물선에 몸을 싣고 인도로 향했다는 기록이 있다.

[8] http://cafe.daum.net/limpastor/RIci/79?q=%BC%BC%B0%E8%BF%A1%B-C%AD%20%B0%A1%C0%E5%20%BC%B1%B1%B3%BB%E7%B8%A6%20%B8%B9%C0%CC%20%C6%C4%BC%DB%C7%D1%20%B3%AA%B6%F3(Accessed on Jan.5, 2019).

세계 선교는 지구 파괴와 인간의 생존을 위협하는 이러한 각종 위협으로부터 이 땅의 죄인을 구원하러 오신 예수 그리스도의 복음을 통하여(눅 19:10) 세계 만민을 구속하고자 하는 거룩한 사명의 확산 운동이다. 세계 선교는 종말론적인 면에서 범지구적인 위기를 창조주와 자존자(I am Who I am)의 섭리와 목적에 부합시켜 구원하고자 하는 하나님의 종말론적인 부름이다.[9]

2. 세계 선교의 개념 정립

선교의 개념은 '선교'(Mission)란 라틴어 동사 '*mittere*'(보내다 또는 파견하다)란 단어에서 출발하였다. 선교는 하나님으로부터 특별한 목적을 위하여 부름을 입은 사람들(*ekklesia*)이 그 목적의 성취를 위하여 보냄을 받는 것이다.

한편, '선교'라는 용어는 헬라어 'ἀποστέλλω' 와 'πέμπω'에 해당하며 'ἀποστέλλω'는 135회, 'πέμπω'는 80회가 각각 신약성경에서 나타나고 있는데, 이 뜻은 '파송'을 뜻한다.[10]

도널드 맥가브란(Donald A. McGavran)은 선교에 대해 이렇게 정의한다.

> 선교란 예수 그리스도께 전혀 충성을 바치지 않고 있는 자들에게 문화적 장벽을 넘어 복음을 전하는 것이며, 그들을 일깨워 그리스도를 그들의 주와 구주로 받아들여 그의 교회의 책임 있는 구성원이 되게 하는 것이다.[11]

---

[9] 김영종, 『교회 행정학』(서울:숭실대출판부, 2008), 383.
[10] 이광순 외 1인, 『선교학 개론』(서울: 한국장로교출판사, 1999), 20-23.
[11] John Stott, *Evangelism and Social Responsibility* (Grand Rapids MI: Lausanne Committee,

존 스토트(John R. W. Stott) 목사는 선교는 이렇게 다음과 같이 정의한다.

선교란 하나님의 본성으로부터 나오는 하나님의 활동이다.[12]

서정운 교수는 선교를 이와 같이 정의한다.

선교란 사람들로 하여금 회개하고 예수 그리스도를 주님과 구주로 믿게 하며 그들이 하나님을 섬기는 믿음의 장으로 참여하도록 인도하는 것이다.[13]

특히, 그는 선교를 교단이나 신학적인 전통보다 성경적 근거하에 두어야 한다고 주장한다. 즉, "선교는 인종, 문화, 국경, 사회적 계급의 차이를 극복하기 위하여 그리스도 안에서 사랑, 조화, 평화를 이루는 것이다"[14] 라고 한다.

1950년대에 『하나님의 선교』(Missio Dei)의 저자 G. F. 비체돔(G. F. Vicedom)은 말한다.

선교란 단순히 주님의 말씀을 향해 복종하는 것만을 뜻하지 않는다. 선교란 구원받는 전 피조물 위에 그리스도의 주권을 세우려는 포괄적인 목표

1982), 1-60. "Evangelism itself is the proclaiming of the historical, biblical Christ as Savior and Lord, with a view to persuading people to come to him, personally and so be reconciled to God. The results of evangelism include obedience to Christ, incorporation into his church and responsible service in the world."

12　Young JongKim, *MegachurchGrowth in Korea*, 1-250; 김영종, 『교회 행정학』, 383-388.
13　김영종, 『교회 행정학』, 383-389.
14　김영종, 『교회 행정학』, 383-389.

를 가지고 아들을 보내심, 곧 '하나님의 선교'(Missio Dei)에 참여하는 것으로 삼위일체 하나님 자신 안에 있다.[15]

성경적 선교의 개념은 창세기 1-11장에서 기록된 대로, 보편적인 역사 시대(universal history)에서는 창조주 하나님(창 1:22)과 구원의 하나님(창 3:15 ; 10장)이 곧 하나님의 선교의 의미를 말해 준다. 족장들의 시대에서는 하나님이 아브라함을 택함으로 하나님의 구속적 목적을 말한다(창 12: 1-3).

그리고 약속을 이루시는 하나님의 언약은 하나님의 거룩한 뜻을 주신 것이다(창 12:1-3; 13:14-17; 28:13-15; 49:8-10; 출 3:22). 출애굽 시대에는 해방과 구원의 하나님으로서 선교의 뜻을 보여 주신다(출 3:7-8; 9:15-16).

하나님께서는 모세를 통하여 하나님의 큰 구원의 역사를 이루셨다. 어떤 의미에서는 모세는 하나님께서 부르신 선교사이다. 하나님께서는 백성들이 지켜야 할 최소한의 요구인 율법을 주셨고 그들이 예배를 통하여 하나님께 대한 섬김을 가르쳤다(출 33:7-11; 40:12-16). 따라서, 이스라엘 백성은 거룩한 생활이어야 했다(레 11:45)

약속의 땅과 예언자들은 출애굽 이후 바벨론의 포로가 되기까지(BC 586) 불순종과 하나님의 심판을 통해 선교적인 관심으로 연결되고 (삼상 2:17; 삼하 11:3; 24:23; 대상 11:26-47) 솔로몬의 기도에서 선교적인 관심의 모형을

---

[15] 게오르크 F. 비체돔, 『하나님의 선교』, 박근원 역 (서울: 대한기독교출판사, 1980), 40-41. 비체돔은 하나님의 선교를 "하나님의 창조 활동의 총괄개념 혹은 하나님의 선교 역사적 구원사로 본다. 하나님의 선교를 종말론적인 관점에서 본 신학자는 후켄다이크 (J.C. Hoekendijk)였다. 선교의 목표를 '샬롬,' 즉 평화,정직,공동체,조화,정의 등의 포괄적 개념으로 본다(미 5:5; 슥 9:10; 요 14:27). 안승오, 『현대 선교의 핵심 주제 8가지』 (서울: CLC, 2011), 23-25.

보여 준다. 그 기도는 솔로몬 자신과 하나님의 백성 이스라엘을 위한 기도(왕상 8:22-40; 44-53)와 이방인을 위한 기도(왕상 8:41-43)로 되어있다.

다음은 예언자들의 활동이 선교사적인 사역을 담당한다(왕상 18:21; 암 5:24; 사 45:22; 시 22:27). 우리는 요나서를 통하여 이방인들에게 파송된 요나의 사명을 찾는다(욘 4:11; 나 1:1; 3:1).

예수 그리스도의 생애는 선교의 생애라고 할 수 있다. 예수 그리스도는 위대한 선교사이다. 성육신(Incarnation)의 사건과 그의 삶, 그리고 십자가의 죽으심 자체가 선교이다. 예수 그리스도의 사역 그 자체가 선교이다(마 15:24 ; 21-28; 23:15; 눅 7:11-19).

구체적으로 예수님의 교훈을 요약하면 '하나님 나라'에 요약된다(막 1:15).

① 하나님은 절대 주권자이시다.
② 하나님의 구원의 임재이시고 통치와 지배자이시다.
③ 하나님의 보편적인 선교이시다.

예수 그리스도의 생애와 사역은 복음의 보편성이다. 그 대표적인 것은 요한복음 3:16-17; 1:29; 4:42; 6:33; 12:47; 8:12 등이다. 마지막으로, 지상 명령과 선교이다. 그리스도의 교훈이 선교적인 관심으로 가득 찬 것은 그의 부활 후에 주신 가르침으로 잘 나타나심이다(마 22:37-40; 막 16:15; 눅 24:47-49 등).

교회와 선교에서는 부활 후의 예수 그리스도께서 그의 제자들에게 주신 사명이 바로 선교였다. 사도행전은 사도들의 행적이면서 또한 복음을 전하는 자들의 '성령행전'이며 '선교행전'이다. 또한 '교회 공동체'의 행전이기도 하다.

오직 성령이 너희에게 임하시면 너희가 권능을 받고 예루살렘과 온 유대와 사마리아와 땅끝까지 이르러 내 증인이 되리라(행 1:8).

이 요약으로 잘 나타난다. 예수님은 부활 후 40일 계시다가 승천하시면서 말씀하셨다.

아버지께서 나를 보내신 것같이 나도 너희를 보내노라(요 20:21).

한마디로 "선교의 시작은 예수 그리스도에게서 이루어졌으나, 그것을 계속할 사명은 제자들에게 주어진 것"이므로 교회 공동체의 선교 사역은 예수 그리스도 선교의 연속으로 이해되어야 한다. 선교의 원동력은 성령(Holy Spirit)이시다.

아버지께서 나를 보내신 것같이 나도 너희를 보내노라(요 20:21).

예수님은 선교적 사명과 더불어, 선교와 성령의 관계를 보여 주셨다.

저희를 향하사 숨을 내쉬며 가라사대 성령을 받으라(요 20:22).

또, 사도행전에서도 선교를 명하시기 전에 그 전제 조건으로 " 오직 성령이 너희에게 임하시면"이라는 단서를 붙이셨다. 바울의 선교 전략이다.

① 기도의 삶이 기본적이다.

② 동역자들과의 협력이다(행 18장)

③ 어떤 상황에서도 적응해 가는 능력이 필요하다(고전 9:19-23; 행 17장; 갈 1:6-9).

④ 도시 중심의 교회 설립 등이다.

선교는 예수 그리스도의 구원의 복음을 다양한 문화권에 복음을 전하는 일체의 행위를 포함된다. 선교신학자 앤더슨(G. H. Anderson)은 선교의 개념을 매우 포괄적으로 정의하였다.[16]

① 선교(mission)

② 전도(evangelism)

③ 봉사(service)

④ 교육(education)

⑤ 목회(ministry)

이런 다양한 개념을 포함하는 것이며, 특히 순교까지 포함하는 것으로 보고 있는 데 주목할 필요가 있다.

양화진에 있는 순교자 묘를 예를 들어보면, 예수 그리스도를 위하여 순교의 제물이 되는 것 이상으로 아름다운 선교는 없다. 이곳에 1839년 기해박해로 3명의 프랑스인 신부가 참수형을 받고, 1866년 병인박해 때에는 프랑스 선교사 9명을 비롯하여 8,000여 명의 천주교도가 이곳 절벽에서 목이

---

[16] G.H. 앤더슨(G.H. Anderson), "특강 자료," (서울: 장로회신학대학원, 2000), 1-20.

잘려 순교하여 강물을 붉게 물들였던 순교자들의 피의 역사가 있는 곳이다.

이 땅은 존 헤론(John Heron)이 1885년 6월에 내한하여 의사이자 선교사로서 제중원에서 일하다가, 1890년 7월 16일 순교한 후 고종 황제가 순교자 묘역으로 기증한 것이 순교자 묘역의 시작이다.

현재 전체 약 500기에 달하는 외국인이 묻혀 있으나, 거의 대부분이 이 땅에 순교의 피를 뿌리면서 복음을 전하다가 순교한 분들이니 순교자 묘역이라 해도 과언이 아니다. 순교자들은 어느 특정한 나라에서만이 아니라 세계 각국에서 온 선교사들이라는 점이다.

예를 들면, 미국 235명, 영국 30명, 호주 12명, 캐나다 7명, 스웨덴 4명, 벨기에 4명, 덴마크 3명, 프랑스 25명, 그리고 러시아 54명 등 세계 각국에서 온 선교사들은 순교했다. 복음을 위하여 목숨을 초개같이 버린 위대한 믿음의 선배들의 그 고귀한 순교 정신에 깊은 감동을 받게 된다.

선교신학자 앤더슨의 선교 개념의 포괄적 정의를 하고 있다.

> 설교, 전도, 봉사, 교육, 목회 등의 다양한 개념을 포함하는 것이며 특히, 순교까지 포함한다.[17]

세계 선교의 개념을 지나치게 포괄적으로 정의할 때 오류를 범하기 쉬운 것은 예수 그리스도의 유일성과 특수성을 상실할 가능성이 있다고 본다(요 1:12; 14:6; 행 4:12; 16:31). 그러나 영혼 구원과 함께 사회적인 책임의 면에서 그리스도인의 공동체를 이루기 위한 전인적인 구원의 필요성에서

---

[17] G.H. 앤더슨(G.H. Anderson), "특강 자료," 1-20.

복음의 의미를 전하는 보편성도 강조되어야 할 것이다(마 4:4). 나아가서는 모든 피조물의 구원을 위한 다양한 노력도 생태신학(ecological theology)적인 면에서 포괄한다고 할 수 있다.

3. 21세기 세계 선교의 의미

21세기 초반 현재 세계 기독교 인구는 약 30억에 이른다는 세계 선교에 대하여 도전의 물결이 거세다. 세계 126개국에서 기독교가 우세하나 71개국에서 약세이다. 세계 전체의 기독교인은 2011년 현재 21억 8천만에 이르는데 1910년경에 6억에 비교하면 매우 증대했다.

2050년경까지는 기독교가 세계에서 가장 강한 종교로 부상할 것으로 보인다. 그런데도 이슬람이 추격하고 있다고 '피우연구센터'(Pew Research Center)는 경고하고 있다.[18]

조선족 교회가 건재한 중국과 유럽, 아프리카, 중남미, 아세아 및 호주와 뉴질랜드에 이르기까지 한인 교회가 있고 선교적 사역에 동참하고 있다. 이렇게 볼 때 디아스포라(*diaspora*)교회는 한국교회와 세계를 연결하는 교회로써 선교적으로 이중적인 의미가 있다. 선교적 차원에서 한인 디아스포라의 수가 훨씬 더 많아져야 한다.

특히, 신자들의 해외 진출이 증가해야 한다. 그들이 세계에 흩어져 살면서 교회를 형성하고 그 지역과 주변을 복음화하는 누룩의 역할을 할 수 있

---

[18] https://en.wikipedia.org/wiki/Christianity_by_country(Accessed on March 25, 2018)

다. 서정운 교수는 "한인 디아스포라 교회의 존재와 역할 때문에 세계 선교 운동에 중요한 기여"를 할 수 있다고 주장한다.[19]

데이비드 배럿(David Barrett)에 의하면 60-70억 정도로 추정되는 세계 인구 중 약 33% 정도를 신자로 보는데 67% 정도의 불신자들에 대한 선교는 전략적으로 해야 한다(주요 대상).[20]

① 전도하기가 미전도 지역보다 더 어렵게 된 서구세계에서의 교회의 부활
② 회교, 불교, 힌두교권 등으로 된 타종교권
③ 밀림과 산속에 소외되어 있는 오지 인구
④ 많은 인구가 집중되고 있는 대도시들
⑤ 청소년들
⑥ 소외된 가난한 사람들
⑦ 구공산권 지역

세속주의와 상대주의는 세계 선교에 큰 도전으로 등장하여 복음주의적인 선교 정책을 혼란케 한다. 김종렬 목사는 이와 같이 전망하였다.

> 21세기에 기독교가 받을 도전은, 기독교 절대주의에 대한 상대주의의 도전, 하나님 중심주의에 대한 인간 중심주의와 세속주의의 도전, 기독교 유

---

[19] 서정운, "한국교회와 한국인 디아스포라의 선교적 의미," 하나님 나라와 선교, (서울: 대한기독교서회, 2001), 100-110.
[20] http://kcm.co.kr/mission/map/gem2006/gem2006.html(Accessed on Jan 15, 2019).

일성에 대한 타종교의 도전, 그리고 종교 간의 갈등 내지 종교 다원주의 사상의 확산 등, 급변하는 시대 속에서 기독교회가 선교하는 일이 더욱 어려워질 것이다.[21]

통전적 사역에 대한 도전이다. 선교의 중심이 전도이지만, 우리의 은사와 능력과 기회에 맞추어 선교는 다양한 형태로 행해져야 한다. 다른 사람과 교파와 단체를 복음적 또는 비복음적으로 속단하고 분쟁하기보다 전도, 사회 봉사 및 환경 보전 등을 협동적으로 상호 보완하는 신학적 이해와 선교적 역량이 있어야 한다.

4. 선교신학의 특징

여기에서 예장(통합)의 개정된 선교신학의 특징을 간략하게 살펴보자[22]

1) 삼위일체 하나님의 선교에 대하여

인류와 세계 구원의 선교는 삼위일체 하나님께서[23] 행하신다. 창조주, 구속주, 그리고 화해의 주이신 삼위일체 하나님은 성부와 성자와 성령의 각

---

[21] 김종렬, 『21세기 도전의 물결과 한국교회의 선교 정책 및 과제』(서울: 대한기독교서회, 2001), 44-61.
[22] 이 내용은 제103회 총회, 즉 2018.9.13에 개정된 것이다. http://new.pck.or.kr/bbs/board.php?bo_table=SM02_04_03&wr_id=84(Accessed on April 5/2019)
[23] 김종렬, 『21세기 도전의 물결과 한국교회의 선교 정책 및 과제』, 44-61.

위로서 활동한다. 따라서, 모든 교회의 선교는 삼위일체 하나님의 존재와 활동 방식을 따라서 하나님의 하나님 나라에 참여하는 파송으로 드러난다.

하나님은 아들 예수 그리스도를 이 세상으로 파송하여 죄로부터 만인을 구원하고 그리스도는 교회를 세상 속으로 파송하여 협력과 연대를 통하여 하나님 나라를 이루신다. 생명과 선교의 영인 성령은 주변부에서 해방과 변혁을 일으키고 교회의 선교를 활성화하면서 생명 공동체를 세우신다.[24]

2) 선교와 하나님의 말씀인 성경에 대하여

하나님의 말씀인 성경은 전체적으로 선교의 책이다. 성경에 계시로 드러난 하나님은 삼위일체로 존재하고 하나님 나라 사역을 수행하신다. 하나님은 우주와 인간과 피조 세계를 창조하시고 그리스도를 통하여 구원하신다.

하나님은 오랜 시간에 걸쳐 다양한 지평에서 여러 가지 방식으로 피조 세계의 구원을 위하여 통치하시고 하나님의 주권을 실현하여 하나님 나라를 약속하였다. 또한, 백성 공동체를 부르시고 파송하여 구원과 자유와 해방을 선물로 주신다.[25]

성경 말씀에 따라 우리는 하나님의 독생자 예수 그리스도를 믿고 세례(침례)를 받음으로써 그리스도의 몸인 교회에 속하고 하나님 나라를 만드는 선교에 참여하게 된다.

---

[24] 김종렬, 『21세기 도전의 물결과 한국교회의 선교 정책 및 과제』, 44-61.
[25] 김종렬, 『21세기 도전의 물결과 한국교회의 선교 정책 및 과제』, 44-61.

3) 삼위일체 하나님과 통전적 선교를 강조한다

하나님의 선교는 내용이나 방식에 있어서 통전적이다. 신비의 결속 관계로 존재하고 활동하시는 성부 성자 성령의 삼위일체 하나님은 이 세상과의 관계에서 각 위의 상호성을 존중하면서 통전적으로 구원 사역을 실행하신다.[26]

창조와 구원과 화해와 치유를 이루는 파송 활동으로서 교회(그리스도의 몸과 백성 공동체)의 선교는 복음 선포와 사회 봉사 나아가서는 창조 세계 돌보기에 적극적으로 참여하게 하고, 교회의 친교(fellowship)와 성장을 동반한다.

4) 선교와 복음 전도에 대하여

교회의 미래는 주님의 선교 명령에 대한 순종에 달려있다. 선교는 세상을 그리스도와 하나님께로 이끌어 하나님과의 본래의 관계를 회복하도록 하기 위해 보냄 받은 모든 활동이다.[27]

선교란 무엇인가?

한마디로 하나님의 왕 되심이 온 세상 가운데 인정되어 모든 민족이 그의 선하신 뜻을 이 세상 가운데서 실천하도록 돕는 모든 활동이다.[28]

---

[26] 김종렬, 『21세기 도전의 물결과 한국교회의 선교 정책 및 과제』, 44-61.
[27] 김종렬, 『21세기 도전의 물결과 한국교회의 선교 정책 및 과제』, 44-61.
[28] 김종렬, 『21세기 도전의 물결과 한국교회의 선교 정책 및 과제』, 44-61.

5) 선교와 교회에 대하여

하나님은 교회를 선교 동역자로 초대하여 함께 일하시며 하나님의 선교를 행하도록 능력을 주신다. 이러한 교회는 공교회와 지역 교회로 구분된다. 교회는 머리이신 그리스도로부터 세상으로 보냄 받은 선교 공동체이다.[29]

이 보냄을 받은 사명은 우선적으로 모든 교회와 그리스도인에게 해당된다. 교회는 그리스도의 몸으로서 복음서에 기록한 몸을 가진 역사적 예수의 삶과 사역을 위임받아 이 땅에서 실천한다. 교회는 본질적으로 선교적 공동체로서 세상 속에서 복음 전파와 섬김을 실천하는 봉사와 창조 세계를 돌보는 사명을 수행한다.

지역 교회는 교회 내부적 일을 수행하는 장소로서 성도의 교제와 예배와 교육을 통해 그리스도인으로 준비하세상 속에서 그리스도의 증인으로 전도와 사회 봉사, 그리고 창조 세계를 돌보는 일을 담당한다.

6) 선교와 사회에 대하여

삼위일체 하나님의 선교를 수행하는 교회는 사회와 세상을 변혁하기 위해 파송 받은 사도적 공동체다.[30]

이 사명을 위해 세상으로 보냄 받은 선교사가 바로 성도다. 그러므로 선교는 타문화권 선교사에게만 국한된 것이 아니라 믿는 모든 성도가 수행

---

[29] 김종렬, 『21세기 도전의 물결과 한국교회의 선교 정책 및 과제』, 44-61.
[30] 김종렬, 『21세기 도전의 물결과 한국교회의 선교 정책 및 과제』, 44-61.

해야 할 성도의 궁극적 사명이라고 할 수 있다.

7) 선교와 문화에 대하여

선교는 항상 다양한 문화적 현장 속에서 전개된다. 하나님의 선교를 수행함에 있어서 복음을 핵심으로 하는 사도적 전승이 다양한 문화권에서 발전한 여러 가지 신학 전통을 통해 표현된다고 믿으며, 여러 지역과 종족들의 문화권에서 형성된 신학 전통의 독특성과 다양성을 가능한 대로 수용해야 한다.[31]

선교는 협력적인 사역이다. 선교의 주체이신 하나님도 성부, 성자, 성령 삼위일체로 함께 일하신다. 다양성 속에서 사랑의 일치를 이루고 계시는 삼위일체 하나님의 선교는 역사 속에서 사람들과의 협력을 요구하실 뿐만 아니라, 다양성 속에서 일치를 원하신다.

하나님께서 사람들을 부르시고 사명을 주셔서 선교하게 하시는 것이다. 그러므로 하나님의 나라를 함께 상속받을 하나님의 후사(롬 8:17)로서, 우리는 주님께서 재림하실 때까지 인종과 문화와 교파를 초월하여 선교하는 일에 하나가 되어 협력해야 한다. 이 협력과 다양성 속에서의 일치 추구는 항상 참여와 책임과 의무 부담을 포함하고 있다.

앤더슨(G. Anderson) 교수는 오늘날에도 기독론(Christology)이 선교의 중심이 되어야 한다고 주장한다.[32]

---

[31] 김종렬, 『21세기 도전의 물결과 한국교회의 선교 정책 및 과제』, 44-61.
[32] G.H. Anderson, "특강자료," 27.

다른 이로써는 구원을 얻을 수 없나니 천하 인간에 구원을 얻을 만한 다른 이름을 우리에게 주신 일이 없음이니라(행 4:12).

예수 그리스도는 어제나 오늘이나 영원토록 동일하시니라(히 13:8).

내가 곧 길이요 진리요 생명이니 나로 말미암지 않고는 아버지께로 올 자가 없느니라(요 14:6).

우리는 예수 그리스도의 존재론적인 의미를 깊이 생각해야 한다.

5. 선교에 열심인 건강한 교회가 성장한다

선교에 열심인 건강한 교회는 성장한다. 예를 들면, 선교사 파송을 많이 하는 교회는 그만큼 교역자와 교인들이 복음 전파와 교회성장에 대한 열정을 가지고 있으며 하나님의 지상 명령인 선교를 위해서 헌신하는 교회라고 할 수 있다. 구체적으로 살펴보자.[33]

1) 교회성장은 선교가 전제 조건이다

교회성장의 궁극적인 목적은 하나님의 말씀을 전하여 하나님의 영광을

---

[33] http://www.pck.or.kr/world_home/world_mun_asp.(Accessed on March 25, 2018)

드러내고자 하는 데 초점이 맞추어져야 한다.

왜 교회성장인가?

그 해답은 한마디로 하나님 뜻을 이루는 것이다. 그의 뜻은 바로 만민에게 복음을 전하는 것이다.

> 또 이르시되 너희는 온 천하에 다니며 만민에게 복음을 전파하라(막 16:15).

2) 하나님의 선교(Missio Dei)가 관건이다

선교의 의미는 하나님이 선교를 하는 그 자체이다. 즉, 하나님이 스스로 그의 영광을 위하여 유 목적적으로 그의 아들 예수 그리스도를 보내시어 죄인들을 구원하고자 하는 그 원대한 목적을 스스로 이루시는 하나님의 선교에 의미가 있다.[34]

3) 교회성장은 하나님의 주권 아래에서 이루어지며 인간의 생각과는 다르다

교회성장은 우리 인간의 생각을 뛰어넘는다. 즉, 정치 사회적인 조건이나 제약이 하나님의 복음 선교를 제한할 수 없다는 내용이다. 한가지 예를 들면, 2013년 현재 세계의 급성장 기독교인의 국가들을 보면 흥미 있다.

---

[34] 예장총회, "총회 선교 지침" (서울: 예장 81회 총회, 1996.9.14), 1-25.

세계 급성장 10개국을 순위별로 보면, 1위 네팔(10.93%), 2위 중국(10.86%), 3위 아랍에미리트(9.34%), 4위 사우디아라비아(9.27%), 5위 카타르(7.81%), 6위 오만(7.62%), 7위 예멘(7.09%), 8위 몽골(5.96%), 9위 캄보디아(5.87%), 그리고 10위 바레인(5.49%) 이다.[35]

흥미 있는 것은 기독교 국가가 아닌 이슬람 국가가 급속한 성장을 보였고 중동지역과 아시아 대륙에 있는 국가가 급속한 성장을 하고 있다. 특히, 네팔이나 중국이 급속한 성장을 하고 있다. 앞으로 중국은 "현재의 추세라면 2030년경에는 현재 미국과 브라질 다음으로 기독교인이 가장 많은 국가"[36]가 될 것으로 전망한다.

요약하면 사회주의국가가 오히려 급속한 교회성장을 이루는 역설적인 현상은 우리는 이해 못 하는 하나님의 오묘한 복음 선교에 대한 신비가 아니겠는가?

4) 세계 선교는 한인 디아스포라(*diaspora*, 700만 명)의 선교와 직결된다

세계 선교는 전 세계에 흩어져 사는 모든 한인에게 구원의 복음을 전하는 선교의 사명을 감당하는 역할을 하게 된다. 21세기는 지구화와 정보화를 통하여 세계 선교가 이루어진다. 21세기는 지구화와 정보화를 통하여 세계 선교의 목적이 이루어져야 하며 세계 선교의 효율성과 효과성이 극대화되는 것이 필요하다.

---

[35] 「한국기독공보」, (2015.8.22). 고든 콘웰 신학대 국제신앙연구소(Center for the Study of Global Christianity) 발표(2013)한 것을 재인용.

[36] 「한국기독공보」, (2015.8.22).

5) 세속주의의 도전에서 승리해야 한다

21세기는 종교 다원주의와 세속주의의 도전이 밀려옴으로써 교회성장을 가로막는 요인이 된다. 이러한 도전에서 승리함이 필요하다.

6) 통전적 사역에 대한 도전이다

통전적 사역은 교회성장에 있어서 필수적이다. 교회성장은 성직자에게만 기대할 수 없다. 전 교인과 평신도들이 모두 함께 해야 한다.[37]

7) 교회성장과 선교의 유기적 연결망이 중요하다

교회성장은 선교와 항상 함께 간다. 다시 말하자면, 교회성장은 선교의 독립 변수가 상승하면 그에 상응하여 올라가고 그렇지 아니하면, 하락한다. 이러한 것은 유기적인 연결망이라 할 수 있다.

8) 개척 교회(planting church)를 통하여 교회는 성장한다[38]

초대교회는 개척 교회였다. 바울도 에베소교회나 빌립보교회를 개척하였다. 필자도 미국 유학 시절에 남부지방 플로리다에서 국제 결혼 한 여자분들

---

[37] 김종렬, 『21세기 도전의 물결과 한국교회의 선교 정책 및 과제』, 44-61.
[38] 데이비드 w. 쉔크 외, 『초대교회 모델을 따라 교회를 개척하라』 (서울: 베다니출판사, 2004), 295-310.

을 위한 교회와 유학 온 학생들을 위한 교회를 개척한 경험이 있다. 그리고 필리핀 마닐라에서 국립대학 캠퍼스에 원주민 교회를 개척해 본 일도 있다.

개척 교회는 힘들지만, 매우 중요하고 의미 있는 하나님의 사역이다. 그리고 그 자체가 하나님이 기뻐하시는 일이다. 개척 교회가 교회성장을 돕는 일이다.

예장총회 통계 자료에 따르면[39] 2014년 12월 현재 중고등부 교세는 15만 2327명으로 아동부(유년 초등 소년)가 17만 3629명인 것에 비교해 2만 1302명이 감소하고 있다. 연도별로 보면 감소추세 현상이 더욱더 심각함을 확인할 수 있다.

다양한 형태의 교회에서 적성에 맞는 신앙을 키워갈 수 있는 터전을 만드는 것이 중요하다. 젊은 교인들이 자신들의 신앙의 형태나 교회에 거는 기대에 따라 선택할 수 있는 다양한 형태의 교회가 고르게 운영될 수 있는 터전을 만드는 것이 필요할 것이다.

그러기 위해서는 대형 교회는 대형 교회 나름대로, 중, 소형 교회는 그 규모에 걸맞은 프로그램을 개발해서 내놓고 영유아유치부부터 청년, 그들 부모의 선택을 기다려야 할 것이다.[40]

교회 개척의 목적은 무엇인가?

왜 우리는 교회 개척을 필요로 하는가?

그 대답은 다음에서 참고하면 된다.

---

[39] 「한국기독공보」, (2016. 6. 25).
[40] 「한국기독공보」, (2016. 6. 25).

그리스도의 죽음과 부활은 교회가 그의 몸이라는 것과 연결된다. 영원한 교회를 통하여 교회의 머리는 하나님(Godhead)이시고 이것은 바로 '개척교회신학'(Church planting theology)이 존재하는 이유이다.

교회 개척 원리의 실제적인 적용은 성경의 주요한 원리이다. 교회 개척의 목적은 그의 위대한 사명을 완성함으로 하나님의 뜻을 극대화하고 기쁘게 하는 데 초점을 두고 있다.

바꾸어 말하면, 교회성장의 목적을 이룸으로써 복음을 전도하게 된다. 그리고 초대형 교회도 역시 건강한 교회(healthy church)에 근거하는 한 비난할 것이 아니라, 긍정적으로 하나님의 뜻으로 수용함이 바람직하다.

그 이유는 초대형 교회는 지역 사회를 위하여 선교 사업이나 전도나 사회 봉사를 더 할 수 있기 때문이다. 궁극적인 목적은 하나님의 나라(The Kingdom of God)를 위한 것이어야 한다.

바로 그것은 하나님의 위대한 사명(the Great Commission, 마 28:18-20; 행 1:8)이며 위대한 명령(the Greatest Commandment, 마 22:37-40)이기 때문이다.[41]

예수님이 제자들을 함께 훈련했지 따로 분리하지 않았다고 피켓(Waskom Picket)은 지적한다.

> 우리 누구도 영적인 로빈슨 크루소가 될 수 없다(No one of us can be a spiritual Robinson Crusoe).[42]

---

[41] Ellen Libis, *Handbook for Effective Church Planting and Growth* (Richmond, VA: Foreign Mission Board of Southern Baptist Convention, 1900), 27.

[42] Waskom Pickett, *Christian Mass Movements in India: A Study with Recommendations* (New York: The Abingdon Press, 1933), 78.

피터 와그너(Peter C. Wagner)[43]는 몇 가지 가설을 제시한다.

첫째, 인간의 최종적인 목적은 하나님의 영광이다.

둘째, 예수 그리스도의 주권(Lordship)이다. 교회성장 인들은 하나님나라에 성령으로 거듭난 자들이다. 이러므로 그를 순종해야 한다. 하나님의 명령은 선택이 아니다.

셋째, 성경의 규범적 권위(Normative Authority of the Scripture)에 관한 것이다. 즉, 인류의 구속사에 대한 성경의 기록과 해석은 인류에 유일한 규범이다.

넷째, 죄, 구원, 영원한 사망의 궁극적인 종말론적인 실체(Ultimate Eschatological Reality)이다.

다섯째, 성령의 개인적인 사역(Personal Ministry of the Holy Spirit)이다(요:5:12). 즉, 아들이 있는 자에게는 생명이 있고 하나님의 아들이 없는 자에게는 생명이 없느니라(요일 5:12).

6. 결론

지금까지 우리는 세계 선교의 극대화가 건강한 교회성장을 이룬다는 가설에서 구체적으로 그 현실과 방안을 논의하였다. 이 주제는 여러 가지 측

---

[43] C Peter Wagner, *Church Growth & Whole Gospel: A Biblical Mandate* (San Francisco, CA: Harper & Row, 1981), 1-208.

면에서 연결고리를 찾을 수 있다.

예컨대, 거시적인 차원에서 교회의 사명이 바로 세계 선교를 논의할 수 있다. 이 경우 전 세계에 산재해 있는 700만 한인 디아스포라가 그 대상이 될 수 있다.

그러나 원주민 선교를 대상으로도 필요한 선교 전략이 포함됨은 물론이다. 선교하는 것은 그 빚을 갚는 의미이다. 그리고 국내의 농어촌 지역이나 열악한 형편에 있는 곳 예컨대 교도소, 병원, 그리고 외국인 근로자 등 많은 대상이 복음을 기다리고 있다. 그들의 영혼들이 예수 그리스도를 영접함으로(요일 1:12) 그 은혜로 그리고 믿음으로 구원을 받음이 필요하기 때문이다(엡 2:8).

제10장

건강한 초대형 교회성장의 요인 분석
(Factor Analysis of Healthy Megachurch Growth)

1. 초대형 교회의 개념

초대형 교회(Mega church)란 무엇인가?

학자에 따라서 개념의 정립이 다르다. 그러나 한국의 경우는 재적 교인 약 1만 명을 가진 교회를 말한다.[1] 미국의 경우는 출석 교인 2,000명의 교세를 가진 큰 교회를 말한다.[2]

---

[1] Young JongKim, *Megachurch Growth in Korea* (Pasadena, CA: Fuller Theological Seminary, 2011), 1-250.
[2] 미니스트리 디렉, "초대형 교회 전략세미나," 강의안 (서울: 건강하게성장하는교회연구소, 2011), 3 – 22. 스카씨마 박사는 초대형 교회를 대형 교회라고 하나, 이것은 한국의 초대형 교회에 해당한다.

미국의 경우 대략 1,200-1,500개의 대형 교회들이 있다. 미국에서 가장 규모가 큰 대형 교회에는 매주 2만 명 이상의 성도들이 주일 예배에 참석한다. 1970년대부터 대형 교회들의 수가 빠르게 성장하여 지난 15년간 그 성장세를 유지하고 있다. 기독교 초대형 교회는 대부분 남침례교회(Southern Baptist Church), 하나님의성회(Assembly of God), 또는 독립교회(Independent Church)이다.[3]

교회들의 신학적 배경을 살펴보면,[4] 그 교회들의 성도들이 가장 관심을 보였던 신학은, 복음주의 48%, 은사주의 14%, 온건파 12%, 구도자 3%, 근본주의자 2% 등이다. 대형 교회의 대부분은(60%이상) 미국 남부의 1/3 지역에 있다. 즉, 캘리포니아, 텍사스, 조지아, 그리고 플로리다에 있다.

그리고 대부분의 초대형 교회들은 로스엔젤레스, 달라스, 애틀란타, 휴스톤, 올랜도, 피닉스, 시애틀같이 급속하게 넓혀지고 있는 도시의 교외에 자리 잡고 있다. 흥미 있는 것은 이 교회들은 때때로 주요 도로 근처의 중요한 지역의 50-100에이커가 되는 땅을 차지하고 있다. 일반적으로 이 교회들이 모여드는 수많은 예배자 들을 수용할 수 있을 정도로 매우 넓은 주차 공간과 예배당들을 가지고 있다.[5]

평균 출석수는 매주 3,857명이고 평균적으로 1,700명의 사람을 수용할 수 있는 정도 크기의 예배당을 가지고 있고, 25% 정도의 교회들이 2,500석 규모 이상의 예배당을 갖고 있으며, 5%의 교회가 5,000석 이상 규모의 예배당을

---

[3] 미니스트리 디렉, "초대형 교회 전략세미나," 3.
[4] 1999년도에 153개의 대형 교회들을 조사한 결과이다.
[5] 미니스트리 디렉, "초대형 교회 전략세미나," 4.

가지고 있지만, 18%의 교회는 1,000석 이하 규모의 예배당을 가지고 있다.[6]

초대형 교회들은 매우 단기간에 급성장한 경향을 보이고 있고, 보통 10년 이하의 기간이 걸리며, 한 명의 담임목사가 그 기간 동안에 시무한다. 거의 모든 대형 교회 목회자들이 남성이고 개인적인 카리스마를 가지고 있다. 부목사들은 5-25명에 이르는 전임 목회자고 때로는 수백 명의 전임 간사들이 포함되기도 한다.

예컨대, "53개의 초대형 교회를 설문 조사 했을 때, 평균 13명의 전임 사역 간사가 있었고, 25명의 전임 프로그램 간사가" 있었다. 평균적으로 자원 봉사 인원들은 (매주 5시간 이상 교회에서 봉사하는) 297명이었다.

대형 교회들은 사회 사역, 취미 활동, 그리고 돕는 다면적 사역을 하고 있었다. 2005년 5월 초 현재 1,200여 개의 초대형 교회들을 보면 이것은 전 미국교회들의 0.3%에 해당되며 매주 4백만이 넘는 사람들이 매주 초대형 교회에 가고 있었다.

미국은 50개 주 중 45개의 주에 초대형 교회가 있는데 그 분포를 보면 "텍사스주에 174개(14%), 캘리포니아주에 169개(13.7%), 플로리다주에 83개(6.7%), 조지아주에 64개(5.2%)가 있다. 텍사스주의 두 개 도시, 휴스턴과 달라스에 56개의 교회는 미국 전체 초대형 교회의 4.5%가 된다. 가장 큰 초대형 교회들은 교단에 소속되지 않았거나 미국 남침례교"이다.[7]

지역 사회와의 관계에서 지역 사회 주민들의 필요와 사회적인 필요에 응답하기 위해서 크고 작은 교회들과 연합을 이루고 있다.

---

6   미니스트리 디렉, "초대형 교회 전략세미나," 4.
7   미니스트리 디렉, "초대형 교회 전략세미나," 5.

초대형 교회의 공통된 특징은 다음과 같다.

"평균 주중 예배에 2,000명 이상의 출석 인원. 매 주일 예배의 평균 3,857명의 출석 인원, 가장 큰 교회는 2만여 명 이상의 출석 인원과 다양한 크기"이다.[8]

① 미국 서부의 선벨트 지역 -75%

② 교외 지역 -75%

③ 성장하는 도시 중심부 지역 -90%

④ 주요 도로 주변. 주상 복합 지역

⑤ 4개의 주에 40%의 대형 교회가 밀집

⑥ 그리고 보수신학/복음주의적 48%

⑦ 카리스마파 14%

⑧ 오순절 계통 11%

⑨ 구도자적 3%

⑩ 근본주의적 2%

⑪ 온건주의적 12%

⑫ 전통주의적 8%[9]

특히, 강한 리더십과 대부분 한 목사의 사역 속에 성장하였고, 99%의 목사들은 남성이고, 평균나이는 52세이다. 평균 시무기간은 12-15년이다.[10]

---

[8] 미니스트리 디렉, "초대형 교회 전략세미나," 8.
[9] 미니스트리 디렉, "초대형 교회 전략세미나," 10.
[10] 미니스트리 디렉, "초대형 교회 전략세미나," 10.

초대형 교회의 예배의 특징은 살아있는 예배로서 설교(100%), 오르간, 피아노 음악(92%), 현악기나 관악기(79%), 함께 교제하는 시간(93%), 구원을 위한 도전(60%), 치유를 위한 기도(45%), 방언 기도(17%) 등의 구조를 가진다.

설교 주제의 구조는 하나님의 사랑과 돌보심(44%), 개인적 구원(42%), 개인적 영적 성장(38%), 실제적인 매일의 삶에 대한 조언(34%)이다.

특이한 것은 '매일 가는 교회'로서 주중에 계속되는 프로그램에 대한 퍼센트는 성경 공부 78%, 기도 모임 83%, 청소년 활동 94%, 남성, 여성 사역 86%, 영성 수련회 34%, 청년 모임 83%, 성가대 85%, 지역 사회 봉사 활동 65%, 양육/결혼 교실 52%, 노인 활동 82%, 자기 관리 프로그램 57%, 스포츠/피트니스 팀 59%, 국제적인 파라 처치(para church) 프로그램 53%이다.[11]

지역 사회 봉사와 관련 무료 식당 운영 99%, 가족이나 개인에게 현금이나 수표 지급 91%, 어린이와 십대들을 위한 프로그램 존재 99%, 상담 서비스나 다양한 그룹 후원 95%, 병원이나 가정을 돌봄 80%, 교도소 사역 존재 91%, 벼룩시장을 운영 혹은 후원 78%, 노인복지 프로그램 존재 84%, 약물 중독자들을 위한 회복 프로그램 존재 85%[12] 등 다양한 프로그램이 있다.

다음은 초대형 교회에 대한 오해를 지적한다.

첫째, 초대형 교회는 너무 크다는 주장에 대하여 "대형 교회 교인 중 48%가 교회를 친한 가족처럼 느낀다"라고 했으며 대형 교회의 80%가 "교

---

11 미니스트리 디렉, "초대형 교회 전략세미나," 12.
12 미니스트리 디렉, "초대형 교회 전략세미나," 13

인들의 필요를 채우기 위한 프로그램"을 운영하고 있고, 대형 교회의 93%가 "소그룹 모임과 셀모임"을 운영하고 있다.[13]

둘째, 초대형 교회는 한 사람의 중심의 숭배하는 집단이 아니며, 설교를 하는 많은 성공한 목사들이 있고, 교역자가 바뀐 대형 교회들이 수십 개가 넘는다.

셋째, 위에서 언급했듯이, 초대형 교회는 "이기적이며, 자기 교회의 교인들만" 챙긴다는 비판은 적절치 않다. 예컨대, 사회 사업 프로그램으로 가족이나 개인에게 현금이나 수표 지급 91%, 어린이와 십대들을 위한 프로그램 존재 99%, 상담 서비스나 다양한 그룹 후원 95%, 병원이나 가정을 돌봄 80%, 교도소 사역 존재 91%, 벼룩시장을 운영 혹은 후원 78%, 노인 복지 프로그램 존재 84%, 약물 중독자들을 위한 회복 프로그램 존재 85% 등 다양한 프로그램이 존재하고 있기 때문이다.[14]

넷째, 대형 교회가 성공한 원인은 복음을 희석했기 때문은 부적절한데 그 이유는 88%의 응답자가 "교회의 예배와 설교에서 가장 중요한 권위가 성경"이라고 대답했다.

예배 시간에 설교는 "하나님의 사랑과 돌보심(44%), 개인적 구원(42%), 개인의 영적 성장(38%), 매일의 삶에 대한 실제적 조언(34%) 등 매우 보수적"

---

[13] 미니스트리 디렉, "초대형 교회 전략세미나," 15.
[14] 미니스트리 디렉, "초대형 교회 전략세미나," 15.

이었다. 교인의 분류를 보면 "핵심 교인 5%, 헌신된 교인 15%, 보통 교인 30%, 구도자, 방문자 50%" 등으로 구성되어 있다.[15]

2. 교회성장의 개척 지도자 배경

앞에서 이미 논의한 바와 같이 교회성장학의 최초의 개척 지도자는 도날드 맥가브란(D. A. McGavran)이라 할 수 있다. 맥가브란은 인도 주재 3대째 선교사의 가정에서 태어나서 예일대학교와 인디애나선교대학교에서 교육을 받았다. 그리고 콜롬비아대학교에서 철학 박사학위를 받았으며 인도에서 30여 년을 선교사로 사역을 하였다. 그는 선교사로서 일하는 동안 자신이 속한 선교회가 매년 1%에도 미치지 못하는 성장을 보고 선교 전략의 의문점을 가지게 되었다.[16]

그리하여 선교 사역을 시작한 지 2년 후에 교회들의 성장을 연구하기 시작하였다. 그는 감리교 선교사인 피켓(J. Wascom Pickett)을 1934년 접하고 나서부터 피켓 감독과 교류를 하면서 그와 공동 연구를 하였다. 그는 공동 연구를 통하여 피켓의 조사 방법론과 자신의 방법을 덧붙임으로서 그의 선교 전략을 발전시켰다.

그 후, 맥가브란은 선교회의 행정직에서 떠나 17여 년 동안 일선의 선교 현장에서 교회성장 연구를 하였다.

---

[15] 미니스트리 디렉, "초대형 교회 전략세미나," 16.
[16] 황청일, 『도날드 맥가브란의 선교 전략』, in: http://blog.naver.com/mp-w4u/220805874697(Accessed on May 13, 2018)

1954년에는 아프리카 7개국을 순방하고 20여 선교 단체에 의하여 세워진 교회들을 조사 연구하였고 1955년에는 『하나님의 교량』(The Bridges of God)을 출판하였다.[17]

『하나님의 교량』이 출판된 후 미국에 돌아와 연합기독교선교사협회(UCMS, The United Christian Missionary Society)의 이사회의 부탁으로 향후 6년 동안 본국에서 선교지의 교회성장을 연구하였고, 그 후 멕시코, 필리핀, 태국, 콩고, 자메이카, 푸에르토리코 등을 순방하면서 교회성장을 연구하였다.

1957년에 인디애나주 인디애나폴리스에 있는 모교인 선교대학(College of Missions)에서 교수가 되었고 재직 중 동남아시아, 아프리카 지역의 여러 교단의 선교 현장을 방문하여 『어떻게 교회가 성장하는가』(How Church Grow)라는 책을 출판했다.

1960년에는 미국 북서부기독대학(Northwest Christian College)에 '교회성장연구원'(The Institute of Church Growth)을 설치하였고, 그 후 풀러신학교의 선교대학원의 초대 학장으로 초빙되고 교회성장연구원을 설립하였다.

그는 1970년도에 「교회성장 이해」(Understanding Church Growth)라는 책을 출판하고 1973년에 맥가브란과 윈. 안(Win Arn)이 공저로 『교회가 어떻게 성장하는가』(How to Grow Church)라는 책을 출판하였으며 1981년에 은퇴하여 1990년 7월 92세로 소천하였다.[18]

---

17 황청일, 『도날드 맥가브란의 선교 전략』.
18 황청일, 『도날드 맥가브란의 선교 전략』.

3. 초대형 교회성장 실태

한국의 초대형 교회의 성장실태를 논의하기 전에 먼저, 한국의 종교 실태를 잠깐 살펴보자. 한국의 개신교는 2018년 현재 967만 5,761명이며 전체 종교 인구 2,155만 명 중의 44.89%를 차지하고 있다. 다음이 불교로서 35.35%를 차지하며 총 불교신자는 761만 9,332 명에 이르고 있다. 통계 기준 는 4,905만 2,389명이다

총 종교 단체(교단)는 총 927개이고 그중 불교가 482개, 개신교 374개, 천주교 1개, 원불교 1개이다. 2015년 통계기준 총인구는 4,905만 2,389명으로서, 종교를 가진 사람은 2,155만 3,674 명으로 43.9%에 달한다. 종교별로는 개신교가 967만 5,761명, 불교 761만 9,332명, 천주교 389만 311명, 원불교 8만 4,141명 순이다.

다음에 개신교에서 가장 많은 교인을 가진 교단은 대한예수교장로회 통합 측으로서 278만 9,102명이다. 교회는 9,050개에 이르고 있다.

그 다음 합동 측은 신자 수는 2,763만 4,428명에 이르고 통합 측보다 신자 수는 약간 적으나 교회 수는 1만 1,937개 교회로서 오히려 더 많은 실정이다.

그 다음은 백석대신이 신자 수로는 140만 3,273명이고 교회 수로는 7,100명으로서 세 번째 많은 교세를 보이고 있다[19]. 다음은 한국의 초대형 교회(megachurch)에 대한 통계 자료이다. [20]

---

[19] 도종환, 『한국의 종교 현황』(서울: 문화체육관광부, 2018), 1-343.
[20] 여기에서 초대형 교회란, 재적 교회 1만 명 이상을 가진 교회를 말한다. 미국의 교회는 출석 교인 2,000명 이상을 말한다. 더 자세;한 것은 다음을 참조할 것. 김영종, 『교회

한국의 경우 등록 교인 만 명 이상이 되는 초대형 교회는 어느 교회인가?

한국뿐만 아니라 세계에서 가장 큰 초대형 교회는 역시 교인 75만 명의 재적[21]을 가진 여의도순복음교회이다.

순복음교회는 2001년 현재의 교세가 교인 수 70만 명, 교역자 554명, 직원 240명, 그리고 예배는 주일에만 7부를 드리고 있다. 가히, 세계 최대의 교회임이 틀림없다.

교역자 수는 1992년에는 752명이었다. 교인 수도 1992년에 벌써 69만 2,788명으로 이미 70만 명의 수준에 도달하고 있었다. 1910년 한일합병을 할 때의 서울 인구가 28만 명 정도였다면, 이 교회의 크기를 짐작할 수 있다.

이 교회는 1958년 5월에 서대문의 대조동에서 조용기 전도사와 최자실 전도사가 5명의 신도들과 함께 천막을 치고 시작한 교회이다. 그러다가 여의도 새 성전으로 옮긴 1973년에는 1만8천 명, 그리고 5년만인 1979년에는 그 수가 10만 명을 돌파한다.

그 교세가 급증한 것은 통계에 의하면 1991년인데, 1990년의 59만 7,011명 교인 수가 1991년에 64만 5,296명이 된다.[22]

한국의 초대형 교회는 대략 20-30여 개에 이른다.

행정학』(서울:숭실대출판부, 2008).
[21] 여의도순복음교회의 재적은 통계에 따라 차이가 보인다. 2008년 1월 현재는 75만 5,000명이라고 한다. 홍영기, 『교회성장』(서울: 교회성장연구소, 2008), 59. 그러나 최근 보도에는 55만 5천 명이다. 「조선일보」, (2018..5.15), A21.
[22] 민경배,"한국교회의 대형화 현상," 2002. http://cafe.daum.net/Bonpoch/RWEK/31?q=%C3%E6%C7%F6%B1%B3%C8%B8%20%B1%B3%C8%B8%BC%BA%C0%E5%B-F%AC%B1%B8%BF%F8(Accessed on March 5, 2018).

1) 한국 교단별 대표적인 초대형 교회[23]

(1) 대한예수교장로회(통합)[24]

① 인천주안장로교회(나겸일 원로목사, 주승중 담임목사)가 16만 1,000명으로 가장 많은 등록 교인으로 보고되어 있다.[25]

② 온누리교회(하용조 목사 개척담임, 이재훈 담임목사)가 12만 9,348명으로 등록이 되어 있다.

③ 소망교회(곽선희 원로목사, 김지철 담임목사)가 9만 명의 등록 교인이 있다.

(2) 대한예수교장로회(합동)[26]

① 사랑의교회(옥한흠 원로목사, 오정현 담임목사)가 7만 9,774명으로 가장 많은 교인이 모인다.

② 새에덴교(소강석 담임목사)는 3만 5,000여 명의 교인이 모이는 것으로 보고되어 있다.

---

[23] 정확한 교세 파악은 매우 어렵다. 등록 수, 출석수, 정보 보안으로 외부 노출 제한, 교세 정보 공문 요구 등으로 인하여 정확한 교세 파악이 어렵다. 이 데이터는 필자가 각 교회의 교세 담당자 목사, 사무국장, 직원 행정 책임자 등을 통하여 수집한 정보이다.

[24] 그 외에 예장 통합의 경우 영락교회, 명성교회, 새문안교회, 과천교회등이 초대형 교회에 포함된다..

[25] 담임목사란 지교회의 목회를 전담하는 책임자란 뜻이다. 즉, 지교회의 청빙으로 노회의 위임을 받은 목사인 위임목사를 말한다(헌법 27조 참조).

[26] 예장합동의 경우 충현교회, 안산동산교회, 왕성교회, 꽃동산교회등이 초대형 교회에 속한다.

③ 부산에 있는 부산수영로교회(정필도 원로목사, 이규현 담임목사)가 2만 9,000명의 교인이 등록되어 있다. 수도 서울이 아닌, 광역시에서 유일하게 많은 교인이 모이는 초대형 교회이다.

저자가 2007년경에 자료를 조사할 때는 1만 3,000명이었으나, 그 후 10년 동안에 1만 6,000명 정도가 더 증가한 것은 놀라운 성장이라 할 수 있다. 부산수영로교회의 비전은 다음과 같다.

> 수영로교회는 그리스도의 지체로 살아 움직이며 역사하는 일만 개의 소그룹 공동체를 세우고 세워진 일만 개의 소그룹 공동체는 부산의 구석구석까지 우리 주님이 하셨던 것처럼 복음과 사랑을 전하고 하나님의 뜻을 이루어드리는 작은 밀알이 될 것입니다.[27]

한마디로 cell(소그룹) 조직과 관리로 교회성장을 성공적으로 한 교회의 특징을 가지고 있다고 할 수 있다.

(3) 대한예수교장로회(대신)

① 1980년 초에 교회 설립한 영안교회(양병희 담임목사)도 2017년 말 현재 2만 3,063명이 등록된 초대형 교회이다.
② 안양새중앙교회(박중식 원로목사, 황덕영 담임목사)가 2만 명의 등록 교인이 있다.

---

[27] https://www.sooyoungro.org/new-layout/syrintro/vision.jsp(Accessed on Jan. 5, 2019).

(4) 대한예수교장로회(고신)

경향교회(석원태 원로목사, 석기현 담임목사)가 1만 5,000여명의 등록 교인이 있다. 특히, 이 교회는 세계 15개국에 선교사 70여 명을 파송하여 252개 교회를 개척한 교회로써 선교의 뜨거운 열정이 대단한 초대형 교회로 보고되어 있다.

(5) 기독교대한감리회

① 금란교회(김홍도 원로목사, 김정민 담임목사)가 13만 명의 등록 교인으로 기록되어 가장 큰 초대형 교회이다.
② 광림교회(김선도 원로목사, 김정석 담임목사)가 9만 명의 교인이 등록된 초대형 교회이다.
③ 인천 남구 숭의감리교회(이호문 원로목사, 이선목 담임목사)도 등록 교인 6만 명이 모이는 초대형 교회이다.

(6) 기독교한국침례교회

출석 3만 명으로 알려진 분당에 위치한 지구촌교회(이동원 원로목사, 진재혁 담임목사)가 단연 가장 많이 모이는 초대형 교회이다.

필자가 조사할 때에 담당자는 몇 번이고 "우리 교회는 재적이 아니고 출석 교인이다"는 교세 정보를 강조한 것이 흥미롭다. 따라서, 실제 등록 교인을 포함하면 훨씬 더 많을 것으로 추정할 수 있다.

교회성장학적 관점에서 볼 때 분당 지역은 새로운 개발 지역으로서의 조건을 갖추어있고 목회자의 리더십과 메시지가 바로 복음적인 내용이며 제자훈련 등 매우 좋은 성장 변수가 작용하여 교회성장을 촉진하였다고 할 수 있다.

(7) 기독교대한하나님의성회

① 순복음교회(Full Gospel Church, 조용기 원로목사, 이영훈 담임목사)의 경우 우리나라만 아니라, 세계에서도 가장 큰 초대형 교회인 여의도순복음교회는 교회 당국의 공식적인 보고에 의하면, 2018년 현재 75만 명 정도로 보고 되어있다.[28]

② 안양에 소재한 은혜와진리교회(조용목 담임목사)가 15만 명 정도의 교인이 모이는 것으로 보고되어 있다.

(8) 기독교대한성결교회

시냇가푸른나무교회(이강호 원로목사 엄복용 담임목사)는 1만 2,000여 명의 등록 교인이 있는 초대형 교회이다.

필자가 위에서 조사한 각 교단의 대표적인 교회를 살펴보았지만, 한국의 초대형 교회는 건전한 정통 개신교회의 경우 1만 명 이상의 등록 교인을 가진 교회로써 한국에는 대략 20-30개의 초대형 교회가 존재하는 것으로 추정된다.

4. 초대형 교회의 성경적 근거

초대형 교회의 구조를 보면 핵심적인 멤버교인(core members)는 전 교인 중 불과 5%에 해당하는 교인중의 가장 열심 있는 멤버들이다. 그 다음은

---

[28] 이 보고는 교회의 행정담당자에 의하여 받은 자료에 의한 것이다.

헌신적인 멤버들(committed members) 로서 15%의 교인들은 비교적 책임을 지고 충성, 봉사하는 교인들이다.

보통 멤버(moderate members) 로서 어느 정도 교회에 봉사하는 중간적 보통 교인이다. 마지막으로 불규칙적인 출석 교인(marginal members, occasional attenders & visitors)으로서 때때로 출석하는 비정규적인 교인들이다. 전체 교인 중 무려 50%에 해당하는 교인들이다.

역사적 관점에서 보면 1900년도에 우리나라에서는 216개의 교회와 2만 1,136개의 교회가 있었다. 그리고 1930년도에는 한국의 인구는 2,000만 명이었고 개신교는 30만 명이었다. 한국은 성장을 계속하여 1950년도에는 50만 명의 교인에 1960년도는 60만 성도, 1970년도에는 300만 성도로 성장하였고 1980년도에는 600만이었으며 그리고 1990년도에는 800만 명의 교인으로 성장하였다.[29]

한편, 교회 수는 1960년도 5,011개 교회, 1980년도에는 2만 1,243 교회, 1990년도에는 3만 5,869의 교회가 설립되었고 이는 한국의 인구의 24%가 기독교인임을 말해 준다.

'미국교회성장학회'(The American Society for Church Growth) 에서는 교회성장을 정의하기를 교회성장이란 "기독교 교회의 성격이나, 기능이나, 건강을 추구하는 신중한 훈련인데 이것은 모든 사람을 제자로 삼으라는 주님의 위대한 부탁을 효과적으로 수행하는 것"과 관련된다(마 28:19-20).

---

[29] 조종익, "한국교회 부흥 운동의 요인 분석을 통한 교회성장 전략" 박사학위논문 (서울: 총신대학교목회신학전문대학원), 125
또다른 출처에서는 1964년 81만 2,254명, 1969년 319만 2,621명 1972년 346만 3,108명 1975년 401만 9,313명, 1988년 1,033만 7,075명이라고 주장한다. John T. Kim, *Protestant Church Growth in Korea* (Belleville, ON: Essence Publishing, 1996), 54.

다시 말하면 교회성장은 "하나님의 말씀의 영원한 원칙을 실질적이고 사회적인 행태과학의 통찰력과 함께 접목시키는 영적인 확신"이다.³⁰ 초대형 교회란 미국의 경우 매주 평균 2,000명 이상이 출석하는 대형 교회를 말한다.³¹ 그러한 초대형 교회는 계속 증가하고 있다.³²

흥미로운 것은 1970년에는 불과 10개 정도의 초대형 교회가 2011년 현재 약 835개의 교회로 증대되었고 미국 전체로는 1,210개의 개신교회로 성장하였다. 주로 오순절 계통이나 침례교회 혹은 회중 교회이나 독립교회 계통의 교회들이다.

교회성장학자인 맥가브란은 주장하기를 교회의 양적 성장은 단순히 양적 성장만을 의미하지 아니한다고 지적하고 있다. 마치 어린아이의 성장처럼 적절한 영양(adequate nutrition)이나 성숙한 사회적인 인지(a maturing social awareness), 그리고 지적(intelligence)인 요인들이 필요하다는 것이다.³³

그러므로 교회성장은 건강한 교회성장에 초점을 맞추어야 한다. 그리고 교회성장은 성경적인 관점에서(마 28:18-20; 행 1:8) 위대한 사명(the Great Commission)과 그리고 위대한 명령(the Great Commandment, 마 22:37-40)에 기

30　Young Jong Kim, *Megachurch Growth in Korea: With Special Reference to GPC*, 2011, 10-50; It is a spiritual conviction, yet it is practical, combining the eternal principles of God's Word with the practical insights of social and behavioral sciences.

31　Thumma, Scott, *American Megachurches: Present and Future*, presented at Special Seminar (Hartford: Hartford Institute for Religion Research, Hartford Seminary, 2005), 1-2.

32　Young Jong Kim, *Megachurch Growth in Korea: With Special Reference to GPC*, 10-50; They are evangelical, Pentecostal, denominational and independent churches. Sixty of the churches on the largest list are denominational churches while 40 are independent; 23 are Baptist, 20 are noncharismatic independent churches and 20 are charismatic independent churches.

33　Donald McGavran, *How Churches Grow* (NY: Friendship Press, 1973), 1-10.

초해야 한다.³⁴ 선교와 교회성장의 깊은 상호관련성이다. 선교란 예수 그리스도의 목적성과 유일성을 가지고 목회의 방향을 정한 것이다.

김인수 교수는 지적하기를 네비우스 선교 방법(John L Nevius, 1829-1893)과 선교 전략이 교회성장에 크게 기여한 동기가 되었다고 주장한다.³⁵ 즉, 1907년의 제1차 교회 부흥 운동의 원동력이 되었다는 것이다.

네비우스 선교 방법은 자전(self - propagation), 자치(self - government), 자조(self - support)로서 교회 부흥은 스스로 전도하고, 스스로 자치적으로 행정을 하며, 그리고 스스로 재정문제를 해결해야 한다는 것이다.

그런데 맥가브란의 네 가지 성경적인 성장 방법은 다음과 같다.³⁶

첫째, 그리스도만이 교회성장을 할 수 있는 분이다. 복음은 하나님이 그의 유일하신 아들 예수를 통하여, 십자가의 길을 통하여, 그리고 무덤에서 부활하신 길을 통하여, 믿음으로 말미암아 주시는 것이다. 구원은 구세주(Savior)를 예수 그리스도를 영접할 때 그들의 죄는 용서 받게 된다.

둘째, 성령님이 이끄시는 대로 순종할 때 교회성장은 이루어진다. 즉, 순종만이 부흥 역사의 열쇠이다.

---

34 Park, Timothy Kiho, *CrossCultural Church Planting* (Seoul: The Korean Society for Reformed Faith and Action, 2005), 24-38.
35 김인수,『한국기독교회의 역사』(서울: 장로회신학대학교출판부, 1997), 149-356.
36 McGavran, *How Churches Grow* 28-31.

셋째, 복음의 성장을 위하여 지적으로 그리고 특별한 기도를 계속할 때 교회는 성장한다. 많은 경우 기도를 하지만, 그러나 교회성장을 위하여 기도하지 않는 것을 본다. 그들은 하나님께 간절한 소원을 아뢰지 아니하기 때문에 성장 하지 아니한다. 그들은 새 교회 개척을 위하여 기도하지 아니한다.

넷째, 교회는 그리스도의 몸, 즉 유일하신 부활하신 영체의 몸 (the Body of Christ) 이지 그리스도의 육체적인 몸 (a body of Christ)이 아니다. 즉, 성도들은 그리스도의 몸(부활하신 몸) 만큼 중요 하며 귀하다. 결코, 일반적으로 존재하는 그리스도 육체적인 한 인간의 몸이 아니다.

예컨대, 선교신학적인 맥락에서 교회성장은 선교의 역할을 극대화함이 교회성장의 결과를 오게 하기에 교회성장과 교회성장을 위한 영적인 시도는 성경적인 전략(biblical strategy)이 된다는 것을 의미한다.

5. 초대형 교회성장의 정치사회적 요인

일본의 식민지에서 독립한 후, 한국은 그들의 심리적 영적 안정을 위하여 종교적인 만족을 찾고 있었다. 특히, 한국 전쟁 후에 북한에서 남한으로 피난 온 많은 국민은 종교의 자유를 찾고 있었다.

예를 들면, 그들은 남한에서 교회를 세우고 그리고 그들 나름대로의 노회(예: 평양노회, 함해노회 등)를 세우고 그들의 영적 욕구를 이어갔다. 예를 들면, 영락교회의 한경직 목사는 그러한 실례에 속한다.

다음은 1960년 4월 학생 혁명으로 인하여 이승만 정권의 붕괴 등의 정치적인 영향을 들 수 있다. 제1공화국의 근본적인 원인은 정치 부패 문제 때문이었다. 특히, 중산층이 그들의 신분상의 불만에 기인하였다고 할 수 있다.

박정희 정권의 장기집권으로 인하여 정치적인 자유를 잠정적으로 많은 제한을 받은 국민은 그들의 불만을 종교를 통하여 해소할 방법을 찾고 있었고 교회로 모이며 교회성장이 급속도로 증가 되었다.

즉, 불안(unrest), 혼란(unrest), 긴장(tension), 그리고 불안정(instability)등이 자기 정체성(self-identity)과 사회적 의미(social meaning)에 기여하였고, 이로 인해 교회성장에 기여하였다고 할 수 있다.[37]

역설적이지만, 정치적 억압은 오히려 교회의 성장을 촉진케 하였다고 할 수 있다. 보도에 의하면 1970년대는 1년에 약 3천 개의 교회가 탄생하였다.[38]

최근에 "하늘 나라로 이사" 간 100세의 빌리그램 목사를 초청 1973년도에 개최한 여의도 광장 전도 대회에서 약 100만 명 이상의 교인들이 모였는데 이러한 대형 부흥 집회는 교회성장을 촉진한 실례이다[39].

첫째, 역사적인 요인은 종교적인 배경과 영향으로 들 수 있다.

예컨대, 샤마니즘(shamanis)이, 한국인들의 마음속 깊은 곳의 종교심으로

---

[37] Young Jong Kim, *Megachurch Growth in Korea: With Special Reference to GPC*, 85-139.
[38] 마국의 세계적인 복음주의 전도자 빌리그레엄 목사는 전세계2억 명에 복음을 전하였고 1973년 5월 16일-6월 3일까지 한국 에와서 전도 집회를 하였다. 그는 2018년 2월 21일에 100세의 나이로 "천상에 오른 미국의 정신적 지주"인 복음주의 지도자 였다. 그는 "하늘 나라로 이사를 갔다." 「조선일보」, (2018.2.22). 「동아일보」, (2018.2. 22).
[39] 「조선일보」, (2018.2.22). 「동아일보」, (2018.2.22).

서 기독교를 받아드리는 데 쉽다고 할 수 있다.⁴⁰

둘째, 부흥회 등이 선교 역사상 자주 있었고 항상 기도가 강조되었으며 성경 공부나 복음 전파가 자주 있어왔다.

역사적으로 부흥 운동이 초대형 교회의 교회성장을 위한 큰 동기부여가 되었다. 예를 들면, 1907년의 평양의 장대현 교회에서의 부흥 운동은 매우 중요한 교회성장의 계기가 되었다.⁴¹

예컨대, 토마스 하디(Thomas Hardy) 선교사가 회개하니 수많은 사람이 죄를 회개하기 시작하였다. 도둑질한 물건, 돈 등도 회개하기 시작하였다. 특히, 길선주 목사가 이 집회를 주도하였다. 1908년에는 만주에서 종교운동(religious movement)이 일어나 중국 전체로 퍼져나갔다.

셋째, 1909년 7월 12일에 선교사들이 몇이 만나 교회 부흥을 위하여 모여 기도하였다. 그들은 라이드(Reid), 스토크(Stokes) 그리고 갬블(Gamble) 등이었다.

넷째, 마지막 날, 새벽 4시까지 10명의 선교사가 한국교회 지도자와 같이 며칠 동안 산 기도원에 가서 기도하러 갔고, 그 다음에 Stokes 씨와 20여 명의 한국의 사역자들이 4일 동안 기도하였다.

---

40 John T. Kim, *Protestant Church Growth in Korea* (Belleville, ON: Essence Publishing, 1996), 1-359. 그러나 이 주장은 반론 도 있다. 즉, 전통적인 종교에 몰입된 한국인은 전도가 쉽지 않다고 할 수 있다.

41 Rhodes, A. Harry, *History of The Korea Mission Presbyterian Church*. (Seoul Korea: The PCK Department of Education, 1984), 280.

이 사람들의 모임은 한국 전체에 100만 명의 구령 운동의 시작이었다. 그 후에 1910년 3월 20일 '백만 구령 운동'을 위한 기도 모임의 시작이었다. '백만 구령 운동'은 1907년 교회성장 운동의 계속된 것이었다.

결과적으로 1906-1908년에 무려 57%의 교인이 증가하였고 전체 교인 수들은 66%가 증대되었다. 1908-1910년간 전체 신봉자는 63% 증대되었고 성찬 자는 65% 증대하였다. 1906년과 1910년을 비교하면 1만 2,500에서 3만 2,500명으로 증대되었다. 그리고 전체 신자는 4만 4,000명에서 11만 명으로 약 150% 성장하였다.

다섯째, 대형 전도 집회와 부흥 집회, 예컨대 1973년의 빌리 그레엄 목사 초청 전도 집회 같은 것이 교회성장을 촉진시켰다.

여의도 광장에서 모인 전도 집회에서 1일 약 100만 명 이상의 성도들이 모였고 기간 중 수백만 명이 모였다. 통역은 수원중앙침례교회의 담임목사 김장환 목사가 하였다. 당시 정치적으로는 1972년에 유신 헌법 개정, 여러 차례 비상 선포가 있었고 매우 어려운 시기였다.

이러한 정치 사회적인 위기 의식이 오히려 종교적으로, 특히 교회성장의 계기가 되었다고 분석할 수 있다. 수많은 교회 지도자가 나라의 보호와 교회의 축복을 하나님께 간절하게 기도하였다

여섯째, 선교학적인 요인이다.

언더우드는 '한국 선교의 조상'(father of Korea missions)이라 할 수 있다. 그리고. 1885년에 언더우드는 아펜젤러와 함께 한국에 와서 교육 선교와 병원 선교를 수행하였다. 이러한 것이 오늘날 한국교회 성장에 영향을 주

었다고 할 수 있다.

그리고 네비우스 선교 방법이 큰 영향을 주었다. 존 네비우스(John Nevius)는 유니온대학교와 프린스톤신학교를 졸업하였고 미국에서 중국 샨퉁(Shantung)에 파송된 선교사이었으나 1890년 약 2주간 7명의 젊은 선교사들과 방문하여 한국에서 머물면서 자전, 자치, 자조의 선교 방법을 가르쳤다.

특히, 일제 시에 기독교인들은 애국심이 강했고 민족 대표자 33인 중 기독교 신자가 16명 이상이나 된다.⁴² 특히, 당시 한국에는 선교 단체들이 많이 있었다. 구체적으로 표10-2은 1945년 전에 있던 주한 외국 선교 단체들이다.

표10-2 주한 외국 선교 단체(1945년전)

Mission Societies	Missionaries	Rate
미북장로교선교회 Northern Presbyterian U.S Mission	339	22.1%
북미감리교 선교회 Northern Methodist U.S Mission	241	15.7%
미 남장로교선교회 Southern Presbyterian U.S Mission	191	12.5%
미남감리교선교회 Southern Methodist U.S Mission	162	10.6
구세군선교회 Salvation Army Mission	125	8.2%
호주장로교선교회 Australia Presbyterian Mission	84	5.5%
영국성공회선교회 England Episcopal Mission	77	5.0%
카나다장로교선교회 Canada Presbyterian Mission	65	4.2%
제7안식교선교회 Seventh Adventist Mission	28	1.8%
동양선교회 Oriental Mission	26	1.7%
The others 기타	192	12.5%
Total 전체	1530	100%

---

42 김인수, 『한국기독교회의 역사』 (서울: 장로회신학대학교출판부, 1997), 404. 삼일운동 대표는 기독교인 16명, 천도교 15명, 그리고 불교 2명으로서 구성되었으며 기독교인이 제일 많이 참여하고 있었다.

출처: Source: Seung Tae Kim and Hye Jin Park, Naehan Seongyosa Chongram, 1884-1894, A Directory of Protestant Missionaries to Korea, 1994, Seoul: Institute for Korean Church History.

다음은 1970-1979년간 한국의 개신교 신자들의 변화통계이다. 이 통계에서 보는 바와 같이 1970년도에는 59교단, 교회 수는 1만 3,007교회에서 323만 5,475명의 신자들이 불과 9년 만에 64개 교단에서 1만 7,793 교회로 증가하였고 교인은 무려 486만 7,657명의 신자로 급속도로 성장하였다.[43]

표 10-3 한국개신교회통계(1970-1979)

Year	교단 Denominations	교회 Churches	목사 Ministers	교인수 Members
1970	59	13,007	15,708	3,235,475
1975	50	12,979	22,483	3,154,738
1979	64	17,793	24,035	4,867,657

출처: Source: Ministry of Culture & Information, 1979.

일곱째, 집단 세례(침례)로 인하여 교회성장에 크게 기여하였다.[44]

단체 세례(침례)는 1970년대 이후 한국에서 유행한 기독교 예식이었다. 일부 비판이 있으나 학교나 군대에서 단체세례를 통하여 교회성장에 큰 도움이 된 것도 사실이다.

저자도 논산훈련소에서 3,000여 명이 단체로 세례를 받을 때 집례를 한 경험이 있는데 매우 은혜스러웠고, 군인들도 세례를 받으면서 만족스러워

---

[43] 이 자료는 1979년 정부의 문공부 통계 자료에 의한 것이다.
[44] Park, Timothy Kiho, *CrossCultural Church Planting*, 83-147.

하는 표정이었다. 최근에 한국의 주요 장로교회의 교세는 감소 되는 것으로 보도되고 있다.[45]

각 교단 총회에 보고된 교세 현황을 살펴보면 대부분 교회와 목회자 수는 꾸준히 증가하고 있지만, 교인 수는 한 해에 수만 명씩 줄어들고 있다. 특히, 청소년과 청년층의 감소세가 뚜렷하게 나타나 다음 세대 교육에 대한 각 교단 차원의 대책이 시급해 보인다.

대한예수교장로회 합동(총회장 김선규 목사)의 교인 수는 지난해 기준 270만 977명으로 집계됐다. 이는 지난 2014년 교인 수 272만 1,427명보다 20,450명 감소한 수치다. 또한, 합동 소속 교회 수도 1만 2,078개에서 1만 1,770개로 308개가 줄어들었다.

반면, 같은 기간 목회자는 총 2만 2,646명에서 2만 3,179명으로 533명이 늘었다. 합동의 교인 수는 지난 2012년부터 꾸준히 감소하고 있다. 교회 수의 경우에는 최근 4년간 지속해서 증가하다가 지난해부터 감소세를 나타내고 있다.

한국교회 내 두 번째로 큰 교세를 가진 대한예수교장로회 통합(총회장 림형석 목사)의 교인 수도 감소세를 보였다. 통합 교인 수는 총 278만 9,102명으로 이는 전년도 281만 572명에 비해 2만 1,472명 감소한 수치다.

통합의 교인 수는 최근 5년간 계속해서 감소세를 보인다. 그러나 교회 수는 전년 대비 112개 교회가 증가한 8,843개 교회로 집계됐고 목회자 수 역

---

[45] 연합기독교방송, (2016. 10. 1). http://acbc.co.kr/news/bbs/board.php?bo_table=-press1_7&wr_id=1135&page=(Accessed on April 19, 2018).

시 전년보다 591명 증가한 1만 8,712명으로 조사됐다. 지난해 예장 대신과의 통합으로 장로교단 중 세 번째 교세를 자랑하는 대한예수교장로회 대신(총회장 이종승 목사)의 교인 수는 150만여 명으로 집계됐다.

교단 통합 전 5,000여 개였던 교회 수도 2016년 9월 현재 7,139개 교회로 나타났다. 대한예수교장로회 고신(총회장 배굉호 목사)은 교회 수와 교인 수가 모두 줄어들었다. 고신의 교회 수는 지난 10여 년간 꾸준히 증가해왔지만, 올해는 1,840개 교회로 전년 대비 12개 교회가 줄었다. 마찬가지로 교인 수도 최근 5년간 매년 감소해왔으며 올해는 지난해보다 1만 1,121명 줄어들어 총 46만 1,476명을 기록했다.

대한예수교장로회 합신(총회장 최칠용 목사)총회는 주요 장로교단 중 유일하게 교인 수 증가세를 보였다. 합신의 교인 수는 총 15만 1,516명으로 지난해 교인 수 14만 7,256명에 비해 4,260명 늘었다. 교회 수도 지난해 905개 교회에서 올해 924개 교회로 소폭 상승했다.

주요 장로교단들의 이러한 교세 현황에 대해 총회 관계자들은 "전체 교인 수에서 교회학교 학생들의 감소세가 두드러지는 것이 사실"이라며 "각 교단의 정체성에 맞는 교육 프로그램이나 콘텐츠 개발이 절실한 상황"이라고 입을 모았다.

또한 "교인 수는 감소하는 데 반해 교회 수와 목회자 수는 늘어나는 현상이 계속 나타나고 있다"며 "목회 패러다임의 다양화를 꾀하며 분야별 필요 목회자 수를 계산하고 교단별 전도위원회 등을 강화해 국내외 선교 방침을 세워야 한다"라고 덧붙였다.[46]

---

[46] 「한국기독공보」, (2019.8.17). 최근의 총회 교세 통계에 의하면 교세는 2년 새 17만 명

여덟째, 영적인 전도 운동이 교회성장을 일으킨 중요 요인 중 하나이다. 영적인 전도 운동은 다양하다.

예컨대, 교회의 부흥회(Revival Meeting), 특별 전도 집회, 선교 대회, 총동원 주일(Friendship Sunday Movement), 성경 읽기 집회, 특별 헌신 예배(Special Dedication Worship Service), 그리고 특별 영성 집회(Special Spirituality Meeting) 등이다. 한국의 6대 주요 교단과 교회수 교인 수의 현황을 다음 10-4에서 볼 수 있다.

표10-4 한국 개신교회의 통계(2018)

총 교단수	교회수	교인 수
전체교단수 126	83,555	9,675,761
6대 교단		
예장(통합)	9,050	2,789,102
예장(합동)	11,937	2,764,428
예장(백석대신)	7,100	1,403,273
기독교감리회(기감)	6,710	1,334,178
예장(합동개혁)	4,023	497,860
예장(고신)	2,056	473,497

출처: 도종환, 『한국의 종교 현황』(서울: 문화체육관광, 2018), 108-116.

이 감소하였고 목사 수는 2만 명에 이른다. 그리고 2018년 현재 255만 4,227명이다. 2017년에는 10만 3,204명이 줄었고 2018년에는 7만 3,469명이 줄었다. 통계 수치를 바로 잡은 결과다.

<표10-5> 교회성장 현황(1996-2005)

Year Item	노회수 Presbyteries	교회수 Churches	목사 Pastors	장로 Elders	중직자수 Major Positions	세례(침례)자 수 Baptized Christians	전체 교인 Total
1996	55	5,890	7,482	14,859	487,176	1,030,857	2,191,395
1997	58	6,061	8,077	15,614	512,739	1,075,425	2,188,209
1998	59	6,270	8,593	16,138	531,257	1,100,847	2,207,966
1999	60	6,494	8,996	16,654	558,026	1,155,900	2,245,326
2000	60	6,621	9,601	17,745	588,090	1,211,741	2,283,107
2001	60	6,793	10,415	15,497	602,858	1,262,256	2,328,413
2002	60	6,928	10,535	19,343	616,384	1,327,953	2,329,002
2003	60	6,978	10,950	20,301	649,808	1,373,907	2,395,323
2004	62	7,158	11,560	20,991	674,083	1,427,806	2,489,717
2005	62	7,279	12,223	21,729	697,581	1,450,211	2,539,431

출처: 한국 장로교 총회(통합), 2006

6. 결론

지금까지 우리는 초대형 교회성장에 대하여 살펴보았다. 초대형 교회의 성장배경은 내적 요인과 외적 요인, 그리고 영적 요인과 정치 사회적 요인, 역사적인 요인 등 다양하다.

그러나 무엇보다도 목회자의 교회성장에 대한 강한 욕구가 있어야 하고 나아가서 전체 평신도들 모두의 관심과 바람이 필요하다. 영적으로는 하나님의 간절한 소원을 들어 드리기 위한 영혼 구원에 대한 열정이 있어야 한다. 교회 부흥과 성장은 하나님의 뜻이요, 지상 명령이다.

예수님께서 부활하셔서 승천하시기 전에 마지막 부탁 말씀하셨다.

> 오직 성령이 너희에게 임하시면 너희가 권능을 받고 예루살렘과 온 유대와 사마리아와 땅끝까지 이르러 내 증인이 되리라(행 1:8).

이 말씀은 바로 교회성장이 하나님께 영광 돌리는 길이요 또한 복음을 땅끝까지 전하는 것과 일치되는 것이다. 그뿐만 아니라 위에서 논의한 바와 같이 교회성장은 목회 행정의 궁극적 목적과도 일치됨은 물론이다. 우리는 초대형 교회의 교회성장은 성경적인 성장과 부흥의 원리를 적용하는 것이 무엇보다도 중요하다는 것을 우리는 인정하고 주장한다.

그러므로 성공적인 교회성장의 원리는 기도와 복음적인 설교, 그리고 선교와 봉사, 나아가서 철저한 교육 훈련이 교회성장의 기본적인 원리인 것을 발견하였다. 그 외에도 목회자 개인의 인격과 덕망, 그리고 불타는 소명 의식, 그리고 교회성장에 대한 열정은 교회성장에 또 하나의 큰 변수로 작용하고 있음을 발견하였다.

결론적으로 성장하는 교회는 복음주의적인 특징을 가지고 있는데 피켓은 10가지 특징을 강조하고 있다. 예컨대, 예수 그리스도 중심(Christcentered), 성경 중심(Biblically based), 전도하는 교회(Evangelistic), 그리고 중생 교

인(重生敎人) 확보(A Regenerated Membership) 등이다.[47]

미국의 경우 최근에 보도된 통계에 의하면[48] 새들백교회(Saddleback Church)가 미국의 50대 대형 교회 중 1위를 차지하였다. 교회 규모보다도 지도자들의 명성, TV 라디오 방송 빈도, 출판물, 대중 의견, 전체적 영향력 등을 바탕으로 한 것으로 보도되었다고 한다.

따라서, 1위는 새들백교회, 2위는 텍사스 달러스의 포터스하우스교회(Potter's House)였다. 3위는 휴스턴의 레이크우드교회(Lakewood Church)였다. 주목할 것은 이 교회의 담임목사인 조엘 오스틴 목사는 미국에서 가장 유명한 TV 전도자이자 작가이다. 4위는 시카고의 윌로우크릭커뮤니티교회(Willow Creek Community Church), 5위는 오클라호마의 라이프교회(Life Church), 6위는 LA와 뉴욕에 소재한 힐송교회(HillSong Church)[49]가 차지하였다.[50]

우리나라의 경우는 여의도순복음교회가 초대형 교회로서 약 75만 정도의 등록 교인을 가진 가장 큰 교회이고 세계에서도 가장 많은 교인이 모이는 초대형 교회로 알려져 있다.

여의도순복음교회는 한마디로 담임목사의 리더십과 영성 그리고 소그룹과 조직의 활성화라고 할 수 있다. 홍영기 목사는 조용기 목사의 리더십의 특징을 "초자연적인 숙련성, 하나님의 부르심, 하나님의 사역, 기적 현상, 생

---

[47] 해롤드 L. 피켓, 『교회성장의 열 가지 원리』 (서울: CLC, 1978), 15-50..
[48] 「크리스천투데이」, (2015.11.25), 19.
[49] 힐송 교회(Hill Song Church)는 현재 전 세계적으로 LA와 뉴욕을 포함한 12개 캠퍼스를 두고 있다. 최근에 힐송 교회는 "이슬람의 알라 신과 하나님을 동격으로 보고 있고 동성애를 인정 하는" 등 비판 적인 글들이 있어서 참고하기를 바란다. http://blog.naver.com/sano153 (Accessed on March 25, 2018)
[50] 「크리스천투데이」, (2015.11.25), 19.

생한 믿음, 고집스러운 대담성, 그리고 명쾌한 웅변술"이라고 지적한다.[51]

그러나 무엇보다도 효과적인 셀(cell) 관리를 통한 성공적인 목회의 결과가 부흥 성장한 결실을 가져왔다고 할 수 있다. 예를 들면, 셀 조직을 통해 "하나님의 말씀을 배우고, 함께 기도하고, 풍성한 그리스도인의 삶"을 살아갈 수 있기 때문이다.[52] 2008년 1월 현재 여의도순복음교회는 8,612개의 셀(cell)이 있고 교인 수는 75만 5천으로 알려져 있다.[53]

우리는 지금까지 초대형 교회의 성장을 한국과 미국을 비교하면서 그 원인과 현황을 살펴보았다. 한마디로 초대형 교회는 여러 다양한 성장 변수가 있으나 무엇보다도 교회지도자의 영적 리더십이 가장 중요한 변수라고 할 수 있다. 즉, 복음 전파와 영혼 구원에 대한 불타는 지도자, 그리고 교회성장을 간절히 원하는 지도자에게 하나님은 성장의 선물을 주시기 때문이다.

부족한 글을 읽어 주신 모든 분들께 진심으로 감사하오며 하나님의 은혜와 사랑과 성령님의 보호하심이 영원히 함께하시기를 기도합니다. 아멘.

---

[51] 홍영기, 『세계가 주목한 조용기 목사의 교회성장』(서울: 교회성장연구소, 2008), 253-259.
[52] 홍영기, 『세계가 주목한 조용기 목사의 교회성장』, 58.
[53] 앞의 책: 59. 한셀은 5-7개 가정, 서울은 13개 대교구, 21개의 지성전, 171개의 기도처가 있고, 대교구와 지성전에는 한명의 담당목사가 배정된다. 대교구는 7개의 교구로 구성되며 2008년 현재 313교구가 있다. 구역장은 5,768명의 구역장이 있다. 그리고 8,612명의 셀리더가 있다.

부록

미국 초대형 교회

미국의 초대형 교회는 일반적으로 2,000명 이상의 출석 교인 수를 가진 교회를 말하며 전국에 약 1,300여 개가 있다고 보도되고 있다. 그리고 1만 명 이상의 출석 교회는 전국에 약 101개 이상이다.[1] 천주교의 경우 2,000명 이상의 출석 교인 수를 가진 교회는 전국에 3,000여 개 교회가 있으며 전국에서 가장 큰 교회는 무려 3만 명의 출석 교인 수를 가진 텍사스주에 있는 성앤코펠교회(St. Ann Coppell)이다.[2]

"미국 교인의 88%의 응답자가 교회의 "예배와 설교에서 가장 중요한 권위가 성경"이라고 대답했다.

"하나님의 사랑과 돌보심 (44%), 개인적 구원(42%), 개인의 영적 성장 (38%), 매일의 삶에 대한 실제적 조언(34%)"이 제일 중요하다. 교인의 구조는 "핵심 교인 5%, 헌신된 교인 15%, 보통 교인 30%, 방문자 50%" 이다.[3]

핵심 교인과 헌신된 교인이 불과 20%라는 것에 주목해야 할 것이다. 어떤 조직이나 마찬가지로 교회 조직도 실제로 헌신적으로 봉사하는 구성원은 불과 소수에 지나지 아니함을 주목해야 할 것이다.

다음은 표 10-1에서 미국에서 가장 큰 초대형 교회, 즉 1만 명 이상 모이는 104개 교회를 소개한다. 가장 큰 초대형 교회는 5만 3,000명의 출석 교인인 생명교회(Life Church, 오클라호마에 있는, Craig Groeschel 담임목사)이며 그 다음은 고원교회(Church of the Highlands, 앨라배마 소재, Chris Hodges 담임목사)로서 출석 교인 수가 5만 1,900명에 이른다.

---

[1] C:\Users\aa\Desktop\List of megachurches in the United States(Accessed on July 7, 2018):1

[2] C:\Users\aa\Desktop\List of megachurches in the United States(Accessed on July 7, 2018):1

[3] 미니스트리 디렉(2011), 위의 책: 3-22.

그리고 1만 명 이상의 초대형 교회의 집중률은 텍사스주가 18개 교회로 제일 많고 다음이 캘리포니아주로서 13개 교회가 집중되어 있다. 그 다음은 플로리다주로서 9개 교회가 모여 있다. 이러한 교회의 집중은 미국의 남부와 서부에 초대형 교회가 집중되어 있다는 의미이며 전통적으로 인구학적 추이(demographic transition)도 깊은 관계가 있는 것처럼 판단된다.[4]

<표10-1> 미국의 초대형 교회(1만 명 이상) 실태[5]

교회명 Church	도시 City	주 State	담임목회자 Pastor(s)	평균출석수/주 Av. weekly attendance	소속교단 Denomination
Abundant Living Faith Center	El Paso	TX	Charles Nieman	12,400	Non-denominational
Ada Bible Church	Ada	MI	Jeff Manion	12,000	Non-denominational
Bayside Covenant Church	Roseville	CA	Ray Johnston	11,300	Evangelical Covenant Church (ECC)
Calvary Chapel Fort Lauderdale	Fort Lauderdale	FL	Doug Sauder	18,500	Calvary Chapel
Calvary Chapel Golden Springs	Diamond Bar	CA	Raul Ries	12,000	Calvary Chapel
Calvary Chapel Melbourne	West Melbourne	FL	Mark Balmer	10,000	Calvary Chapel

4 출처: https://en.wikipedia.org/wiki/List_of_megachurches_in_the_United_States(Accessac on July 15, 2018)
5 위의 책. 이표는 2천 명이상의 초대형 교회를 저자가 1만명 이상 초대형 교회로서 재작성 한것이다.

교회명 Church	도시 City	주 State	담임목회자 Pastor(s)	평균출석수/주 Av. weekly attendance	소속교단 Denomination
Calvary Chapel of Philadelphia	Philadelphia	PA	Joe Focht	14,000	Calvary Chapel
Calvary of Albuquerque	Albuquerque	NM	Skip Heitzig	16,800	Calvary Chapel
Calvary Community Church	Phoenix	AZ	J. Mark Martin	11,400	Calvary Chapel
Celebration Church	Jacksonville	FL	Stovall Weems	11,100	Non-denominational
Central Christian Church	Henderson	NV	Jud Wilhite	21,100	Christian churches and churches of Christ
Christ Fellowship	Palm Beach Gardens	FL	Tom Mullins	19,000	Evangelical
Christ's Church of the Valley	Peoria	AZ	Ashley Wooldridge	31,000	Non-denominational
Christian Cultural Center	New York	NY	A. R. Bernard	30,000	Non-denominational
Church of the Highlands	Birmingham	AL	Chris Hodges	51,900	Non-denominational
Church of the Resurrection	Leawood	KS	Adam Hamilton	10,200	United Methodist Church
Church on the Move	Tulsa	OK	Whit George	11,000	
City of Refuge	Gardena	CA	Noel Jones	10,000	Pentecostal Assemblies of the World
Community Bible Church	San Antonio	TX	Dr. Ed Newton (after March 2016)	14,000	Non-denominational

교회명 Church	도시 City	주 State	담임목회자 Pastor(s)	평균출석수/주 Av. weekly attendance	소속교단 Denomination
Cross Church	Springdale	AR	Ronnie Floyd	16,000	Southern Baptist Convention
Crossroads Church — Cincinnati	Cincinnati	OH	Brian Tome	22,700	Interdenominational
Deliverance Evangelistic Church	Philadelphia	PA	Rev. Glen Spaulding	11,000	Non-denominational
Dream City Church	Phoenix	AZ	Tommy Barnett	21,000	Assemblies of God
Eagle Brook Church	Hugo	MN	Bob Merritt	17,100	Baptist General Conference
Eastern Star Baptist Church	Indianapolis	IN	Jeffrey Johnson	10,000	
Ebenezer AME Church	Fort Washington	MD	Grainger Browning, Jr.	10,000	African Methodist Episcopal Church
El Rey Jesús (King Jesus International Ministry)	Miami	FL	Guillermo Maldonado	12,500	Pentecostal
Elevation Church	Charlotte & Toronto	NC & ON	Steven Furtick	30,000	Southern Baptist Convention
Empowerment Temple	Baltimore	MD	Dr. Jamal Harrison Bryant	10,000	African Methodist Episcopal Church
Enon Tabernacle Baptist Church	Philadelphia	PA	Dr. Alyn E. Waller	15,000	
Faith Fellowship Outreach Center	Sayreville	NJ	David T. Demola	10,100	Non-denominational
Faith Landmarks Ministries	Richmond	VA	Randy Gilbert	10,000	

교회명 Church	도시 City	주 State	담임목회자 Pastor(s)	평균출 석수/주 Av. weekly attendance	소속교단 Denomination
Family Christian Center	Munster	IN	Steve Munsey	15,500	Non-denominational
Family Worship Center	Baton Rouge	LA	Jimmy Swaggart and Donnie Swaggart	15,500	Non-denominational/Pentecostal
Fellowship Church	Grapevine	TX	Ed Young, Jr.	17,500	Evangelical, Baptist heritage
First African Methodist Episcopal Church	Los Angeles	CA	J. Edgar Boyd	10,000	African Methodist Episcopal Church
First Baptist Church Dallas	Dallas	TX	Robert Jeffress	12,000	Southern Baptist Convention
First Baptist Church of Hammond	Hammond	IN	John Wilkerson	17,700	Baptist
First Baptist Church of Jacksonville	Jacksonville	FL	Mac Brunson	28,000	Southern Baptist Convention
First Baptist Church Orlando	Orlando	FL	David Uth	16,000	Southern Baptist Convention
Flatirons Community Church	Lafayette	CO	Jim Burgen	15,500	Non-denominational evangelical
Fountain of Praise	Houston	TX	Remus Wright	11,800	
Free Chapel	Gainesville	GA	Jentezen Franklin	11,500	
Gateway Church	Southlake	TX	Robert Morris	27,000	Non-denominational
Germantown Baptist Church	Germantown	TN	Charles Fowler	12,000	Baptist

교회명 Church	도시 City	주 State	담임목회자 Pastor(s)	평균출 석수/주 Av. weekly attendance	소속교단 Denomination
Glide Memorial Church	San Francisco	CA	Dr. Karen Oliveto	12,600	United Methodist Church
Greater Allen A. M. E. Cathedral of New York	New York	NY	Floyd H. Flake	20,000	African Methodist Episcopal Church
Greater Cornerstone Baptist Church	Dallas	TX	David E. Wilson	20,000	Southern Baptist Convention
Greater St. Stephen Full Gospel Baptist	New Orleans	LA	Paul Morton	10,000	Full Gospel Baptist Church Fellowship
Green Acres Baptist Church	Tyler	TX	David Dykes	14,000	Southern Baptist Convention
Harvest Bible Chapel	Rolling Meadows	IL	James MacDonald	11,000	Non-denominational
Harvest Christian Fellowship	Riverside	CA	Greg Laurie	15,000	Calvary Chapel
Hickory Grove Baptist Church	Charlotte	NC	Clint Pressley	11,900	Southern Baptist Convention
Hope Community Church	Raleigh	NC	Mike Lee	15,000	Non-denominational
Hopewell Missionary Baptist	Norcross	GA	William L. Sheals	16,000	Baptist
James River Church	Springfield	MO	John Lindell	14,000	Assemblies of God
Redemption Church	San Jose	CA	Ron Carpenter	14,000	
Kensington Church	Troy	MI	Steve Andrews	15,000	Non-denominational
Lake Pointe Church	Rockwall	TX	Steve Stroope	11,300	Southern Baptist Convention

교회명 Church	도시 City	주 State	담임목회자 Pastor(s)	평균출 석수/주 Av. weekly attendance	소속교단 Denomination
Lakewood Church	Houston	TX	Joel Osteen	43,500	Non-denominational
Legacy Church	Albuquerque	NM	Steve Smotherman	10,100	Non-denominational
LCBC	Manheim	PA	David N. Ashcraft	14,800	Non-denominational
Life.Church	Edmond	OK	Craig Groeschel	53,000	Evangelical Covenant Church (ECC)
Living Word Christian Center	Chicago	IL	Bill Winston	18,000	Non-denominational
Lutheran Church of Hope	West Des Moines	IA	Mike Housholder	10,600	Evangelical Lutheran Church in America
Mariners Church	Irvine	CA	Kenton Beshore	13,600	Non-denominational Evangelical
Mars Hill Bible Church	Grandville	MI	Kent Dobson	10,000	Non-denominational
McLean Bible Church	McLean	VA	David Platt	16,500	Southern Baptist Convention
Mount Baptist Church	Nashville	TN	Joseph W. Walker III	13,000	Baptist
New Birth Missionary Baptist Church	Lithonia	GA	Stephen A. Davis	12,000	Full Gospel Baptist Church Fellowship
New Hope Christian Fellowship	Honolulu	HI	Wayne Cordeiro	14,500	Foursquare Church
New Life Covenant Church	Chicago	IL	John F. Hannah	15,500	Non-denominational
New Light Christian Center Church	Houston	TX	Ira V. Hilliard	20,000	Non-denominational

교회명 Church	도시 City	주 State	담임목회자 Pastor(s)	평균출 석수/주 Av. weekly attendance	소속교단 Denomination
NewSpring Church	Anderson	SC	Clayton King (interim)	31,800	Southern Baptist Convention
North Coast Church	Vista	CA	Larry Osborne, Chris Brown	10,000	Evangelical Free Church of America
North Point Community Church	Alpharetta	GA	Andy Stanley	36,000	Non-denominational
Northland, A Church Distributed	Longwood	FL	Joel Hunter	22,000	Non-denominational
Potential Church	Fort Lauderdale	FL	Troy Gramling	12,000	Southern Baptist Convention
The Potter's House	Dallas	TX	T. D. Jakes	16,100	Non-denominational
Prestonwood Baptist Church	Plano	TX	Jack Graham	15,800	Southern Baptist Convention
Quest Community Church	Lexington	KY	Pete Hise	10,000	Christian and Missionary Alliance
Redemption	Greenville	SC	Ron Carpenter	14,000	International Pentecostal Holiness Church
Rock Church	San Diego	CA	Miles McPherson	12,900	Non-denominational
Saddleback Church	Lake Forest	CA	Rick Warren	22,100	Southern Baptist Convention
Sagebrush Church	Albuquerque	NM	Todd Cook	12,000	Southern Baptist Convention
Sagemont Church	Houston	TX	John D. Morgan	17,700	Southern Baptist Convention
St. Matthews Baptist Church	Williamstown	NJ	Raymond Gordon Sr.	13,000	Baptist
St. Stephen Church	Louisville	KY	Kevin Cosby	10,700	Baptist

교회명 Church	도시 City	주 State	담임목회자 Pastor(s)	평균출석수/주 Av. weekly attendance	소속교단 Denomination
Salem Baptist Church	Chicago	IL	James Meeks	10,100	Baptist
Southeast Christian Church	Middletown	KY	Dave Stone	21,800	Christian churches and churches of Christ
Southland Christian Church	Nicholasville	KY	Jon Weece	12,600	Christian churches and churches of Christ
Temple of Praise	Washington	DC	Bishop Dr. Glen A. Staples	18,000	Non-denominational
Triumph Church	Detroit	MI	Solomon W. Kinloch, Jr	11,600	Missionary Baptist
12Stone Church	Lawrenceville	GA	Kevin Myers	17,200	Wesleyan Church
Valley Bible Fellowship	Bakersfield	CA	Ron Vietti	10,300	
The Village Church	Highland Village	TX	Matt Chandler	10,200	Southern Baptist Convention
West Angeles Cathedral	Los Angeles	CA	Charles E. Blake	20,000	Church of God in Christ
Willow Creek Community Church	South Barrington	IL	Heather Larson	25,800	Non-denominational
Windsor Village United Methodist Church	Houston	TX	Kirbyjon Caldwell	17,000	United Methodist Church
Woodlands Church	The Woodlands	TX	Kerry Shook	18,400	Southern Baptist Convention
The Woodlands United Methodist Church	The Woodlands	TX	Ed Robb	13,000	United Methodist Church
World Changers Church Int.	College Park	GA	Creflo Dollar and Taffi Dollar	14,000	Pentecostal, Word of Faith
World Harvest Church	Columbus	OH	Rod Parsley	13,000	Pentecostal

출처: https://en.wikipedia.org/wiki/List_of_megachurches_in_the_United_States(Accessac on July 15, 2018)

초대형 교회의 통계 자료는 출처에 따라 약간씩 다르다. 미국의 초대형 10개 교회는 다음과 같다.[6]

(1) 하일랜드교회(Church of the Highlands)
버밍햄/앨라배마(Birmingham, AL)
크리스 호지스 담임목사(Sr. Pastor: Chris Hodges)
출석수 4만 571명 (Attendance: 40,571)

(2) 노스포인트 교회 (North Point Ministries)
알파레타교/조지아(Alpharetta, GA)
앤디스 탠리 담임목사(Sr. Pastor: Andy Stanley)
출석수 3만 8,014명(Attendance: 38,014)

(3) 게트웨이교회(Gateway Church)
사우스레이크/텍사스(Southlake, TX)
로버트 모리스 담임목사(Sr. Pastor: Robert Morris)
출석수 3만 420명(Attendance: 30,420)

---

[6] https://www.sermoncentral.com/content/Top-100-Largest-Churches(Accessed on April 10, 2018)

(4) 크로스로드교회(Crossroads Church)

신시나티/오하이오(Cincinnati, OH)

브리안 톰 담임목사(Sr. Pastor: Brian Tome)

출석수 2만 8,386명(Attendance: 28,385)

(5) 계곡의 그리스도교회(Christ's Church of the Valley)

피오리아/아리조나(Peoria, AZ)

도날드 윌슨 담임목사(Sr. Pastor: Donald J. Wilson)

출석수 2만 7,146명(Attendance: 27,146)

(6) 새들백 교회

레이크 포리스트/캘리포니아(Lake Forest, CA)

릭 워렌 담임목사(Sr. Pastor: Rick Warren)

출석수2만 6,479명(Attendance: 26,479)

(7) 그리스도도 펠로십교회

팸비치가든/플로리다(Palm Beach Gardens, FL)

토드 물린스 담임목사(Sr. Pastor: Todd Mullins)

출석수 2만 6,200명(Attendance: 26,200)

(8) 윌로크릭 커뮤니티교회(Willow Creek Community Church)

사우스 바링톤/일리노이즈(South Barrington, IL)

빌 하이벨즈 담임목사(Sr. Pastor: Bill Hybels)

출석수 2만 5,343명(Attendance: 25,343)

(9) 엘리베이션교회(Elevation Church)

마듀/노스캘로라이나(Matthews, NC)

스티븐 펄티그 담임목사(Sr. Pastor: Steven Furtick)

출석수 2만 5,130명(Attendance: 25,130)

(10) 사우스 이스트 크리스천교회(Southeast Christian Church)

루이스빌/켄터키(Louisville, KY)

데이브스톤 담임목사(Sr. Pastor: Dave Stone)

출석수 2만 4,779명(Attendance: 24,779)

참고문헌

단행본

강문석. 『교회성장론서술』 서울: 칼빈서적, 1992.
김동현. 『소그룹전도법』 서울: NCD: 15-16, 2016.
김명혁. 『선교의 성서적 기초』 서울 : 성광문화사, 1983.
김명용. 『열린신학 바른교회론』 서울 장로회신학대학교 출판부, 1998.
김승년. 『건강한 교회』 서울: 예영커뮤니케이션, 2004.
김영종. 『현대 교회 행정학』 서울 : 무림출판사, 1991.
_____. 『교회 행정학』 서울: 숭실대출판부, 2007.
_____. 『발전 행정론』 서울: 법문사, 1989.
_____. 『발전행정이론』 서울: 법문사, 1993.
_____. 『신발전행정이론』 서울: 숭실대출판부 법문사, 2007)
_____. 『신사회학개론』 서울: 형설출판사, 2008.
_____. 『신부패학』 서울: 대경출판사, 2017.
김영한. 『영적분별』 서울: 킹덤북스, 2014.
_____. 『개혁주의 전통과 교회성장』 서울: 총회출판국, 1996.
김우생. 『은혜는 강물처럼』 서울: 생명의 말씀사, 2010.
김인수. 『한국기독교회의 역사』 서울: 장로회신학대학교 출판부, 1998.
김중은. 『한국교회대부흥운동』 서울: 장신대출판부, 2007.
김종렬. 『21세기 도전의 물결과 한국교회의 선교정책 및 과제』 서울: 대한기독교서회, 2001.
김찬종. 『교회는 이렇게 성장한다』 서울 : 쿰란출판사, 1999.
고용수. 『만남의 기독교 교육사상』 서울: 장로회신학대학교 출판부, 1996.
고일선. 『조직신학』 서울 : 생명의말씀사, 1983.
도종환. 『한국의 종교 현황』 서울: 문화체육관광부, 2018.
림인식. 『구원의 기쁨』 서울: 숭실대출판부, 1996.
명성훈. 『교회성장반드시 됩니다』 서울 : 국민일보사, 1995.

_____. 『교회성장마인드』 서울: 교회성장연구소, 2001.
민경배. 『한국교회의 대형화 현상』, 2002.
서정운. 『교회와 선교』 서울: 두란노, 1988.
_____. 『한국교회와 한국인 디아스포라의 선교적의미, 하나님나라와 선교』 서울: 대한기독교서회: 100-110, 2001.
안승오. 『현대선교의 핵심주제 8가지』 서울: CLC, 2011.
_____. 『세계선교역사 100장면』 서울: 평단문화사, 2010.
오성택. 『교회성장은 하나님의 뜻입니다: 교회성장을 위한 경영전략』 서울: 쿰란출판사, 1997.
오성춘. 『영성훈련의 실제』 서울: 성지출판사, 1997.
옥한흠. 『제자훈련의 터다지기』 서울: 국제제자훈련원, 2005.
은준관. 『학원 선교신학』 서울 : 전망사, 1977.
예장총회. 『표준예식서』 서울: 한국장로교출판사, 2001.
이광순. 『선교의 특수성과 보편성』 서울 : 미션 아카데미, 2000.
이광순,이용원. 『선교학 개론』 서울 : 한국장로교출판사, 1999.
이계준. 『기독교대학과 학원선교』 서울 : 전망사, 1997.
이동원, 『우리가 사모하는 건강한 교회』 서울: 압바암마, 2013.
이성희. 『미래목회대에언』 서울: 규장문화사, 1998.
이연길. 『말씀목회 패러다임』 서울: 쿰란출판사, 2001.
이재강. 『Biblical Church Growth』 서울: 크리스천 출판사, 2004.
임성빈 엮음. 『한국교회와 사회적 책임』 서울: 장로회신학대학교출판부, 1997.
정정일. 『신학과 교회성장』 서울: 생명의 양식, 2007.
장종철. 『한국교회와 기독교교육』 서울 : 감리교신학대학출판부, 1991.
정진경. 『신학과 목회』 서울 : 성광문화사, 1977.
정재영. 『한국교회10년의 미래』 서울:SFC, 2012.
정장복. 『예배학개론』 서울: 예배와설교아카데미: 17, 1999.
조용기. 『성공적 교회성장의 열쇠』 서울: 서울서적, 1987.
최동규. 『올란도 코스타스의 통전적 교회성장론 연구』 선교신학,Vol.236-260, 2011.
최성찬. 『학문과 신앙』 서울 : 성광문화사, 1992.
한영태. 『삼위일체와 성결』 서울 : 성광문화사, 1992.
한금석. 『교회성장학』 서울: 성광문화사, 1989.

한중식.『한국교회의 요셉 림인식 목사』서울: 숭실대출판부, 1999.
홍영기.『세계가 주목한 조용기 목사의 교회성장』서울: 교회성장연구소, 2008.

번역서

간하배.『교회성장의 신학』, 김남식 역. 서울:성광문화사, 1986.
해롤드 L. 피켓트,『교회성장의 열 가지 원리』, 조해수 역. 서울:CLC, 1978.
데이빗 W. 쉔크/얼빈 R. 슈트츠만.『초대교회 모델을 따라 교회를 개척하라』(Creating communities of the kingdom : new testament models), 최동규 역. 서울:베다니 출판사, 2004.
브라이언트 L. 마이어즈.『세계 선교의 상황과 도전』, 최동규 역. 서울: 월드비전, 2003.
로버트, K. 허드너트.『성장제일주의 비판』, 이광순 역. 서울: 한국장로교출판사, 1995.
Warren. The Purpose Driven Life, 고성삼 역. 서울: 디모데, 2004.

외국서적

Adams, Daniel J. *Christ and Culture in Asia: Explorations from Korea*. Question City: New Day Publishers, 2002.
Babbie, R. Earl. *The Practice of Social Research*. Belmont: Wadsworth Publishing Co., Inc, 1979.
Bailey, Stephen K. *Objectives of the Theory of Public Administration in Theory and Practice of Public Administration: Scope, Objectives, and methods*. James C. Charlesworth (ed.). Philadelphia: The American Academy of Political and Social Sciences, Monograph 8, 1968.
Blair, W. N. *The Korea Pentecost and Other Experiences on the Missionary Field*. New York: Board of Roreign Missions of the Presbyterian Church in the U. S. A., 1908.
Bosch, David J. *Witness to the World: The Christian Mission in Theological Perspective*. Atlanta: John Knox, 1991.
Clark, D. Allen. *History of the Korean Church*. Seoul: Christian Literature Soicety of Korea, 1961.

Cho, J. (ed.) David. *New Forces in Missions: The Official Report of the All Asia Mission Consultation, Seoul '73 and the Inaugural Convention of the Asia Missions Association*. Seoul: East West Center Missions Research & Development, 1975.

Choi, Hyunseo, *Biblical Church Growth*. Seoul: Capital Baptist Theoletical Seminary, 1996.

Cook, Harold R. *Christian Mission*. Chicago : Moody Press, 1997.

Costas. Orlando. *The Church and Its Mission: A Shattering Critique from the Third World*. Chicago: Tyndale, 1974.

_____. "The Integrity of Mission: The Inner Life and Outreach of the Church," *Five Dimensions of the Church's Integral Growth*. N.Y.: Harper&Row, 1979.

Cook, Harold R. *Christian Mission*. Chicago : Moody Press, 1977.

David A. Krueger. *Keeping Faith at Work*. Abingdon Press, 1994.

Ellen Libis. *Handbook for Effective Church Planting and Growth*. Richmond, VA: Foreign Mission Board of Spourthern Baptist Convention, 1900.

Eisenstadt, S. N. "Studies in Modernization and Sociological Theory," in: *History and Theory*, Vol.13, 1974, 5-52.

Elliot. Ralph H. *Church Growth That Counts*. Valley Forge: Judson Press Eddie Gibbs, 1982.

Fickett, Harold L. *Hope for your Church*. Glendale CA:G/L Publications, 1972

Gangel, Kenneth O. *Communication and Conflict*. Management Eugene: Wipf and Stock Publishers,2002.

Gibbs. Eddie. *I believe in Church Growth*. Grand Rapids MI: Eerdmans, 1982.

Groome, Thomas H. *Christian Religious Education*. London: HARPER & Row, Publishers, 1980.

Hodge, Dean R. & Roozen, David A. *Understanding Church Growth & Decline*. New York: The Pilgrim Pres.Im, Peter(2007), Syllabus Pasdena: Fuller Theological Seminary, 1979.

Kim, T. John. *Protestant Church Growth in Korea* Belleville. ON: Essence Publishing, 1996.

Kim, Young Jong. *Megachurch Growth in Korea(Dissertation)*. Pasadena, CA: Fuller Theological Seminary, 1-213.

Klaus Schwab, Klaus. *The Fourth Industrial Revolution*. London: Penguin Random House, 2017.

Lerne, Daniel. *Modernization: Social Aspect*. New York: Macmilian and Free Press, 1968.

Loveman, Brian. "The Comparative Administration Group," *Public Administration Review*, Vol.36, November/December,1976.

McGarvran. D. *Understanding Church Growth*. Grand Rapids MI: Eermans, 1970.

_____. *How Churches grow*. New York: Friendship Press, 1973.

_____. *Church Growth and Group Conversion South Pasadena*. CA: William Carey, 1973.

_____. *The Bridges of God*. New York: Friendship Press, 1957.

Maclay, R. S.*Commencement of the Korea Methodist Episcopal Mission*.The Gospel in All Lands, 1885.

McIntosh, L. Gary. *Biblical Church Growth*. Grand Rapids MI: Baker Book House, 2003.

Moffett, H. Samuel. *The Christians of Korea*. New York, NY: Friendship Press, 1962.

Montgomery, John D. *Sources of Administrative Reform: Problems of Power, Purpose and Politics*. CAG Occasional Papers, Bloomington: CAG,1.

Nevius. *Planting and Development of Missionary Churches*. Philadelphia: Prebyterian and Reformed, 1958.

Orland E. Costas. *The Integrity of Mission*. New York : Harper & Row, 1979.

Park, Timothy Kiho. *CrossCultural Church Planting*. Seoul: The Korean Society for Reformed Faith and Action, 2005.

_____. *A Two Thirds World Mission on the Move: The Missionary Movement of the Presbyterian Church in Korea*. Pasadena. Ph.D. Dissertation, Fuller Theoretical Seminary, 1991.

Paik, L. George. *History of Protestant Missions in Korea: 1832–1910*. Pyengyang: Union Christian Press, 1929.

Park, Si won. *Kingdom Evangelism and its Ministry*. Seoul: Christian Literature Society of Korea, 2003.

Peters, George W. *Saturation Evangelism*. Grand Rapids MI: Zondervan: 74-80, 1970.

_____. *A Theology of Church Growth*. Grand Rapid, Michigan, Zondervan Co., 1981.

Pickett, Waskom. *Christian Mass Movements in India: A Study with Recommendations*. New York: The Abingdon Press, 1933.

Ralph, H. Elliot. *Church Growth That Counts*. Valley Forge: Judson Press, 1982.

Rhodes and Campell. *A History of the Korean Presbyterian Church in the U.S.A. 1884-1934*. Seoul, Chosen Mission Presbyterian Church, 1934.

Rhodes, A. Harry. *History of The Korea Mission Presbyterian Church*. Seoul, Korea: The PCK Department of Education, 1984.

Ro Bong Rin & Nelson, Marlin L. *Korean church growth explosion*. Seoul: Word of Life Press, 1983.

Samuel, Moffett, H. *The Christians of Korea*. New York, NY: Friendship Press, 1962.

Schwab, Klaus. *The Fourth Industrial Revolution*. London: Penguin Random House, 2017.

Schuller, H. Robert(1975). *Your Church Has Real Possibilities*. Ventura, CA: Regal Books.

Suh, Jung Woon. *National Evaluation and World Mission. Mission and Theology*. Vol. 8. Seoul: Center for World Mission, PCTS, 2001.

Snyder, Howard (1983), *Liberating the Church*. Downers Grove: IVP

Thumma, Scott.(2005) *American Megachurches: Present and Future, presented at Special Seminar*. Hartford: Hartford Institute for Religion Research, Hartford Seminary

Towns, Elmer. et al. *Evaluating the Church Growth Movement*. Grand Rapid: Zondervan, 2004.

Van Engen, Charles Edward, *God's Missionary People*. Grand Rapids, Baker Book House Co., 1993.

Voughan, John (1994), "Korea's Mega churches 1945-1994," in: *Global Church Growth, Corunna, Indiana Church Growth. Center:16*, 1994.

Wagner, C. Peter. *Your Church can grow*. Glendale, , CA: Gospel Light Publishers, 1976.

_____. *Your Church Can Be Healthy*. Nashville, TN: Abingdon, 1979.

_____. *trategies for Church Growth*. Ventura, CA: Regal Books, 1987.

_____. *Your Church Can Grow*. Ventura, CA:Regal, 1984.

_____. *Leading Your Church to Growth*. Ventura, CA: GLPublications, 1984.

_____. *Church Growth & Whole Gospel: A Biblical Mandate*. San Francisco, CA: Harper & Row, 1981.

Warren, Rick. *Purpose Driven Church*. Grand Rapids MI: Zondervan, 1995.

Yukle, Gary A. *Leadership in Organization*. New York: Prentice Hall Inc., 2001.

논문 및 기타

김영훈. "한국교회법연구원 15년사," 서울: 한국교회법연구원, 1-175.

김영종. "한국교회 목회자와 당회원의 갈등과 해소방안,"「기독교사회연구」, Vol.3, 서울: 숭실대학교 기독교사회연구소, 2005, 105-127.

「기독교연합신문」. 2018.2.11:6.

「동아일보」. 2018. 2. 22.

임영효. "사도행전에 나타난 교회성장의 주요 요소들,"『개혁주의 전통과 교회성장』 서울: 교회문제연구소, 1998

예장총회. "총회선교지침" 서울: 예장 81회 총회, 1996.9.14, 1-25.

정장복. "성서적 설교의 기본요건,"「성경과 설교」서울: 한국성서학연구소, 1993.

정장복," 표절을 벗어나 바른 설교로,"「한국기독공보」, 2015.8.29, 21.

정재영. 한국교회, 10년의 미래 서울: SFC, 2012.

「조선일보」. 2018.2.22일자.

「크리스천투데이」. 2015.11.25, 19.

「크리스천투데이」. 2017.1.17, 1-3.

「한국일보」. 2005.3.8.

「한국기독공보」. 2016.6.25.

「한국기독공보」, 2015.8.29.23.

「한국기독공보」. 2017.10.14.

「한국기독공보」. 2015.9.19, 12.

「한국기독공보」. 2015.11.14:4.

황청일.『도날드 맥가브란의 선교 전략』. 에이레네, 1-2. 2013.3.6.

Missiological Perspectives: An Emphasis on Christian Education for Healthy Church Growth, KSCEIT(한국기독교교육정보학회 강의안), 2007,Vol.11, 197-224.

Peter, Im. *Syllabus*. Pasadena, CA: Fuller Theological Seminary(강의안), 2007.

Michael Green. *Evangelism in the Early Church*. Grand Rapids MI: Eerdmans, 1970.

미니스트리 디렉. "초대형 교회전략," 서울: 건강하게성장하는교회연구소(세미나), 2011.

Anderson, G.H. 서울: 장로회신학대학원(특강자료), 2000, 1-20.

임윤태. "우리가 물려받아야 할 선교의 Legacy," 설악포럼 발젠몬문: 1

Kim, Young Jong. "Biblical Perspectives on Church Growth," in: 성령론과 삼위일체론 서울: 기독교학술원, 2007, 773- 807, http://www.pck.or.kr/world_home/world_mun.asp, (Accessed on Jan.30, 2017).

http//www.krim.org/files/2003mission.pdf, (Accessed on Jan.29, 2018).

http://www.pitt.edu/~super1/globalhealth/What%20is%20Health.htm(Accessed on Aug.11, 2017).

http://www.mychurchgrowth.com/church%20growth/agr.php(Accessed on Dec.20,2017)

http://terms.naver.com/entry.nhn?docId=1520570&cid=42121&categoryId=42121(-Accessed on Feb.3,2015).

http://terms.naver.com/entry.nhn?docId=779011&cid=42085&categoryId=42085(Accessed on Feb.2, 2015).

https://blog.naver.com/jjkkhh2232/50003410425(Accessed on Jan.20, 2018).

http://cafe.daum.net/npca/BeqB/184?q=%B8%AE%C2%F7%B5%E5%B8%B6%C0%CC%BE%EE%BD%BA%BD%C7%C7%E8(Accessed on Feb.10, 2018).

https://images.search.yahoo.com/search/images;_ylt=Awr9DtuMjLxarR-MATzNXNyoA;_ylu=X3oDMTByNWU4cGh1BGNvbG8DZ3ExBHB-vcwMxBHZ0aWQDBHNlYwNzYw--?p=A+Picture+of+Integral+Organis-mic+Church+Growth&fr=yfp-t(Accessed on March 29, 2018).

https://churchleaders.com/outreach-missions/outreach-missions-articles/154431-top-5-largest-and-fastest-growing-churches-in-america.html(Accessed on Feb12, 2018)

http://www.pck.or.kr/world_home/world_mun_asp.(Accessed on March 25, 2018).

https://en.wikipedia.org/wiki/Christianity_by_country(Accessed on March 25, 2018).

https://en.wikipedia.org/wiki/Robert_Schuller(Accessed on March 7, 2018).

Schwarz CA, 2006b. Natural Church Development: A Guide to Eight Essenial Qualities of Healthy Churches (7th updated and revised edition). ChurchSmart: St. Charles. http://www.ncd-international.org/public/christian-a-schwarz.html(Accessed on March 5, 2018) Schwarz CA, 1998b. The ABC's of Natural Church Development. St. Charles: ChurchSmart.

http://cafe.daum.net/Bonpoch/RWEK/31?q=%C3%E6%C7%F6%B1%B3%C8%B8%20%B1%B3%C8%B8%BC%BA%C0%E5%BF%AC%B1%B8%BF%F8(Accessed on March 5, 2018.

색인(index)

ㄱ

개척교회신학 176, 265
거주지분포변화후유증 75
건강한 교회 성장 267
교회, 강소형 156
교회, 대형 148
교회성장학회 215, 282
교회, 소형 155
교회, 초대형 88, 153, 177, 294, 299
교회 행정 233
구조적인 성장 150
균형 교회 155
균형 성장 158
기독교대중운동 19

ㄴ

내적 성장 144
내적 특징 38

ㄷ

대예배 74, 89, 91, 92
대형 교회 57, 88, 154
독립 변수 71, 87, 92
동질 집단 원리 236

ㅁ

마을 교회 83, 120
맥가브란 10, 18, 20, 53, 102, 213, 246, 274, 283, 284
모임 67, 89, 91, 221

ㅂ

방법, 관측적 48
변동 16
변수, 기도 73, 79
변수, 독립 94
변수 이론 71, 93
부패 공화국 110
분포변화후유증 126

ㅅ

사례 연구 49
사회학적인(Sociological) 방법 50
살아있는 교회 30, 240
생물학적 성장 44
생물학적 성장(145
샤머니즘 142
샤머니즘(shamanism) 82
성경 공 60
성경 공부 58
성령결핍증 75, 129
성육신적 성장 152
성장, 가교 144, 148
성장, 개념적 151
성장, 개척 교회 150
성장, 건강한 교회 10, 29, 68, 138
성장, 경제 18, 110
성장, 교량적 44
성장, 내적 144
성장, 숫자적인 151
성장, 양적 44
성장, 팽창 44, 144
세포조직 89, 92
소그룹 65, 92, 157, 208, 279
소형 교회 154
숫자적인 성장 216
슈바르츠 189, 193
시설협소증 128
시설협조증 75

ㅇ

아펜젤러 9, 242, 288
양적 성장 44, 144, 149, 158, 283
언더우드 9, 242, 288
에디 깁스 11, 105, 216, 236
역사적 방법 49
영성 훈련 63
영적 건강 14
영적발달장애 75, 129
영적 성장 150
예배, 구역 40, 65, 230
올란도 코스타스 122
올란도 코스타스(157
와그너 54, 145, 215, 266
완전화 143
외적 교회 성장 145
외적 특징 41
유기적 성장 151, 160
유령마을후유증 75, 127
이동성 성장 44
이론, 리더십 변수 80
이민 교회 10, 154, 196
이해, 교회 성장의 53, 96
인맹병 75, 127
일곱교회증후증 75

ㅈ

자연적 성장 150
잘 훈련된 평신도 74, 99, 182
저항 수용성의 원리 105
전도, 개인 55, 105, 198
전도 변수 73, 77
전입 성장 146
제자화 57, 143
조직 발전 46, 112, 124
존 모트 19
종속 변수 71, 72
중생 성장 44, 88
중형 교회 154

지속성, 교회의 22
질적 성장 44, 149, 158, 172

ㅊ

창설자, 교회의 22
초대형 교회 10, 164, 268, 272
초대형 교회 성장 276
총동원 주일 56, 167
친교과다증 75, 128

ㅌ

토착화신학 원리 214
통계적 방법 49
통전적 선교 257
통합적 성장 122
통합적인 성장 158

ㅍ

팽창 성장 123, 147
피켓 19, 91, 274

ㅎ

하나님의 교량 275
하나님의 교량』 20
하나님의 뜻 10, 88, 215
하나님의 선교 261
하나님 중심 43, 222
한국세계선교협의회 244
행정, 교회 210
협력과다증 75, 128
협약, 로잔 101
확장 성장 152
회심 성장 146
훈련, 기도원 영성 63

저자소개

김 영 종 박사
숭실대학교 명예교수, 과천교회 은퇴선교사

저자 김영종 목사(선교사)는 진주사범학교를 졸업하고 부산대학교에서 법학사, 행정학석사, 법학석사를 받고, 법학 박사 과정을 수료하였다. 대학 졸업 후 ROTC 통역장교로서 병역 의무를 마쳤다. 미국 유학을 하여 플로리다주립대학교(Florida State University)에서 행정학 박사(Ph.D.)학위를 받았다. 미국에서 재학 중 플로리다의 파나마시티한인교회를 개척하였고, 유학생 당시의 본인 주택에서 불과 7가정이 모여 예배를 드림으로 시작하여 후일 탈라하시한인침례교회의 창립의 계기가 되었다.

김영종 목사는 그 후, 귀국하여 숭실대학교의 행정학부 교수로 봉사하였고 과천교회(GPC)에서 시무 장로로 오랫동안 봉사하였으나 하나님의 소명과 명령에 따라 장로회신학대학원에 특차로 입학하여 신학을 공부하고 교역학 석사(M.Div.)학위를 받고 목사안수를 받았다.

일찍이 영어성경과 영어 예배 목회를 섬기면서 많은 열매를 맺게 되었다. 그는 하나님의 또 다른 명령에 순종하여 숭실대학교에서 정년전 홍콩의 중문대학(CUHK), 필리핀국립대학(UP, Diliman), 그리고 라살대학교(DLSU)에 초빙교수와 선교사로 파송 받아 수년간 복음을 전하고 대학에서 교육 목회를 하면서 원주민 교회를 개척하기도 하였다.

그 후, 그는 선교사 임무 종료후 서울 남노회 파송 전도목사로서 대학교회를 3년간 섬기었다. 김영종 목사는 2004년에 미국 풀러신학교(Fuller Theological Seminary)에서 교회성장학을 전공하기 시작하여 2011년에 선교신학 박사(D.Miss.)학위를 받았다.

숭실대학교 행정학부에서 조교수, 부교수, 교수, 명예교수(현재)로 봉사하였고 사회과학대학장, 총무처장, 2부 부장(학장)등을 역임하였다.

김영종 목사는 성서침례신학대학원, 백석대학교 기독교전문대학원, 숭실대학교 기독교학대학원 등에서 교회행정학과 교회성장학을 강의하였다. 그리고 아시아 기독교대학 총연맹(ACUCA)에 초청되어 아시아 6개국 기독교대학 특별강의교수(홍콩, 일본, 인도네시아, 필리핀, 타이완, 타일랜드)로서 봉사하기도 하였다. 그리고 미국장로교(PCUSA) 초청 프로그램에 선발되어 Fellow로 봉사하기도 하였다.

1995년 11월에 한국부패학회를 창립하여 초대회장과 초대법인이사장을 역임하였고 세계 17개국(미국, 일본, 네덜란드, 스웨덴, 멕시코, 이스라엘, 호주, 터키, 말레이시아, 페루, 스위스, 영국, 홍콩, 마카오, 독일, 필리핀, 한국)에 초청되어 공직 윤리와 반부패 학술 논문을 발표하였다. 그리고 행정 고시, 지방 고시, 입법 고시 시험위원으로서도 봉사하였다.

김영종 목사는 공직 윤리 관련 대외적인 활동도 하였는데 감사원 반부패정책수립 자문교수, 서울특별시 동작구 공직자 윤리위원회 위원장, 서울특별시 교육청 명예감사위원장, 중앙선거관리위원회 공직자윤리위원장(6년)등을 역임했다.

김영종 목사가 초청 교수로 봉사한 외국의 대학교는 미국 University of Washington, Seattle Pacific University, University of Kansas(Lawrence), 캐나다 University of British Columbia, 홍콩 Chinese University of Hong Kong, 필리핀 University of the Philippines, De La Salle University이다. 그 외 정부 관련 봉사 활동은 서울특별시 시민 평가단 평가교수, 민주평화통일자문회의(대통령) 자문위원 등이다.

주요 저서는 교회 행정학(숭실대출판부), 『건강한 교회성장학: 이론과 실제』(기독교문서선교회), 『부패학』(숭실대출판부), 『신부패학』(대경출판사), *Public Sector Ethics*(Federation Press), *His Amazing Grace*(쿰란, 영어 설교집), *The Power of the Gospel*(쿰란, 영어 설교집), *My God is Faithful*(쿰란, 영어 설교집), *Preach the Good News*(불과 구름, 영어 설교집), *New Korean Public Administration and Corruption Studies*(Hyung Seul Publishing Co.) 등 55여 권을 출간(공저 포함)하였다.

김영종 목사는 대한민국 정부 옥조근정훈장, 서울특별시 정책인 대상 등을 수여받았다.

현재 숭실대학교 명예교수이며 과천교회 은퇴선교사이다. 그리고 성서침례신학대학원 법인이사, 국민권익위원회 청렴 교육 전문강사, 그리고 한국부패학회 고문이다.